本书由大连市人民政府资助出版

｜光明社科文库｜

新媒体时代高校学术期刊
媒介融合问题研究

孟耀◎著

光明日报出版社

图书在版编目（CIP）数据

新媒体时代高校学术期刊媒介融合问题研究 ／ 孟耀著 . -- 北京：光明日报出版社，2019.9

（光明社科文库）

ISBN 978 - 7 - 5194 - 5521 - 7

Ⅰ. ①新… Ⅱ. ①孟… Ⅲ. ①高等学校—学术期刊—出版工作—研究 Ⅳ. ①G237. 5

中国版本图书馆 CIP 数据核字（2019）第 195314 号

新媒体时代高校学术期刊媒介融合问题研究
XINMEITI SHIDAI GAOXIAO XUESHU QIKAN MEIJIE RONGHE WENTI YANJIU

著　者：孟　耀	
责任编辑：曹美娜　黄　莺	责任校对：赵鸣鸣
封面设计：中联学林	责任印制：曹　净

出版发行：光明日报出版社

地　　址：北京市西城区永安路 106 号，100050

电　　话：010-67017249（咨询）　　63131930（邮购）

传　　真：010 - 67078227，67078255

网　　址：http：//book. gmw. cn

E - mail：caomeina@ gmw. cn

法律顾问：北京德恒律师事务所龚柳方律师

印　　刷：三河市华东印刷有限公司

装　　订：三河市华东印刷有限公司

本书如有破损、缺页、装订错误，请与本社联系调换，电话：010 - 67019571

开　　本：170mm×240mm			
字　　数：237 千字		印　　张：16	
版　　次：2020 年 1 月第 1 版		印　　次：2020 年 1 月第 1 次印刷	
书　　号：ISBN 978 - 7 - 5194 - 5521 - 7			
定　　价：85. 00 元			

内容介绍

在互联网和新媒体时代，高校学术期刊不仅面临着新媒体快速发展带来的一系列严峻形势和巨大挑战，而且面临新的发展机遇。其新的发展机遇在于创新，包括出版方式创新、传播方式和途径创新、管理制度和经营体制创新。创新发展的基本途径就是通过与新媒体技术，尤其是数字技术、网络技术等高新技术的科学耦合，特别是与新媒体的融合发展（即媒介融合），实现高校学术期刊出版与传播的技术升级，促进传媒产业发展。

本书首先回顾了学术期刊媒介融合的理论研究进展。高校学术期刊出版数字化与媒介融合的实践与研究始于 20 世纪后期，经过数十年的探索，取得了很多方面的成果。然后对媒介融合的理论进行了研究。本书还研究了学术期刊媒介融合的模式，在总结和借鉴了国内外媒介融合发展的实践和方式的基础上，提出了我国高校学术期刊媒介融合的基本方式：第一，与其他媒体的组织融合；第二，同类期刊的技术融合；第三，与网络出版的技术融合；第四，利用移动终端、微信平台的传播融合。最后，提出了加快学术期刊媒介融合的对策和建议：（1）积极探索单篇论文出版制度；（2）积极推进学术期刊管理制度改革；（3）加强网络出版技术支持；（4）利用微信公众号传播功能，充分发挥微信公众号在学术期刊传播上的作用；（5）加强学术成果的版权保护。

在高校学术期刊出版数字化转型的实践中，媒介融合是高校学术期刊数字化发展的必然选择。通过媒介融合，可以使高校学术期刊在新媒体的强大冲击下实现出版方式、传播方式、服务方式和管理体制等方面的创新。研究媒介融合的理论问题和现实问题，并提出科学的对策措施，将促进高校学术期刊出版的数字化转型，实现高校学术期刊在新媒体时代抓住技术改造升级和结构调整的战略机遇，实现新的发展。

本书主要的特点是针对性强、适用性强、系统性强。高校学术期刊怎样在新媒体背景下，把握发展机遇，与时俱进，成为媒介融合的典范，这是值得思考的问题。但是，学术界还没有解决这个问题。本书提出了有关理论分析框架，并提出通过各种互联网移动终端，借助新媒体途径，实现网络出版传播。这对学术期刊媒介融合具有一定的参考价值和意义。

序

这是一个互联网时代，一个信息交流便捷的时代，一个出版融合发展的新媒体时代。

互联网、大数据、媒体融合发展，成为当今社会的热点。由于信息技术和网络技术的广泛应用，传媒业正在发生一场巨大的变革。

传统出版业以平面印刷为特征，离不开纸张的使用，导致出版效率低、传播方式单一和经济成本高，所产生的社会效益也难以大幅度提升。

在新媒体时代，互联网作为划时代的工具，推动了人类进行新的传播革命，推动了出版业向新媒体时代发展，于是就出现了今天的全程媒体、全息媒体、全员媒体和全效媒体等。

从"铅与火""光与电"到"数与网"，人们获取信息的方式从未像今天这样方便。新兴媒体的诞生和发展，深刻地改变着媒体格局和舆论生态，推进媒体深度融合的任务从未如此迫切（新华网，赵银平，2019 年 1 月 26 日）。

计算机、iPad、手机等电子终端设备，作为信息传播的载体，被广泛应用于通信、学术活动和工作实践中，已经成为人们工作生活中不可分割的一部分。据统计，截至 2018 年 6 月，我国网民超过 8 亿人，手机网民达 7.88 亿人，互联网普及率达 57.70%。有人说，谁掌握了互联网，谁就把握了时代的主动权。这不是危言耸听。

媒体融合（media convergence）是各种媒体之间的结合、汇合和交融，也被称作媒介融合。通过媒介融合，可以将不同的媒介形态"融合"在一起，形成一种的新的媒介形态，如电子杂志、博客新闻、有声报纸或书刊等，充分发挥媒介在信息传播中的效用，达到服务用户、服务社会经济的目的。也有人认为媒体融合与媒介融合存在着某些区别，媒体融合包含了媒介融合，是在媒介和内容体系上的大组合。事实上，二者存在的差别并不大，媒体融合更加强调媒介组织上的融合发展。

在互联网和全媒体时代，媒体融合的实质是把报纸、杂志、电视、广播等传统媒体，与互联网、手机、手持智能终端等新兴媒体传播通道有效结合起来，运用不同形式的信息产品，实现资源共享、再利用，深度发掘内容信息资源的价值。它是在互联网基础上发展起来的传统媒体与新兴媒体的有机整合，是在技术层面和经营层面的巧妙结合。

学术期刊媒介融合是学术期刊从传统期刊向新媒体转型发展的基本途径，是在新媒体时代的必然选择。学术期刊出版传播方式的转变对于提高学术期刊的社会影响具有关键作用。在信息技术不断创新和发展的影响下，学术期刊利用信息技术实现了数字化和数字出版；在网络技术的不断创新和应用下，学术期刊出版方式和形态继续向网络出版和网络传播转型，从而为学术期刊实现网络化、互动化和全媒化创造了条件。学术期刊媒介融合极大地提高了学术期刊社会影响力和国际化程度。

在媒介融合的大趋势下，与传媒产业向新媒体发展的大方向一致，我国高校学术期刊出版方式和传播形态也在进行着深刻的变革。据统计，2000多种高校学术期刊有95%以上与中国知网、龙源期刊网、维普资讯等大型学术期刊数据库合作，实现了网络出版传播；有许多期刊开通了微信公众号，借助手机等移动终端发布学术出版信息；几乎全部实现了网上投稿和网上办公。这些事实表明我国高校学术期刊媒介融合取得了显著的进展。

但是，我国学术期刊媒介融合所取得的进展只是新媒体时代媒体融合中很小的一个成果，距离全媒体目标还很远，与满足社会对学术期刊向新媒体转型的需要相差还很多。当前学术期刊在出版方式、出版效率、社会影响和服务社会的作用上，都远远满足不了各方面的实际需要，因此，需要加快高校学术期刊媒介融合发展的速度，增强学术期刊服务社会的能力，提高学术期刊的国际化水平。

深化对新媒体技术的应用，在内容出版和信息传播渠道上不断创新，在学术期刊出版体制上不断深化改革，更好地发挥学术期刊服务社会、促进学术发展的作用，这是当前学术期刊媒介融合研究的重要课题。希望通过此书的出版，为学术期刊数字转型和网络出版的发展提供一定的借鉴。由于研究能力和知识水平的限制，本书还存在诸多不足，不当之处及未能研究充分的地方在所难免，请阅读此书的专家学者不吝赐教，拨冗斧正。

本书由大连市人民政府资助出版。

本书还获得光明日报出版社出版资助。

感谢大连市政府学术出版资助委员会！感谢光明日报出版社给予本书的出版资助！

孟　耀

2019 年春天

于东北财经大学梓楠楼

目　录
CONTENTS

第一章　绪　论

一、研究背景

（一）高校学术期刊的发展进入新媒体时代

高校学术期刊是我国学术期刊的一个主要组成部分，在学术期刊界几乎承担了全部的发展学术理论、培养学术研究骨干、促进学术交流和社会经济发展的重要任务。它的繁荣与发展关系到我国学术理论研究与发展的未来，是推动我国学术发展的基本核心力量。因此，高校学术期刊的发展受到了社会各界的高度重视。

高校学术期刊与我国高等教育的发展密切相关。随着我国高等教育事业的发展，全国高校获得了全面发展。在中央有关政策的支持下，各类高校（大中专院校）设立学术期刊编辑部或者成立学术期刊社，与我国其他研究机构创办的学术期刊共同担负起传播学术思想、发展学术理论、促进社会主义市场经济建设的责任。

在长期的发展中，高校学术期刊利用自身的学术资源优势，在主办单位的支持下，获得了不同程度的发展壮大。在以宣传主办高校学术研究成果为主的指导思想下，高校学术期刊起到了宣传学术研究成果、传递学术研究精神和促进文化交流、推动社会经济发展的积极作用。可以说，高校学术期刊的历史发展是成功的、顺利的和效果显著的。

但是，20 世纪 90 年代以后至今，随着信息技术和计算机网络技术的发展，不仅社会经济发展出现了全球化、网络化和信息化的新形势，而且传媒产业领域发生了前所未有的历史性变革，这就是以计算机信息技术和网络技术为基础的新媒体成为主导当今社会信息传播的新媒介。由于新媒体或者新的媒介具有许多方面的优势，新媒体受到了社会各界的积极拥护和支持，并获得了突飞猛进的发展，其发展锐不可挡，几乎可以冲破一些技术的制度的限制，进而渗透到社会经济文化发展的各个方面。

以手机新媒体为例，全球手机用户逐年递增。受智能手机和移动数据推动，新增移动互联网用户的占比迅速增大。使用手机进行移动阅读的群体日益壮大，并成为使用最多的信息传播媒介。据 PC online 咨讯报道，截至2018 年 1 月底，全球互联网用户已经超过 40 亿人。全球 76 亿人中，2/3 的人已拥有手机，且过半数以上使用智能手机，可以随时获取互联网信息。

与新媒体日益兴盛形成鲜明对照的是传统媒体及其出版传播增长速度不断下降。传统媒体以报纸、杂志、图书、广播、电视等为代表，其中报纸、杂志、图书为纸媒，即纸质媒介，又称纸媒，以信息在纸质出版印刷为传播途径；广播、电视为电子信息媒介，以无线或者有线途径进行信息传播。从传媒产业的历史看，传统媒体的历史悠久，从报纸、杂志的产生算起至今不过数百年，但是所产生的影响和作用非同凡响，一直是信息传播的主要方式和主要途径，直到电视、广播出现后才出现多种媒体并存的多媒体传播形态。

传统媒体具有成熟的传播渠道和广泛的用户，传媒产业也因此成为社会经济发展中的重要产业。然而，新媒体的出现以及迅速发展，导致了传媒产业结构的急剧变化，传统媒体开始衰落，新媒体成为时代的弄潮儿。

然而，传统媒体并不是没有发展的机会，相反，随着新媒体的发展，传统媒体已经开始发现并利用新媒体带来的发展机遇，进行媒介融合。通过媒介融合，传统媒体在技术上利用新媒体技术，在形态上与新媒体结合，在渠道上与新媒体合作，在组织上与新媒体融合，在传播方式上更加与新媒体融合，这些都给传统媒体带来了发展机遇，为传统媒体在网络时代找到了发展方向和具体途径。

与传媒产业进入新媒体时代相适应，学术期刊也进入了与新媒体融合发展的时代。截至目前，数字化期刊已经取代了单纯的纸质期刊，学术期刊形态进入纸质期刊与数字化期刊并存时期，今后大有取代纸质期刊的趋势。在出版方式上，以电子出版物为特征的网络出版初现优势，例如优先数字出版、在线出版、OA 存取等，日益显现出数字化网络期刊的发展前景。

（二）学术期刊的发展融入大数据全媒体洪流

近几年，人们谈论和思考最多的一个话题是互联网问题，与之相联系的是大数据、云计算。为什么要谈论和思考大数据问题？一个重要的原因是，移动互联网、大数据、云计算、物联网等技术的发展和应用，成为社会生活中的新常态，深刻改变了社会生活和生产方式，改变了经济发展的轨迹和社会结构。当今社会是信息社会，大数据的应用深刻地影响着中国信息传播领域，在此背景下，新兴媒体不断涌现，传统媒体深受影响进而转型发展。

大数据是随着近年来云计算、卫星定位及多媒体应用而产生的现象。目前，大数据还没有统一的定义，人们普遍引用的定义是互联网上给出的定义，即"指的是所涉及的资料量规模巨大到无法通过目前的主流软件工具，在合理时间内达到撷取、管理、处理并整理成为帮助企业经营决策更积极目的的资讯"。为此，大数据又被称为"海量资料""巨量资料"等。可见大数据是由数量巨大、结构复杂、类型众多数据构成的数据集合，是基于云计算的数据处理与应用模式，通过数据的整合共享、交叉复用形成的智力资源和知识服务能力。

大数据的整理、分析、归集和加工，使数据具有一定的应用价值，这种活动被集中进行，于是产生了一个新的产业——数据产业。数据产业产生于 20 世纪 90 年代，经过 21 世纪初的发展，在互联网信息技术和计算机分析技术的推动下，大数据由指令性自动化处理和内容查询，发展到目前如何利用超文本链接，实现自动评价网站内容价值，大数据的应用价值得以实现。

大数据与传媒产业具有天然的联系。新媒体的产生和发展极大地丰富了大数据的内容，大数据的应用也为新媒体传播创造了新的发展空间。新媒体以信息技术为基础，以互动传播为特点，在形态上区别于传统媒介。新媒体的形态有多种，移动手机、互联网信息、户外新媒体、微博、网络电视等，都是借助信息技术、网络技术和移动通信技术等存在的新媒体形态。这些都是建立在大数据服务基础上的媒体。大数据的应用给新媒体的发展带来了广阔的发展空间，也给学术期刊利用大数据进行出版和内容传播提供了新的工具。

学术期刊在利用大数据进行期刊出版和提供优质服务方面大有可为。目前，很多高校学术期刊有在线投稿系统，作者可以通过网络投稿，这样就减去了许多麻烦，并且可以通过系统查询审稿和编辑进展情况。还有一些学术期刊社或者编辑部向读者提供学术内容单独推送，极大地方便了作者和读者，提供了纸质期刊出版方式下所不能提供的丰富内容和多种服务，满足其学习和研究的需要。近来，学术期刊微信公众号的迅速普及，使学术期刊在出版中信息推送和服务从依赖计算机，转而可以在手机上查询下载和阅读，实现了移动出版服务，进一步完善了学术期刊服务方式。

与此同时，大数据背景下的媒体也已经进入全媒体时代。所谓全媒体，一般是指媒体的多样性，近似于"多媒体"，在含义上是指包括报纸、杂志、广播、电视、音像、电影、出版、网络、电信等在内的传播工具，涵盖视、听、触觉等全部感官，并针对不同需求选择最合适的媒体形式和渠道，提供细分的服务，达到最佳的传播效果。全媒体为媒体产业发展指出了方向，要求任何一种媒体都要以受众的需求感受为根据，才能获得受众的信赖。全媒体是新媒体时代传媒产业技术发展的必然结果。

（三）传媒产业发展进入传统媒体与新媒体融合发展阶段

在新媒体的冲击下，人们的信息传播渠道拓展了，阅读方式改变了，新媒体受众群体在扩大，传统媒体的受众市场在萎缩。党的十八届三中全会提出，要整合新闻媒体资源，推动传统媒体与新兴媒体融合发展。① 2014 年 8 月 18 日，中央全面深化改革领导小组第四次会议通过了《关于推进传统媒体和新兴媒体融合发展的指导意见》。习近平总书记在会议上强调，推动传

---

① 刘奇葆. 加快推动传统媒体和新兴媒体融合发展［EB/OL］. 人民网，2014 – 04 – 23.

统媒体和新兴媒体融合发展，要遵循新闻传播规律和新兴媒体发展规律，强化互联网思维，坚持传统媒体和新兴媒体优势互补、一体发展，坚持先进技术为支撑、内容建设为根本，推动传统媒体和新兴媒体在内容、渠道、平台、经验、管理等方面的深度融合，着力打造一批形态多样、手段先进、具有竞争力的新型主流媒体，建成几家拥有强大实力和传播力、公信力、影响力的新型媒体集团，形成立体多样、融合发展的现代传播体系。

新媒体与传统媒体相比，具有传播渠道新、信息发布及时、互动性强和传播个性化等特点。新媒体的特点使受众获得了自由、丰富、个性化、及时的信息服务，深受受众的欢迎。而传统媒体具有内容优势，同时成熟的传播渠道对于新闻媒体和信息传播具有稳定作用。新媒体也存在劣势，比如新媒体原创新闻不足、可信度和权威性不高、网络新闻趋同化等，导致新媒体还难以独立依靠自身的力量推动社会发展。传统媒体虽然受到新媒体的严峻挑战，但多年积累的优势使其可以长期保持主流媒体的地位。

新媒体、大数据和全媒体，共同促进传媒产业的技术进步和产业升级，促使传统出版业改进发展方式和发展模式。新媒体和传统媒体各自具有自身的优势和不足，需要借助对方的长处发展壮大自身。由此，传媒产业进入融合发展阶段。

首先，全媒体时代，新媒体无法脱离传统媒体独立发展。新媒体的内容大多来自传统媒体，自己独创的内容较少，离开了传统媒体的内容，新媒体就如无源之水、无本之木。传统媒体依靠独立的内容渠道和编辑队伍，生产出大量的内容产品，为用户提供了丰富的信息服务，这是传统媒体的优势所在，也是新媒体所缺乏的。

其次，传统媒体拥有一大批训练有素的新闻记者和编辑出版人才，具有丰富的编辑经验、编辑技术和采编手段，以及丰富的管理经验，能够从事大规模的采编和营销活动，是一笔巨大的智力财富。新媒体在短期内难以组建一支经验丰富、能力强大的编辑队伍，对大规模的内容制作力不从心。

最后，传统媒体有较高的公信力。经过数百年的发展，传统媒体积累了雄厚的管理经验和强大的影响力，在消费者心中的形象良好，深受公众的信赖和推崇。新媒体只有借助传统媒体在公众中的公信力，才能逐步建立公众信任感。

在新媒体借力传统媒体的同时，传统媒体也必须认清形势，看到自身的不足和时代变化的趋势，通过技术升级、管理革新和观念转变，积极实现与新媒体在技术、形态、组织、管理等方面的大力融合，因势而动，抓住时机进行变革，才能在大数据背景下谋得发展机会。

传统出版是指以图书、报纸和杂志等为主体，以纸质印刷为特征的出版。在新媒体出现之前，传统出版如报纸、杂志、图书等，是传媒产业的主体，形成了成熟的发展模式，具有强大的社会影响力，拥有广泛的用户群。随着互联网的发展和新媒体的出现，传统出版遇到了严峻的发展形势，读者大量流失，市场竞争力迅速下降，传媒产业的主体地位逐步被新媒体取代。面对新媒体的影响和冲击，作为传统出版主体之一的学术期刊，必须进行数字化转型，利用网络技术、信息技术和大数据技术，对传统出版进行技术革新和数字化。

二、研究意义

本书主要研究高校学术期刊在新媒体时代数字化转型中的媒介融合问题。以高校学术期刊为主体的学术期刊是传统媒体和传统出版的重要组成部分。在新媒体和大数据的冲击和影响下，学术期刊开始了出版数字化转型，在数字化转型中，面临着与新媒体进行充分融合发展的客观要求。在传媒产业技术进步和结构优化中，高校学术期刊适应学术出版和传播的技术发展需要，及时进行数字出版转型，发展数字期刊网络出版，并采用新媒体技术，实现与新媒体在技术、组织、资本、形态等方面的融合发展，具有重大的理论意义和现实意义。因而，研究高校学术期刊数字出版转型中的媒介融合理论、模式、途径和政策，也具有重大的社会意义。

（一）理论价值

理论是实践的指南，正确的理论指导正确的实践。媒介融合是跨世纪的新问题。自从 20 世纪末新媒体产生和发展以来，新媒体在数字技术和网络技术上取得了突飞猛进的发展，媒体的形态和媒体的传播渠道达到了空前的高科技化、多样化和高效化。在日新月异的新媒体高歌猛进中，传统媒体受到前所未有的冲击，如果没有产业技术升级和结构创新，传统媒体的影响力不仅会日益降低，而且将被新媒体取代。传统媒体与新媒体之间的媒介融合为传统媒体在互联网时代的发展开辟了新生的途径。尽管新媒体为传统媒体的发展指明了方向，也提供了技术基础，甚至实践上也开始了媒介融合的过程，但是，在理论上还没有为媒介融合提供科学完整和系统的支持。无论国外还是国内，都还没有系统的媒介融合理论能够指导传统媒体与新媒体进行广泛的科学的融合，也没有系统的理论指导学术期刊怎样进行媒介融合。现实的实践和实践中所遇到的种种问题，客观上要求从理论上给予解释和指导。因此，从理论上分析媒介融合的现实实践，从理论上进行创新，成为亟待解决的问题。高校学术期刊作为传统媒体的一个特殊出版领域，不仅具有传统出版所面临的技术升级和产业优化的问题，而且具有自身的特殊性。研究高校学术期刊出版数字化转型中的媒介融合的理论问题和对策，具有传媒产业发展理论的创新意义，必将对学术期刊的发展产生积极的作用。

（二）实践价值

数字化转型是传统媒介在新媒体和大数据时代采取的具体策略。数字出版是以数字信息为形态，以网络传播为途径，按照数字化、网络化的要求进行的出版活动。数字出版有自身的规律，和传统出版在许多方面存在差异。在高校学术期刊出版数字化转型的实践中，媒介融合是高校学术期刊数字化发展的必然选择。通过媒介融合，可以使高校学术期刊在新媒体的强大冲击下实现出版方式创新、传播方式创新、服务方式创新和管理体制等方面的创新。高校学术期刊的出版在传统出版和传媒产业中具有不可小觑的作用和地位，在社会经济发展中作用巨大，因此，研究媒介融合的理论问题和现实问题，并提出科学的对策措施，将促进高校学术期刊出版的数字化转型，实现高校学术期刊在新媒体时代抓住技术改造升级和结构调整的战略机遇，实现新的发展和增长，推动我国学术研究的发展和出版事业发展。

（三）社会意义

媒介融合理论和有关问题的研究，对于促进传媒产业的创新发展具有指导意义，对于推动社会经济发展具有促进作用。媒介融合后的学术期刊将更加符合学术问题的研究和学术理论的创新发展，更好地推动学术交流，进而促进社会经济和文化发展。媒介融合是传媒产业的新趋势，有利于传媒产业资源整合，更好地服务于社会发展。科技发展是媒介融合的技术基础，也是媒介融合的动力基础。科技发展通过媒介融合更好地应用于传媒产业，推动了传媒产业技术进步和结构优化。

三、主要内容和基本观点

媒介融合是新媒体时代学术期刊由传统出版形态向新型出版形态转变的途径，也是在互联网技术快速发展中学术期刊的必然趋势。学术期刊媒介融合对于提高学术期刊在新媒体时代的影响力和竞争力具有十分重要的意义。为此，学术期刊出版与经营必须积极地应用信息技术和网络技术，充分发挥新媒体技术、大数据技术的作用，找到与新媒体融合发展的途径，在新媒体时代实现产业技术水平提高和产业结构优化，积极实现网络化、数字化、国际化发展。

学术期刊媒介融合的方式很多，途径很多，具体的形态也多种多样。从媒介融合的实践看，基本的途径和方式是通过数字化、网络化，向学术期刊的受众提供出版、传播和相关的服务。因此，对于数字化和网络出版及新媒体服务方式的研究，可以更好地促进学术期刊数字出版转型和媒介融合。

学术期刊数字化与网络出版具有特定的含义，但学术界还没有对其进行明确和统一的界定。本书对各种定义进行了分析，认为学术期刊数字化是专指学术期刊运用数字技术对出版内容进行数字信息处理的过程和结果。而数字出版和网络出版则具有更加广泛和深刻的内涵。数字化是将内容转变为信息、数据，而数字出版则是利用数字技术进行内容编辑加工，并通过网络传播数字内容产品的一种新型出版方式。网络出版是数字出版的延伸和发展，是在数字出版的基础上实现期刊网络传播。网络平台是学术期刊数字化网络出版平台的简称,是网络出版的信息化平台。

数字出版和网络出版是出版业技术升级和结构升级的体现,符合产业技术和产业结构发展的客观规律。从产业经济学的理论出发,我们发现,随着科学技术进步和发展,生产力也在提高,产业技术由低级向高级化发展,这是技术进步的结果。与此同时,产业结构顺应产业技术进步做出调整,一批新的产业出现并获得发展,在原有的产业内部出现结构上的变迁,原有的产业结构更加科学和完善。这就是在传媒产业中新媒体获得发展和传统媒体与新媒体融合发展的理论基础,也是高校学术期刊向数字化发展和实现网络出版的理论基础。

学术期刊数字化与网络出版是网络时代高校学术期刊发展的方向和转型的目标。网络时代使传统媒体的发展遇到了前所未有的困境,例如图书市场和期刊市场大幅度萎缩,特别是学术期刊的发行量下降更快。相反,新媒体的规模迅速壮大,对传统出版的冲击和影响显而易见。为适应新媒体发展需要,也为了适应读者和其他用户的实际需要,高校学术期刊必须彻底地运用新媒体技术,与新媒体密切融合发展,向数字期刊和网络期刊发展。

高校学术期刊数字化与网络化有一定的区别。期刊数字化的基本内容主要是产品形态数字化、编辑流程数字化、内容数字化、出版发行数字化、经营管理数字化。主要方面是学术期刊内容的数字化,强调的是内容数字化。期刊网络化是在数字化的基础上进一步实现网络传播,强调的是网络出版和网络传播。期刊网络出版是期刊网络化的基础。期刊网络化是指期刊通过网络出版和传播,实现期刊编辑、出版、传播和服务上的网络化、自动化、信息化,是期刊借助网络手段,实现期刊内容与服务的网络提供的过程。期刊网络化的内容包括:编辑流程网络化、内容提供网络化、信息服务网络化、出版发行网络化和期刊管理网络化等。

期刊网络平台是对期刊网络出版系统和网络服务平台的简称。借助网络平台,学术期刊可以运用数字信息技术和网络技术,对学术期刊进行编辑加工和出版发行,并提供相应的有关服务;读者和其他用户借助网络平台,可以与学术期刊编辑部直接进行沟通交流,提高效率,获得更多的服务。高校学术期刊通过网络平台，实现数字化和网络出版，更好地为作者和读者服务。特别是，在网络出版平台系统的支持下，学术期刊的编辑出版和发行将实现新的发展变革，原有的按期出版的学术期刊，完全可能不再按期出版发行，而是按照需要以单篇的方式出版发行，这就打破了期刊的原有定义，在网络期刊的基础上发展为网络论文。

如何建立学术期刊网络平台是本书的重要内容。目前，网络平台还没有固定的建设模式。比较国内外学术期刊网络出版平台可以发现，大型的网络期刊数据库平台是网络平台的主要方式，很多学术期刊汇集在大型信息数据库，实现期刊内容上网，是目前学术期刊数字化和网络出版的主要途径。在大型信息数据库平台的支持下，学术期刊开始探索优先出版模式和单篇出版发表模式。对于广大的高校学术期刊来说，由于资金、人才、技术等多种限制，建立独立的学术期刊网络出版平台是不经济的，也是不现实的。与大型信息数据库合作，探索网络出版途径，发展网络期刊，是大多数高校学术期刊应当选择的途径。但是，也可以通过高校学术期刊联合创建学术期刊网络出版平台的方式，实现网络期刊的出版发行。

四、研究思路和基本框架

本书的研究思路是：高校学术期刊是期刊业的一个重要组成部分，在新媒体时代和网络时代，适应新媒体和网络技术发展的需要，学术期刊与新媒体融合发展，运用网络技术和信息技术，向数字出版和网络出版积极转型发展。为了探索学术期刊数字化和网络出版，在分析相关理论的基础上，对有关研究进行了回顾和整理，对有关概念进行了研究，最后，对网络出版平台的建设进行分析，提出了学术期刊尤其是高校学术期刊在新媒体时代的发展模式和方向，以及有关政策、制度和规制创新途径。

本书的基本框架和内容结构如下。

第一章为绪论，说明研究的背景、意义和主要内容。本章从新媒体时代和大数据应用于发展的角度，提出了媒介融合的时代背景和巨大意义，指出了媒介融合已经成为传统媒体向现代媒体转型发展的必然选择。

第二章为研究综述，对学术界关于学术期刊数字化和网络出版等有关问题的研究进行回顾分析，认为学术界开展的媒介融合问题的研究做出了许多贡献，对于分析学术期刊媒介融合问题具有积极的意义。但是，高校学术期刊如何进行媒介融合，学术界还没有进行系统深入的研究，理论上不够深入，具体的媒介融合问题还很多，本书主要从高校学术期刊如何进行述职化转型和网络出版，以及构建网络出版平台、提供网络服务的角度对于学术期刊媒介融合问题进行研究，进而提出本文的主要研究方向。

第三章为媒介融合理论问题。本章界定了媒介融合的含义，对媒介融合的动力与优势、影响与趋势等问题进行了研究。研究认为，媒介融合的动力主要来自技术进步的推动和新媒体时代受众对于新媒体技术和媒介形态的需求，进而给传统媒体转型带来的巨大压力。媒介融合的优势在于多个方面，尤其是受众获得信息的方式多样化、信息传播及时性、便捷性、互动性等方面。

第四章为新媒体、学术期刊数字化与媒介融合。具体研究新媒体的发展及其影响，分析学术期刊数字化和媒介融合的关系。对期刊数字化与数字出版、网络出版等概念进行了深入的分析。本章还对高校学术期刊的发展方向、数字化发展阶段、制约数字化网络化发展的因素进行了深入的分析。

第五章从理论研究学术期刊媒介融合的机制及其运行问题。本章首先分析了学术期刊媒介融合的产业融合理论，接着对学术期刊媒介融合机制的构成进行了深入分析，结合高校学术期刊研究了高校学术期刊的媒介融合机理。

第六章研究高校学术期刊媒介融合模式。本章分析了国外学术期刊媒介融合经验，分析了我国高校学术期刊媒介融合的进展，提出了我国高校学术期刊媒介融合模式创新途径。

第七章研究学术期刊数字化转型中网络出版的理论和出版机制。对网络出版的含义及其发展阶段、发展现状进行了研究，提出网络出版经历三个阶段，初级阶段、中级阶段和高级阶段。未来学术期刊网络出版将由初级和中级阶段发展到高级阶段。

第八章对高校学术期刊网络出版平台的理论进行了研究。网络平台是学术期刊网络出版的技术平台，本章从理论上分析了平台理论基础，比较了国内外学术期刊网络平台，最后提出我国学术期刊数字化平台可以采取的模式。

第九章研究学术期刊网络出版平台建设的途径。本章从网上编辑系统、网站建设、网络平台技术和网络出版平台信息管理系统几个方面提出了建设网络出版平台的重要途径。

第十章研究了学术期刊网络出版中的管理制度创新和规制改革问题，提出了管理部门要适应学术期刊媒介融合和网络出版的需要，对有关管理制度和规定进行改革，更好地促进学术期刊网络出版的需要。

第十一章在总结全书的基础上，提出了积极推进数字转型、网络出版等政策建议，适应读者等受众阅读方式变革的需要，提出高校学术期刊完善服务功能的对策，并提出利用微信公众号等移动传播方式，充分实现与新媒体深度融合发展的措施。

五、研究方法和主要创新

本书主要采用对比分析法、文献综合法、调查分析法和逻辑分析法进行研究。运用对比分析法，分析有关概念和实践，分析了学术期刊数字出版网络平台模式问题。运用文献综合法对有关文献进行了回顾和梳理，分析对学术期刊数字化和网络出版的研究进展，提出需要研究的问题。运用调查分析法对高校学术期刊数字化和网络出版平台建设的现状进行调查研究，分析存在的问题和对策。运用逻辑分析法对如何进行数字化转型和构建网络平台推出科学合理的政策建议。

可能的主要创新之处在于：第一，系统地分析了高校学术期刊通过数字化和网络出版实现媒介融合的理论问题和实践问题；第二，对网络出版平台建设模式进行了深入的研究；第三，探讨网络期刊的新的出版方式，对单篇论文独立出版问题进行了研究，提出了具体的政策建议。

第二章　研究进展与文献综述

学术期刊的数字化转型与媒介融合问题是当前学术期刊出版领域面临的重要现实问题，长期以来备受关注，不论是学术期刊出版工作者、上级管理者，还是学术研究者，都十分重视对它的研究。由于现实问题的复杂性以及我国的特殊国情，对学术期刊媒介融合问题的研究还不够深入，很多理论和实践问题没有解决，学术界需要进一步加强对这些问题的研究。

高校学术期刊是我国高等院校主办的具有高校特色的学术期刊，针对性比较强，但是，高校学术期刊又是学术期刊出版领域的一个分支，是传媒产业的一个特殊组成部分，因而，对它的研究离不开对传媒产业整体发展问题的研究。在此背景下，高校学术期刊媒介融合问题是整个传媒产业融合问题的一部分。所以，对于学术期刊在新媒体时代的有关出版转型和媒介融合问题的研究都属于其研究范围。基于此，可以把高校学术期刊媒介融合问题的研究分为几个重点方面，以便对其进行全面回顾和深入分析。

一、媒介融合问题的研究现状

（一）关于媒介融合思想起源及其含义的研究

1. 媒介融合思想的起源问题

一般认为，最早提出媒介融合思想的是美国未来学家尼葛洛庞蒂（Nicholas Negroponte），他在 20 世纪 70 年代就预言，认为"广播电视业、电脑业和印刷出版业将在数字化浪潮下呈现交叠重合的发展趋势"①。这个预言现在正在变为现实。他提出这个预言，是基于信息技术和互联网的发展这个客观实际。第二次世界大战后，计算机技术获得发展机遇，随后互联网应用到现实社会。信息技术和互联网技术的发展给传统媒体带来的冲击是难以想象的。陈力丹和董晨宇（2010）认为："传统的大众媒体，包括报纸、广播、电视等，都不得不在这种冲击之下从媒介形态上进行重新定位，以谋求在媒体格局之中的共存与发展。"② 报纸、广播、电视、杂志甚至图书，都在新媒体的影响和带动下寻求自身的存在形式，否则，可能就以此为契机或者消失，或者创新发展。其实质是传统媒体与新媒体的结合与交融，进而获得生存机会。

2. 媒介融合的含义之争

媒介融合的定义，是学者们争论的问题之一。一般认为，最早给媒介融合下定义的是麻省理工学院的浦尔（Jai Pur）教授，他认为：媒介融合是"各种媒介呈现多功能一体化的趋势"③。各种媒介是指传统媒体和新媒体，传统媒体是报纸、杂志、广播、电视和图书等，新媒体是指以网络、手机等为载体的信息传播媒介。传统媒体与新媒体在网络技术和信息技术的支持下，由独立走向融合，由分离走向合作，进而实现多功能一体化。

美国新闻学会媒介研究中心主任尼葛尔森（Andrew Nachison）认为，媒介融合是印刷的、音频的、视频的、互动的数字媒体组织之间的战略的、操作的、文化的联盟，他认为，媒介融合"更多是指各个媒介之间的合作和联盟"。

中国人民大学新闻学院王菲教授提出："媒介融合就是在数字技术和网络技术的背景下，以信息消费终端的需求为指向，以内容融合、网络融合和

---

① 弓慧敏. 媒介融合视野中电视媒体的未来发展 [J]. 中国广播电视学刊, 2010, 230（5）：44 – 45.

② 陈力丹，董晨宇. "媒合"背景下的媒介传播趋势与手段 [J]. 新闻传播, 2010（8）：9 – 11.

③ 张乔吉. 新媒体背景下的媒介融合走向 [J]. 新闻爱好者, 2010（3）：8 – 9.

终端融合所构成的媒介形态的演化过程。'任何人'在'任何地点'和'任何时候'获取'任何想要的东西',这是所有媒介在数字化时代发展的内在驱动力和终极目标,由此带来了传统媒体和新媒体、传统媒体产业和其他产业之间的交融,形成了融合化的'大媒体'产业形态。"①

代玉梅（2011）在《媒介融合视阈下出版业变革与发展》② 中认为,媒介融合是指报纸、电视等媒体融合在一起,其实质是实现媒体多功能一体化。这表明媒介融合最初的含义是在传统媒体之间的结合,但随着数字化、网络化和互联网的发展,媒介融合产生了新的结合,传媒业和出版业的界限模糊,出现了内容、渠道、网络、平台的多领域相互合作,传媒业内出现"融合"的态势。

蔡雯（2006）在《媒介融合发展与新闻资源开发》中认为,媒介融合就是"在以数字技术、网络技术和信息技术为核心的科学技术的推动下,各产业之间经济利益和社会需求的鼓舞下通过合作、并购和整合等手段,实现不同媒介形态的内容融合、渠道融合和终端融合的过程"③。她强调了各种媒体在组织、内容、渠道和形态上的融合,也就是进行媒体资源的整合。

（二）关于媒介融合的原因和动力的争论

科学技术的不断进步为传媒产业发展提供了条件。传统媒体与新媒体的融合发展,可以为消费者提供更多更好更方便的服务,因而推动了传媒产业的媒介融合。媒介融合的目的是满足消费者的需求,消费者的需求是多样的,可以在时间、地点、途径、方式上千差万别。满足这种多样化的需求,吸引更多的读者,为读者提供多样化的服务,这是媒介融合的基本动力。通过融合,达到传统媒体和新媒体、传统媒体产业和其他产业之间的交互融合,最后形成所谓的全媒体、大媒体。

郑瑜（2007）在《媒介融合：新媒体时代的发展观》④ 一文中认为,新

① 王菲. 媒介融合中广告形态的变化 [J]. 国际新闻界,2007（9）. 17－21.
② 代玉梅. 媒介融合视阈下出版业变革与发展 [J]. 编辑之友,2011（9）：28－31.
③ 蔡雯. 媒介融合发展与新闻资源开发 [J]. 今传媒,2006,179（11）：11.
④ 郑瑜. 媒介融合：新媒体时代的发展观（卷首语）[J]. 当代传播,2007（3）.

媒体技术给传统报业的新闻流程、出版形态、阅读方式带来深刻的变革。虽然从理论上讲，新媒体是不可战胜的，传统媒体也不会立即消亡，但一个不争的事实是，报纸等传统媒介如果离开网络和数字服务，就没有未来。以网络为代表的新媒体凭借其超越时空的、超大信息强度的优势，对报纸等传统媒体构成严重的威胁。信息技术的发展已经把报纸等传统媒介推向变革的历史关头，利用新媒体技术，主动实现与互联网、新媒体、移动电话等的高技术对接，尝试推出新产品，吸引更多受众和培养新市场，是迫在眉睫的事情。报纸等媒介未来必须建立三个平台：数字平台、网络平台和移动平台。

曹疆（2012）在《走向融合的传统媒体与新媒体》① 一文中，分析了新媒体存在着新闻原创作不足、网络新闻的趋同化和海量信息屏蔽信息价值等问题，指出新媒体必然要与传统媒体融合的规律。他认为，向全媒体发展是新媒体和传统媒体发展的途径。所谓全媒体，是指新媒体和传统报刊结合的结果。新媒体和传统媒体融合不仅改变新闻生产和传播的内容和形式，也必将引起传媒领域的巨大变革。

秦艳（2011）在《新媒体崛起与传统媒体的经营策略》② 一文中认为，新媒体的崛起，带动了互联网、无线通信、移动电视和传统连锁渠道等众多行业的转型、变革与整合。对于我国媒体行业来说，新媒体与传统媒体两种媒体形式进行资源整合，优势互补，是今后媒体发展的趋势。和传统媒体结合，实现双赢，是新媒体可持续发展的基本策略。

黄传武（2013）在《新媒体概论》③ 一书中认为，在当今媒介融合趋势下，在充分利用自身既有信息平台和资源优势的前提下，传统媒体介入、整合新兴网络媒体是其必然选择。他分析了网络媒体对传统媒体的强大冲击，特别是研究了传统媒体在新媒体下的受众分流和广告分流，也分析了报网融合的意义，认为报网融合是媒体经济新的增长点。

---

① 曹疆. 走向融合的传统媒体与新媒体［J］. 科学与管理，2012（2）：66－68.
② 秦艳. 新媒体崛起与传统媒体的经营策略［J］. 经济研究导刊2011，127（17）：287－290.
③ 黄传武. 新媒体概论［M］. 北京：中国传媒大学出版社，2013：205.

代玉梅（2011）在《媒介融合视阈下出版业变革与发展》一文中认为，在媒介融合的情况下，出版业进行出版转型和数字化改造升级，是未来发展的必由之路。媒介融合对于重塑出版业价值链具有引导作用，引导的方向是从传统发售到网络发售、从传统出版转向数字出版、从纸质阅读到数字阅读。因而，出版业应当实现数字化出版创新，也就是实现集团化经营、数字化出版和定制化服务。

钟丽君（2010）在《传统出版与新媒体的嫁接方式》① 一文中认为，随着数字化时代的到来，传统出版与新媒体的竞争与合作成为必然，研究传统出版与新媒体嫁接的新形态是这个时代出版人应面对的课题。她认为，对于传统出版业来说，占据优质资源，并将其数字化出版是传统出版的必由之路。同时，传统出版还必须借助网络平台，实现资源共享。

马新莉、张海珍（2011）在《探讨新媒体时代的传统媒体发展之路》② 一文中提出，互联网在大事件的报道中越来越承担了主流报道的任务，大众对互联网的信任度正在提高。近年来，不少传统媒体在向新媒体领域中迈出更大的步伐，新媒体和传统媒体正处于互相推动和拉动的状态，以此拉动媒体产业链条的拓展。新媒体时代的传统媒体有更多的发展机遇，传统媒体通过数字化创新获得更多的发展机遇，新媒体则需要传统媒体的报道经验、专业能力、品牌和其他更多的传统优势。

综上可见，媒介融合根本的和直接的诱因是数字技术的创新与发展。技术诱因是指数字技术推动了经济形态的变化，数字技术产生了网络化、数字化，直接导致了媒介融合。数字技术的成熟是媒介融合的充要条件，其他的还有经济诱因和市场诱因。经济诱因是指媒介产业发展的自身规律的变化，传统产业发展规律和网络经济背景下的产业发展规律，要求在规模经济下实现分工合作。市场诱因则是来自消费者需求的多样化、个性化、特色化、分众化和便捷性要求。以上三者共同作用，决定了媒介融合的必然性和可

---

① 钟丽君. 传统出版与新媒体的嫁接方式［J］. 出版发行研究，2011（8）：46 - 47.
② 马新莉，张海珍. 探讨新媒体时代的传统媒体发展之路［J］. 价值工程，2011（2）：303.

能性。

（三）关于媒介融合的形式与途径的研究

关于媒介融合的形式，即媒介融合的表现方式，学术界普遍认为有报网融合、台网融合、多媒体平台、终端融合、产业融合、传媒并购、联合采访、新闻采写技能融合、传媒结构融合等。

2003 年，美国西北大学教授高登（Rich Gordon）把媒介融合的形式分为五大类：所有权融合、策略性融合、结构性融合、信息采集融合和新闻表达融合。他从技术、媒体组织和新闻生产操作等六个方面对媒体融合的形式进行了阐释，即媒体科技的融合、媒体所有权合并、媒体战术性联合、媒介组织结构性融合、新闻采访技能融合以及新闻叙事形式融合。

周建青（2012）在《对"媒介融合"的质疑》一文中，在提出对当前媒介融合一词的含义提出疑问和分析的基础上，认为应当把"媒介融合"改称为"媒体融合"，其含义相当于传媒产业中媒体进行的全媒体转型。媒体融合主要表现形式有四个方面：媒体报道聚合、不同媒体聚合、发布平台聚合和媒体人员采访聚合。① 这种观点说明了媒介融合的形式所具有的多样性。

中国传媒大学昝廷全（2006）在《传媒产业的产业融合及组织创新趋势》一文中，就媒介现有的四大产业——电信、互联网、多种类出版和广播电视的融合，提出传媒产业融合基本上要经历技术融合、业务融合和市场融合三个阶段，并指出，技术革新开发出了替代性或者关联性的技术，上述四大产业各自拥有的分立的信息传输平台逐渐走向统一，信息接收终端也在形式上与功能上实现了统一，各产业的技术、业务和市场范围出现了多方位的渗透、融合与交叉，产业之间企业由原来无竞争走向竞争，并在竞争中谋求各种各样的合作，以期在新的市场、新的业务领域占有一席之地。②

---

① 周建青. 对"媒介融合"的质疑［J］. 华南理工大学学报：社会科学版，2012（6）：70 – 74.

② 崔保国. 2006 年：中国传媒产业发展报告［M］. 北京：中国社会科学文献出版社，2006：62 – 81.

王鸿涛（2007）在《媒介融合现状与前景》①中提出，数字技术打破了媒介的介质壁垒，使同一内容多介质实现成为可能。媒介融合的过程就是"一"型媒介向"X"型媒介过渡的过程。在这一过程中，媒介融合将从最简单、最低级的形式开始，如信息采集阶段的合作，逐渐向较复杂、较高级的形式发展，最终达到媒介所有权的融合。

（四）关于媒介融合的利弊之争

对于当下传媒产业领域正在发生的媒介融合，大多数学者对媒介融合持肯定态度，但也有学者认真分析了媒介融合可能产生的弊端。学者们一方面分析了媒介融合的积极意义，另一方面也看到了存在的问题和不利因素。

周建青（2012）把"媒介融合"改称"媒体聚合"，认为媒体聚合在传媒发展中具有重要意义，具体体现为两个方面。一方面，媒体聚合有利于扩大传播范围，拓宽报道面，提高影响力。例如，报纸借助电视、网络、广播等的力量传播更广泛；网络借助电视、广播、报纸进一步扩大覆盖范围；电视借助网络媒体影响更多人。单一类型的媒体想要突破政策限制更好地发展，走媒体聚合之路是其良策。另一方面，媒体聚合有利于节约成本，提高效率，提高媒体竞争力。媒体通过人员合作，内容共享，媒体传播既节约了成本，又提高了出版效果。②周志平（2010）认为，媒介融合的发展将带来传媒产业的变革，其不仅可以实现新闻业务上的资源共享，还能实现优势互补，形成舆论合力。媒介之间的融合，可以促使各媒介之间相互借鉴彼此的优点和经验，可以最大限度地扩大传播效果，进行立体报道，达到舆论的合力。③

以上对媒介融合益处的观点表明了研究者对媒介融合的肯定态度。但是，一些研究者也对此提出了相反的看法和值得关注的问题，他们认为很多

---

① 王鸿涛. 媒介融合现状与前景 [J]. 中国记者，2007（6）：72－73.
② 周建青. 对"媒介融合"的质疑 [J]. 华南理工大学学报：社会科学版，2012（6）：70－74.
③ 周志平. 媒介融合：媒体未来发展的新趋势 [J]. 新闻爱好者，2010（8）：54－55.

学者没有看到媒介融合可能带来的弊端。这种看法丰富了学术界对媒介融合的研究。以下是这种观点的代表，引用为例。

黎泽潮和刘传雷（2013）在《再谈媒介融合》①中认为，媒介融合是一个看上去很美的概念，但在实际运用过程中却未必然能得到美的结果。媒介融合还没有权威的定义，不是国内学者不愿意对媒介融合下准确的定义，而是因为媒介融合发展到今天依然没有呈现出稳定的形态。很多传统媒体打着媒介融合的口号进行改革和重组，但就现状来看并不乐观，进行媒介融合改革取得重大成功的案例较少，反而是失败的案例较多。目前最流行的纸媒融媒实践是使纸质内容电子化、网络化，虽然受众范围扩大了，但是传统读者群也在流失，最重要的是这些电子版网站至今尚不能实现有效的盈利，反而耗费了大量的人力物力，成为一个沉重的负担。他们认为，媒介融合的弊端一是存在概念不清，二是违反媒介共存理论，三是与媒介分化理论相矛盾，并存在实践误区。

普雁（2012）在《论媒介融合的正负效应》②中对媒介融合的正负效应进行了深入探讨，目的是有助于研究者更加客观地全面地分析媒介融合这个现象。他认为，媒介融合既可以产生积极作用，例如，可以优化资源配置，实现不同媒介形态之间的资源共享，减少成本，最大限度地扩大传播的效果等，也会产生一些负面效果。这些负面效果有：一是内容趋同，言论多元化受到侵蚀。二是寡头垄断制约公众媒介权利的实现。三是盲目融合，丧失媒介融合个性和竞争力。他认为，在媒介竞争时代，人们可以根据自己的媒介使用习惯进行组合和搭配，对报纸、广播、电视、手机、网络等不同媒介进行取舍。多样化的媒介市场才能满足不同受众的需求。而媒介融合后的传媒集团会在追求"全媒体""媒介融合"的目标下使报纸、网络、电视和广播相加，最后提供的同质化的媒介。这是媒介融合实践面临的可怕的问题。

黄金和肖芃（2010）在《解析媒介融合发展中的制约因素》一文中也存

---

① 黎泽潮，刘传雷. 再谈媒介融合——基于媒介融合理论和现实的重新考量 ［J］. 河南工业大学学报：社会科学版，2013，9（1）：83-85.
② 普雁. 论媒介融合的正负效应 ［J］. 中国传媒科技，2012（7）：7-8.

在这样的担忧。他们分析了传媒企业的特点，指出传媒企业是一个特殊的利益集团，作为社会瞭望所和第四监督权力机构，担负着服务于公共利益的使命。传媒企业总是在市场模型与公共领域模型之间摇摆，以寻求平衡点。由于媒介融合只能在同一所有制的媒介集团内展开，因而会导致垄断信息传播的发布权，进而可能会削弱信息多元化。媒介融合有可能导致的结果就是垄断产业带来的信息单一化和民主集权化。政府为了避免这种情况发生，大都对于国内放松媒介所有权的管制十分谨慎。此外，媒介融合还被认为限制了新闻自由。因为融合媒介集团往往为了便于管理，从体制上并不鼓励多元声音，因而进一步限制了新闻报道的自由。①

这些反面的观点表明了媒介融合存在一定的消极影响和不足。但这些观点总体上并不占主流。这种观点虽然另类，但是值得学术界关注和思考。综合所有论述，媒介融合是传媒产业发展的必然选择和发展趋势。这是学术界总体的看法。

二、学术期刊媒介融合问题研究进展

高校学术期刊是中国期刊业的一个特殊领域，具有自身的特点和规律，但也和其他期刊面临同样的社会经济环境，其中新媒体的发展和网络技术的应用是其面对的现实。因此，在期刊业普遍面临着媒介融合的要求下，高校学术期刊也在进行和探索媒介融合。怎样进行媒介融合，这是期刊业从业者必须思考的问题。围绕这个问题，学者们进行了相关问题的研究。

（一）关于学术期刊未来发展趋势问题

媒介融合因网络技术和信息技术的进步而加速发展。由于信息技术和网络技术在20世纪中后期获得了突飞猛进的发展，在社会经济发展中也得到了广泛的应用，导致了传媒产业的创新发展，也给学术期刊融合发展提供了技术条件。高校学术期刊种类占我国学术期的刊1/3。高校学术期刊媒介融

---

① 黄金，肖芃. 解析媒介融合发展中的制约因素［J］. 传媒观察，2010（2）：32 - 34.

合成为学术期刊媒介融合的主力。由于本书主要分析论述高校学术期刊媒介融合，所以在以下很多论述中，笔者用学术期刊媒介融合代表高校学术期刊媒介融合，不再特别指出。

徐枫和郭沁（2015）① 认为："当今社会，移动互联网作为一种技术和工具已经渗透到各行各业，成为现代社会不可或缺的基础设施之一。数字技术和互联网技术已经打通了传统出版、传媒、影视、IT 等各行各业的边界，融合多种传统产业的数字内容产业应运而生，给传统出版带来了从内容到消费观念乃至产业形态等方面的新变革。"在此背景和影响下，"科研人员接触信息的范围显著变大，学术期刊的传播方式已经发生了巨大的变化，读者阅读环境及习惯也有了很大改变，数字出版和传播已成为期刊出版和传播的新常态"。他们在这里明确提出了学术期刊数字出版和传播是在数字技术和网络技术发展背景下的一个新常态，不仅说明了学术期刊发展创新的原因，也说明了学术期刊未来发展方向是数字化出版和传播。

邹琳（2010）在《浅谈媒介融合与我国期刊的发展》中认为，媒介融合是基于信息技术的飞速发展，媒体形态所呈现的一种全新变化，是数字化时代期刊媒体发展的必然趋势。并进一步提出"传统期刊业可以利用已有的品牌、资金和人才优势，利用自身资源与电信、ISP 等新媒体整合，实现优势互补和战略重组，从而降低成本，通过媒介融合，期刊可以发展为手机版、多媒体版、语音版、网络版、博客版等，延伸期刊生产价值链"②。他还提出了传统期刊所面临的挑战：第一，移动媒体和网络媒体等新媒体快速发展，从功能上看，新媒体完全能够代替传统媒体，因为新媒体是一个巨大信息终端，是完全可以替代其他媒体的，因而对传统媒体的冲击十分巨大。第二，读者阅读习惯已经慢慢地发生了根本性的变化，例如，报社编辑人员看新闻，基本是以手机为终端，看的是最新的信息，从这一点看，新媒体对传统媒体的冲击也是巨大的。

---

①　徐枫，郭沁．数字时代学术期刊的创新形式［J］．科技与出版，2015（7）：4－9．
②　邹琳．浅谈媒介融合与我国期刊的发展［J］．社科纵横，2010，25（9）：65－66．

专门研究高校学术期刊媒介融合的论文较少，大多数从学术期刊的整体角度进行研究。从相关研究中可以发现，高校学术期刊与其他学术期刊一样，必然进行传统出版向数字化和网络出版转变，以适应传媒技术的创新和读者等相关群体的个性化需求。未来的高校学术期刊必将是以网络信息技术为基础，以数字出版、网络出版作为学术成果出版发表的途径。

（二）对于学术期刊媒介融合含义的争论

学术期刊在数字化出版转型中如何与新媒体高度融合，进而实现其在互联网时代的新生与发展，这个问题不仅受到每个学术期刊编辑出版人员关心，也受到了管理者高度重视。然而，可以说到目前为止，什么是学术期刊媒介融合，这个问题并没有形成统一的认识。

梁赛平（2016）在《媒体融合发展对科技期刊创新的影响与数字营销的应对措施》中认为，依据国家新闻出版总署在《关于加快我国数字出版产业发展的若干意见》中对数字出版的表述，即"数字出版是指利用数字技术进行内容编辑加工，并通过网络传播数字内容产品的一种新型出版方式，其主要特征为内容生产数字化、管理过程数字化、产品形态数字化和传播渠道网络化"①。在这个意义上，可以把学术期刊媒介融合看作数字出版。这是对学术期刊媒介融合的一个重要观点。在目前没有统一认识的情况下，这种观点代表了学术界很多研究者的看法。

有学者从学术期刊资源整合的角度提出对媒介融合的理解。吉海涛等（2015）认为："数字化时代，解决学术期刊的根本问题，还需要学术期刊整合资源，形成行业合力，并结合数字时代新媒体技术，共同结成学术期刊数字出版联盟，实现学术期刊的产业化发展。"②

有学者从新媒体应用角度分析学术期刊媒介融合。占莉娟（2014）在《媒介融合背景下学术期刊的新媒体应用》中认为，学术期刊应主动适应时

---

① 梁赛平. 媒体融合发展对科技期刊创新的影响与数字营销的应对措施［J］. 编辑学报，2016，28（4）：320－323.

② 吉海涛，郭雨梅，郭晓亮等. 媒体融合背景下学术期刊发展新模式［J］. 中国科技期刊研究，2015，26（1）：60.

代的要求，大胆尝试新媒体技术的应用，加快传统媒体与新媒体融合的步伐，逐步推进全媒体运营，多平台发布等新的运行模式，实现学术信息传播效应的最大化。① 她认为，虽然学术期刊在编辑、出版和传播等方面积极尝试了新媒体技术，但学术期刊应用新媒体技术的现状很不理想。她进一步提出，目前，学术期刊主要在三个方面对新媒体技术进行了应用：一是学术期刊的网络建设，即建立学术期刊网站，供作者和读者网上投稿和阅读；二是采编系统数字化网络化，对网络技术进行一定程度的应用；三是集群化统一出版，也就是加入中国知网、万方数据库和维普数据库，把已经出版的学术期刊内容集中到这些大型数据库中供读者查阅。这些都是对数字信息技术的具体应用，这些应用也起到了媒介融合的作用，但是也存在许多不足之处。

（三）关于学术期刊媒介融合途径的讨论

学术期刊通过什么途径进行媒介融合，这是学术界经常讨论的问题。一般来说，传统出版方式以内容为中心，重点是进行出版活动，对于传播方式和信息互动缺乏有效的手段。把传统出版的内容利用网络技术和信息技术加以整合，在新媒体的基础上加以出版和传播，就成为高校学术期刊媒介融合的基本途径。然而，媒介融合存在多种途径，不只是技术融合，还有组织、形态等方面的融合。

董艳华（2009）分析了我国期刊媒介融合的途径和形式。在《媒介融合与我国期刊的发展》② 中，她提出期刊媒介融合包括媒介形态、媒介功能、传播手段、所有权、组织机构等要素的融合。通过媒介融合，期刊可以发展为手机版、多媒体版、语音版、网络版、博客版等，进而延伸期刊生产价值链。她认为，期刊媒介融合主要有两种形式：一是期刊业和其他媒体之间的整合与并购，形成多种媒体单位组合的大传媒集团；二是期刊和其他媒体之间的交融与活动，期刊通过不同媒介之间传播方式和内容的相互借用，实现媒介功能重新组合和媒介资源的重新配置。最后，她建议构建数字出版商业

---

① 占莉娟. 媒介融合背景下学术期刊的新媒体应用 [J]. 黄冈职业技术学院学报，2014（6）：65-68.

② 董艳华. 媒介融合与我国期刊的发展 [J]. 新闻爱好者，2009（10）：192-193.

模式，包括数字化平台、期刊网站、电子商务、电子阅读器、多媒体数字期刊、户外数字媒体、手机报刊、手机二维码和移动采编系统等。

陈永华（2015）分析了学术期刊融合发展的途径。他认为，互联网和大数据极大地改变了人们的阅读方式与交流方式，不同媒体之间的界限变得十分模糊，学术期刊必须摆脱传统出版的路径依赖，树立互联网思维，以用户为导向进行转型。学术期刊要在内容、渠道、平台、经营、管理等方面进行深度融合，才能通过媒体融合构建和谐有序的媒介生态，取得媒体融合发展的新突破。他在《学术期刊"媒体融合"路径思考》① 中，首先分析了学术期刊进行媒介融合的必要性和存在的困境，然后提出了学术期刊在融合中应把握的关键点。但是，由于学术期刊属于非完全市场运营期刊，在某种程度上来说，学术期刊还难以成为真正的市场主体，缺乏深度融合所需要建立的强烈用户（读者）意识，因此，学术期刊要实现深度融合的路还很漫长。此外，他还提出三个方法促进媒介融合：第一，内容即数据，让数据"活"起来；第二，营销即服务，让服务"立体"起来；第三，"需求"即渠道，让渠道"个性"起来。

梁玮和曹阮华（2011）在《中国期刊数字化转型探究》② 中认为，人类已经处于一个数字化时代，数字媒介在信息承载和传播速度方面具有无与伦比的优势，纸质期刊如果不进行数字化转型和迅速完成数字化转型，就可能面临即将衰亡的命运。为此，他们提出了期刊出版业数字化转型的路径，通过"报网融合"，实现期刊数字化。第一，印刷版与网络版整合运营，建立联合编辑部，实现真正意义上的报网互动，在深挖纸质期刊媒介和受众价值的同时，将印刷版期刊读者摆渡到数字期刊平台上来。第二，建设多媒体集成传播平台，实现在 Web2.0 平台上的多媒体内容集成，进而克服纸质传播媒介内容形态单一的缺陷。第三，发展纯数字期刊产品，向全媒体数字内容

---

① 陈永华. 学术期刊"媒体融合"路径思考［J］. 传播与版权，2015，26（7）：140－142.

② 梁玮，曹阮华. 中国期刊数字化转型探究［J］. 科技·经济·社会，2011，125（4）：154－159.

提供商转型，形成数字产品盈利能力，进而将采编、传播、发行等业务延伸到经过市场检验的数字技术和产品。

概括起来，学术界关于学术期刊媒介融合的途径问题的研究得出的结论是，学术期刊通过与其他媒体进行整合或并购，进行组织上融合；通过建设多媒体传播平台，实现技术融合；通过与其他产业融合实现跨行业融合；将印刷版期刊与数字化网络期刊结合起来，形成传统媒介与新媒体融合。

（四）关于高校学术期刊媒介融合方式的研究

学术期刊媒介融合的主要表现形式是对多媒体的运用。因此，运用多媒体技术实现多媒体形态是学术期刊媒介融合的重要举措和方式。

梁海虹（2008）在《试论数字化期刊对纸质期刊的影响》中，分析了期刊数字化与数字化期刊的含义，对纸质期刊与数字化期刊的关系进行研究，他认为，数字期刊也称为电子期刊，是一种新兴的媒体形态，它预示着传统期刊的发展方向。数字化期刊比纸质期刊更加具有个性特点，可以对纸上内容或者主题进行多方面开发，构成品牌期刊立体传播和直接经营相结合的良好效应，使传统期刊走向数字化道路。①

占莉娟（2014）在《媒介融合背景下学术期刊的新媒体应用》中，分析了学术期刊利用新媒体的必要性，在此基础上，提出了学术期刊积极主动适应新媒体传播特点进行媒介融合的途径：第一，开拓学术期刊的传播途径。学术期刊可以通过微信、微博等增加信息传播路径，增强信息的交互性。第二，改变学术信息的传播形式，主动适应新媒体传播，即在利用新媒体传播学术信息时，将科技知识与科研信息运用不同的方法和途径进行传播，例如利用微信、微博等新媒体平台向读者提供科研信息，使得他们可以在零散的、碎片化的时间里，及时分享最新的科研信息。第三，尝试搭建多种新媒体平台，整合多种学术信息资源，形成多种载体共同发挥信息传播的格局。②

---

① 梁海虹. 试论数字化期刊对纸质期刊的影响 [J]. 宝鸡文理学院学报：社会科学版，2008（6）：126－128.
② 占莉娟. 媒介融合背景下学术期刊的新媒体应用 [J]. 黄冈职业技术学院学报，2014（6）：65－68.

占莉娟（2014）在《媒介融合背景下学术期刊的新媒体应用》中，结合全媒体的发展，提出学术期刊全媒体转型的观点，也是对高校学术期刊媒介融合途径的一个看法。她认为，媒介融合的时代背景下，传统媒体与新媒体出现融合发展的趋势，实现全媒体转型，是大众媒体的现实选择。全媒体打通了印刷、电视和广播的界限，构建了融文字、图片、音频、视频、动漫等多种表现形式为一体的内容平台，实现 24 小时多媒体滚动内容提供。其核心是打破媒介之间的界限，实现不同媒体内容渠道的融合。学术期刊不同于大众传播，其受众具有小众化特点，但是，也必须实现学术信息的全媒体传播。然而，要实现与新媒体融合和全媒体转型，将面临更加严峻的挑战。

徐枫和郭沁（2015）在《数字时代学术期刊的创新形式》中，认为"在数字化再造并融合传统出版的大背景下，科研人员接触信息的范围显著扩大，学术期刊的传播方式已经发生巨大的变化，读者阅读环境和习惯也有了很大改变，数字出版和传播已成为期刊出版和传播的新常态"。为此，他们提出学术期刊在互联网时代的出版创新模式：一是"纸本＋网络在线出版"模式——网上全文发表，印本摘要简介，并呈现多元化；二是来稿直发模式——全新于网络的在线出版平台；三是在线优先出版；四是建立学术期刊出版开放获取系统，实现学术成果免费共享。①

柴纯青（2014）在《学术期刊实现媒体转型的逻辑》中，认为在媒体转型的问题上，学术期刊落后于时政类新闻媒体。全媒体运营、多平台发布等，虽然是时政新闻类媒体创新的理念，但也给学术期刊带来了启迪和巨大的压力。"学术期刊的新媒体转型，本质上是从高品质内容出发，借助各种新媒体手段，改革传统的内容生产方式和传播流程，改革传统的发行与广告服务，开发有深度的、有更大增值空间的新产品，促进新媒体时代的学术发展。"② 他提出，学术期刊向新媒体转型，要实现内容传播平台整合，增强用户参与和互动，开发新产品和增强服务，满足个性化需要，用户付费方式多

①　徐枫，郭沁. 数字时代学术期刊的创新形式［J］. 科技与出版，2015（7）：4 – 9.
②　柴纯青. 学术期刊实现媒体转型的逻辑［J］. 传媒，2014（9）：24 – 25.

样化等。

　　综合以上研究，我们发现，学术界在对学术期刊媒介融合的研究中，对学术期刊媒介融合的意义、定义、途径和形态等理论研究的较多，这对于学术期刊媒介融合具有重要的理论价值。对学术期刊在媒介融合中对于新媒体的运用以及与新媒体融合的形态研究较多，而对于学术期刊与新媒体融合的具体途径、模式研究很少，因而，需要加强对学术期刊的媒介融合的机制、途径和模式的研究，并且需要从理论上系统地分析学术期刊媒介融合理论、机制、途径和管理等问题。这也是学术界在研究上存在的不足和需要加强的研究内容。

第三章　学术期刊媒介融合理论

　　媒介融合是 20 世纪末和 21 世纪初传媒产业领域出现的新事物，它的出现具有历史必然性，是传媒产业技术革命和结构调整的必然结果。它使传统媒体在新媒体时代获得了新生，为传统媒体实现创新发展和产业升级奠定了物质条件和技术条件。信息技术和网络技术的发展使传媒产业具有了技术创新环境，社会需求和市场竞争极大地推动了媒介融合，媒介融合又进一步促进了传媒产业结构调整和产业升级。探索媒介融合的理论问题，为学术期刊媒介融合提供理论基础和依据。

一、媒介的概念界定及发展轨迹

　　随着科学技术的发展，信息传播的载体（又称媒介）在形态和内容上都发生了巨大变化。报纸、图书、电视、广播、手机、互联网等媒介形态，出现了前所未有的融合，即所谓的"媒介融合"现象。互联网出现后，网络技术逐渐在报纸、期刊、广播、电视、图书等传统大众媒介领域被广泛应用，促进了网络报纸、电子期刊、网络电视、网络广播和移动出版等新媒体的发展，最终使得各种媒体媒介的融合成为一种不可逆转的趋势。

　　（一）概念界定

　　媒介，是传播媒体的简称，又称传播媒介，即英文中的"Communication Media"。中文中的媒体、媒介、传播媒介都是同一个含义。按照一般的理解，传播是指与他人建立共同的意识，而媒介则是使双方发生信息交流的物体或者人。从媒介的内涵和外延上划分，可以划分为广义传播媒介和狭义传播媒介。广义传播媒介是指信息收集、承载、传递和发布的所有系统，包括媒介工具、电信系统、卫星系统、音乐工厂、资讯传播系统、营销系统、宣传系统和教育系统等。狭义传播媒介是指图书、报纸、期刊、电视、电影、音像制品、电子出版物、广播、微信、互联网等大众传播工具。本文所研究的媒介就是在狭义上的大众传播媒介。

按照受众数量，媒介可以划分为小众媒介和大众媒介，又称小众传媒和大众传媒。小众媒介是指受众数量较少的媒介。大众媒介是指受众较多的媒介，又称大众传媒工具。关于"大众传媒"，英国《朗曼现代英语词典》（1976 年版）给出的定义是"尽可能以最广大的受众为对象的传播媒介"，美国《韦氏新大学词典》（1983 年版）给出的解释是"旨在达到人民大众的一种传播媒介，如报纸、广播、电视"。媒介的定义虽然还没有固定的含义，但总体上是一致的。也就是，媒介是人类传递、获取、交流、存储信息的工具、手段或途径。这是为人们所公认的含义。

媒介融合一词产生较晚。一般认为，它是由美国麻省理工学院浦尔教授首先提出的。自提出"媒介融合"概念以来，"媒介融合"一词备受学术界关注。在西方新闻学中，"媒介融合"和"新闻融合"是可以互换的概念，他们经常用 Journalism 代替 Media。美国新闻学会媒介研究中心主任尼葛尔森给"媒介融合"下的定义是：印刷的、音频的、视频的、互动数字媒体组织之间战略的、操作的、文化的联盟。这个定义基本反映了媒介融合的内涵，由此可以看出媒介融合是各个媒介之间的合作和联盟。

美国西北大学教授高登（Rich Gordon）从技术、媒体组织行为、新闻生产操作三个方面解释媒介融合的含义，即所有权融合、策略性融合、结构性融合、信息采集融合和新闻表达融合。

国内学者把媒介融合定义为由新媒体及其他相关因素所促成的媒介之间的交融状态。①

---

① 占莉娟 . 媒介融合背景下学术期刊的新媒体应用［J］. 黄冈职业技术学院学报，2014，16（6）：65 - 68.

中国人民大学新闻学院王菲教授（2003）认为，媒介融合是指在数字技术和网络技术的背景下，以信息消费终端的需求为指向，由内容融合、网络融合和终端融合所构成的媒介形态的演化过程。通过传统媒体产业和其他产业之间的交融，形成融合化的"大媒体"产业形态。① 很多学者也认为，媒介融合是传媒业发展的一种趋势。

综合已有的定义可以看出，学术界对媒介融合的概念还有很大争论，但是基本的定义是相似的。媒介融合是一种发展趋势。由于多种原因，人们对媒介融合这个概念下的定义还不完全统一。综合有关定义，可以认为，媒介融合的基本含义是指在信息技术和新媒体技术的作用和支持下，多种媒体融合发展，实现媒体多功能一体化的趋势。

（二）媒介发展历程简单回顾

大众传媒从其产生后，在漫长的400多年历史中，从来不是以单一的形态存在的，而是随着科技发展和生产力的进步，不断在既有传媒形态的基础上增加新形态，产生新的媒介，以往的媒介形态并没有完全被新的媒介形态所取代，而是在新媒介形态的基础上吸收以往媒介的优势，新媒介形态借助以往媒介形态获得更快的发展。这就是媒介融合的趋势所产生的结果。

随着科技的不断进步，各种媒介形态相互渗透，融合发展，取长补短，发挥优势，弥补不足，成为传媒业媒介形态的常态。不过需要指出的是，今天的媒体变局可能与以往的媒介融合不同，以互联网为基础的新媒体具有特别强大的功能，虽然不能完全取代传统媒体的功能，但在很大范围和程度上集中了传统媒体的功能和作用，不仅可以与其他媒体互相兼容，而且有能力逐步替代其他媒体，使其他媒体的作用最大限度地降低。

媒介的产生和发展是人类社会发展的结果。人类在漫长的发展历史中，为了交流、沟通、联系，于是就逐渐产生了媒介。从原始人类的文字，到今天的书籍、报纸、电视、电话、互联网等，人类信息传播的媒介在不断地发展进步，从根本上促进了人类发展。

---

① 王菲. 媒介融合中的广告形态的变化［J］. 国际新闻界，2007（9）：17 - 21.

人类社会信息传播媒介的发展轨迹，如图3-1所示。

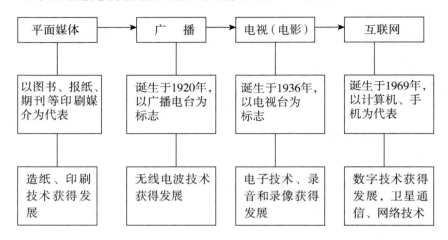

图3-1　媒介发展轨迹

人类社会媒介发展的轨迹表明，媒介的发展是随着科技发展和生产力的进步不断前进的。先是印刷媒介的出现，再是电子和电讯技术带来的无线电通信和广播电视媒体的产生，到今天网络信息技术发展带来的新媒体，使得人类社会信息传播媒介的技术得到提高，媒介形态更加丰富。

回顾媒介发展历史轨迹，我们不难发现，一种媒介形态的出现和发展与科学技术进步密不可分，它既是生产力提高的结果，又大大促进了生产力的发展。同时我们还可以发现，一个时代的媒介形态不是单一的，而是多种媒介并存，各自发挥自身的优势，又互相弥补不足。

广播电视媒介产生以后，报纸、杂志和图书仍然长期发挥着媒介的信息传播功能，他们都有自身的特点和用户群体，相得益彰。究其原因，是因为人们的信息需求和取得信息的途径存在客观差异。即使是网络信息技术十分发达的今天，印刷媒介和广播电视都有自己的用户群体。

需要指出的是，一种新媒介的出现，由于是在传统媒介的基础上发展而来的，因而具有十分强大的优势，必然对传统媒介产生冲击和影响。例如，新媒体的出现给传统媒介的发展带来了强大的冲击和影响，迫使传统媒介进行创新发展，进而与新媒体融合，形成媒介融合发展趋势。

二、媒介融合的动力与优势

媒介融合具有广阔的社会背景和社会需求，是社会经济和科技文化发展的客观要求和媒体发展的必然趋势。通过媒介融合，可以使传统媒介更好地为新媒体时代的受众提供服务。推动媒介融合的动力来自多方面，既有经济的因素，也有技术的因素；既有市场的因素，也有政策的因素。

（一）媒介融合的动力

媒介融合是传媒产业发展中一种新的现象和事物，促进各种媒体之间融合发展的动力来自多种因素，主要有以下方面。

1. 媒介融合是传媒产业升级发展的结果

新媒体具有技术先进、适应信息传播多种需求、新兴产业等多种特点，体现了科技发展和进步，因此是传媒产业升级和技术进步的成果。传媒产业信息载体中，既有传统媒体，也有新媒体，传统媒体拥有比较大的市场资源和人力资源队伍，社会信誉高，但是，随着信息技术、网络技术的发展，传统媒体在技术上急需升级改造，电子信息技术、计算机技术和网络技术的突飞猛进，为传统媒体进行技术升级提供了技术基础，也成为传统媒体发展的新动力。

产业结构调整和产业技术升级是经济结构调整的前提，也是经济发展的动力。在目前高新技术产业不断发展的情况下，为谋求竞争优势，发展高新技术和利用高新技术，成为增强产业活力和竞争力的关键因素。之所以用高新技术改造传统产业，是因为高新技术能为传统产业提高效率和增加附加值提供技术条件。在高新技术的促进下，传统产业获得了新的发展动力，产生了新的发展形态，向高级化发展也就成为产业发展的必然趋势。

高新技术对于产业升级具有关键性作用。传统产业的技术水平低，不可能迅速推进高新技术发展，用高新技术装备传统产业部门，不仅是传统产业发展的必要条件，也是高新技术发展的必要条件。没有传统产业的技术结构的升级换代，就不可能为高新技术的产业化创造物质准备。

在市场竞争推动力作用下，产业技术不断由低级向高级发展和进步。任何一个产业都存在这样的趋势。这是由产业内部的发展动力和外部竞争压力所致。传统媒体是传媒产业发展的主要动力，也是传媒产业技术升级和提高的物质基础。新媒体是传统媒体技术上发展的新阶段，是传统媒体在计算机技术、网络技术和信息技术高度发展的基础上应用的结果。

2. 多样化的社会需求推动了媒介融合

受众的多样化需求是新媒体产业发展和媒介融合的原动力。在传统出版传媒时代，受到技术限制，人们对媒介的多样化需求受到制约，通信渠道单一，传播媒介形态少，不能满足人们多样化需求。而在数字信息和新媒体传播时代，人们对信息的需求表现出前所未有的多元化和个性化。具有多样化需求的受众不仅希望能看到文字，还希望接收声音、图片、动画，甚至希望在互动中参与信息的加工和提供，成为信息的创造者。这些多元化的需求，在传统媒体下不能够顺利实现，只有通过今天的网络技术、通信技术才能彻底实现。传统媒体由于版面、时段、频道的限制，不可能提供、满足所有用户所需要的信息，而新媒体却可以实现。新媒体的出现，使得个体或者某个同质的局部群体的个性化需求得到实现。个体的需求是多样化的，也是个性化的，传统媒体只能实现一个型号的大众化信息消费。在这种情况下，传统媒体只有与新媒体技术融合发展，才能够满足受众的需要而不至于被淘汰。传统媒体与从媒体技术的融合，正是媒介融合发展的动力来源。

在网络技术高度发展的时代，消费者价值观念、生活方式和消费理念不再趋同，个性化消费获得足够的发展，媒体消费中的"大众传媒"变为"分众传媒"，传统媒体消费的受众变为用户，单向的点对面方式和免费消费模式发生了根本性的变化。媒介与消费者的互动成为媒介消费的常态，传媒产业正在以丰富的方式和多种渠道为消费者提供特色化、个性化服务。

3. 数字信息技术和网络技术创新为媒介融合提供了强大动力

数字信息技术和网络技术的发展，使全世界变为一个紧密联系、互相联通的地球村。这些技术的进步，和它们在通信、广播电视领域的应用，使传媒产业发展到一个新阶段，这个阶段中，新媒体技术发挥了极其巨大的作用，媒介终端可实现的服务功能非常丰富，服务能力逐步强大，传统媒介的界限也变得十分模糊。

美国传播学家丹尼斯·麦奎尔认为，真正的传播革命所要求的，不只是讯息传播方式的改变，或者受众注意力在不同媒介之间分布上的变迁，其最直接的驱动力是技术。回顾人类传播史，不难发现，信息技术的发展起着决定性作用。信息技术的每一次革命都给人类的政治、经济、文化和社会生活带来巨大影响，人类文明正是在信息技术的推动下不断前进的。信息技术的发展为人类的信息传播提供了更有效的工具和手段，新媒体在弥补传统媒体某些方面不足的同时，"为人类打开了通向感知和新型活动领域的大门"，"人在正常使用技术即人体各种延伸的情况下，人不断受到技术的修正。反过来，人又不断地寻找新的方法来修正自己的技术"。以此增强人们获取、传递、使用信息的能力。数字技术、计算机技术、网络技术、移动通信技术等相互融合，共同构成新媒体发展的技术平台，为新媒体兼容各种新信息技术提供了基础。

技术发展改变了媒体形态。以广播为例，在数字技术的推动下，广播正由模拟转向数字，由单向传播转为多向交互传播，由区域业务转向全球业务。传统的单一属性（如平面媒体、音频媒体和视频媒体）的终端向多功能媒体（如音视频合一）终端转变；以往的单一服务网络（如电话网、有线电视网）现在向多种服务网络转变。在信息技术、网络技术和计算机技术的支持下，人们的许多愿望得以实现，各种媒体不断融合发展。

数字技术的发展带来了传播方式和传播形态的革命。媒介融合的动力来自技术的发展，数字技术不仅使得媒介传播得更广，而且使媒介之间的界限模糊和消弭，从根本上打破了传统上泾渭分明的媒体之间的界限。在数字技术时代，所有的信息都将以同样一种数字格式存储，并最终都成为数字传媒。①

---

① 孟建. 媒介融合理论在中国电视界的实践［J］. 广播电视大学学报：哲学社会科学版，2009，149（2）：73 - 76.

4. 产业融合推动了媒介融合

产业融合是产业发展必然结果。不同产业或者同一产业内部各个行业，由于技术、市场、服务和制度等的推动，必然在发展中相互渗透、融合发展，以达到资源优化组合，提高组织效率和经济效益，因此也造成了产业边界淡化，产业相互渗透，逐步形成新的产业。这个过程，就是产业融合。在这个过程中，随着新产业的产生和形成，原来的产业会消失，或者以新的形态出现。

产业融合在20世纪90年代发展成为产业的大趋势。其主要原因是由于各个领域发生技术创新，从而为产业发展带来动力。作为新兴产业主导力量的通信与信息技术产业，在近些年来发生了巨大的技术创新，引起了各行业的技术革命，进而导致产业之间的渗透和融合。在技术创新和技术融合基础上的产业融合是对传统产业根本性的变革，是产业发展和经济增长的新动力。与此同时，在不同的产业内部，在技术进步的推动下出现行业之间的融合，在此基础上出现新的行业，使产业内部结构更加科学合理，产业发展更具有活力。

在传媒产业中，随着产业融合的深入，传媒业与通信业的融合加速，它们之间的边界变得模糊，在技术、内容和组织等方面交叉渗透，合作加快，产业形态发生变化。从媒体融合的历史看，20世纪70年代，通信技术和信息技术的发展推动了电信、邮政、广播、报刊等产业的相互渗透，产业融合初现。20世纪90年代，伴随信息技术和通信技术的进一步革新，个人电脑技术和互联网技术获得了巨大的突破，从而引起了电信、广播、电视、音乐、电话、教育等方面的产业融合。产业融合大大改变了信息产业的原有结构和局面，并在此基础上形成了新的产业——新媒体产业，传统的电信业和传媒业融合形成了大媒体产业，使传统媒体产业出现了技术革新和产业升级的新形势。

媒介融合也不是一帆风顺的，其中存在的障碍主要是技术壁垒和政策限制。因此，突破技术壁垒和政策制约，是媒介融合快速发展的前提。然而，市场动力和拉力的作用，必然会摆脱各种困难，在网络经济外部效应的作用下，媒介融合最终成功实现。

在技术创新推动下，在网络经济规律作用下，实现媒介产业规模化的途径之一就是达到技术标准化，通过同时实现技术标准化和产品差异化来推动规模经济效益，获得最大化的市场，这是媒介竞争的规律。

中国人民大学王菲教授（2003）认为，任何人在任何地方和任何地点，获得任何所需要的东西，这是数字媒体技术发展的内在动力和终极目标。为了满足这一终端目标，媒体系统进行了相应的融合，即在规模化、差异化的目标下，技术融合推动媒介内容融合、网络融合、终端融合。

5. 行业竞争促使媒介融合发展

媒介融合的动力来源于技术创新，也来自市场需求的拉力和市场竞争的压力，最后在政策的推动下，形成了媒介之间的融合发展。处于市场竞争状态下的媒介产业，既面临着同业竞争的压力，也面临产业之间的竞争。在产业分立的状态下，每个产业中的企业面临着其他企业的竞争，它们使用的技术是类似的，产品也是类似但又不同的，为此企业之间产生巨大的竞争。在新媒体环境下，企业面临的竞争对手不再仅仅是原来的竞争对手，还有其他形式的媒体形态。例如，一家报纸在过去只是与其他报纸进行竞争，但在新媒体环境下还要与网络媒体、手机媒体进行竞争。对于传统媒介产业而言，当技术上为融合提供了基础，政策上实施了变革，传统媒体产业的进入壁垒就会被打破，新型媒介就能够顺利地进入该产业领域，新媒体对传统媒体形成了严峻的挑战和激烈竞争。因此，为防止被替代，传统媒介产业必须努力探索新的产品和服务，进军新的媒介领域。

传媒企业面对竞争具有创新动力。作为市场竞争的主体，企业对于消费者的需求通常较为敏感，而且为了在日益激烈的竞争中处于领先地位，企业往往会通过技术创新和组织创新，实现新的增长和发展。在传媒产业领域，在技术进步的情况下，一些大型传媒企业将传统分设的各种媒体通过兼并与收购，实现组织变革，进而形成了融合多种媒介的大型媒体企业。例如，美国迪斯尼、德国贝塔斯曼、法国的哈瓦斯、澳大利亚的芬尼维斯特等集团，在业务上不仅覆盖了传统三大媒体，还向电信、电影、音像、网络等多领域发展，以此为中心，开发出许多与媒体相关的商品和服务。

对于企业而言，融合是生存和发展的需要。对市场竞争的响应和对商业利润的追求，使传媒企业自觉地寻求商业同盟和技术联合，进而导致产品、技术和形态上的融合。媒介企业的联盟和并购，不仅可以突破旧行业发展极限约束，还降低了经营风险，使相关企业通过新资源在融合后的新领域获得发展。

基于以上分析，我们可以用图3－2表示这种由社会需求、市场竞争、技术进步等因素所推动的产业融合，进而推动媒介融合。

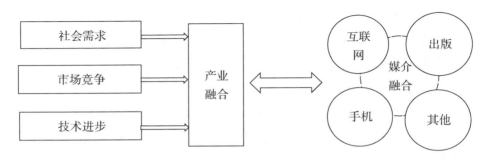

图3－2　媒介融合的动力

（二）媒介融合的优势

媒介融合源于媒体产业资源重新组合和组织创新。融合的结果必将给消费者提供更优质的新闻服务，观众、读者、信息资源的使用者和网民都将在媒介融合中获得高质量的信息。媒介融合让融合的各部分之间能够实现资源共享，发挥各方优势，实现各自利益最大化。媒介融合弥补了传统媒体的缺陷，也发挥了传统媒体的优势，新媒体在融合中利用传统媒体的资源优势获得发展机遇，这些正是媒介融合的优势所在。概括起来，媒介融合的优势存在于协调优势、双赢格局和共享效益。

1. 协调优势

各种媒介的存在都有其市场，都能符合某个消费群体的需求，都有一定优势。但是，也有自身难以摆脱的一些劣势。媒介融合从本质上讲，是不同技术的结合，是两种或更多种技术融合后形成的某种新传播技术，在功能上，媒介融合后的新媒介要大于原有各部分的总和，也就是说，通过媒介融合，实现了"1 + 1 > 2"。

美国麻省理工学院浦尔教授认为，媒介融合就是各种媒介呈现出一体化多功能的发展趋势。可见，媒介融合是媒介的一种发展趋势，是建立在各方长期较为稳定合作关系的基础上的一种优势互补，是一种相互促进的协调关系。

事物的发展具有一种趋利避害、取长补短、相互共生的内在规律。媒介的发展也符合这种规律。通过媒介融合，各个媒介可以发挥自身的原有优势，可以在激烈竞争的市场中扬长避短、互相合作、相得益彰，从而降低成本，增加效益，减少受众的视觉疲劳和审美疲劳，将稀缺资源最优化配置和最大化利用。

相比较而言，在报纸与电视媒体的融合中，报纸具有保存性、选择性，适合传达深度解释和携带方便等优点，缺点是感染力、趣味性、实效性、吸引注意力的程度没有电视强，而且报纸的受众需要具有一定的文化水平，文化教育程度低或者不识字的人难以阅读，因而不像电视那样受众面宽。电视的画面具有较强的感染力、说服力，现实性、现场性、形象感都比较强，但保存性、选择性较差，不易于携带，难以进行深度解释和分析。把报纸和电视媒体融合起来，就可以发挥各自长处，取长补短，互相促进，使受众获得更多更好的服务，也使二者可以实现整体利益最大化。

网络媒体具有可选择性、及时性、多样性、易于保存和搜索等特点，是电视、报纸在许多方面实现不了的优点。但是，网络媒体也有自身的缺点，其缺点就是其许多内容的制作需要以报纸、电视为基础。网络媒体与电视媒体的融合，则实现了更多的优势资源组合，能够取得最大化利益。因为通过融合可以使电视媒体借助互联网覆盖面广、交互性强、不受时空限制等特点，克服电视媒体单向传输、转瞬即逝等缺点，实现点对点交流，给观众提供发布意见、参与讨论的平台。电视媒体可以利用网络信息的容易保存、易于检索、复制等进行多层次传播，使电视媒体的信息更加丰富。网络媒体在电视媒体的支持下也会使内容更加丰富多彩，并形成新媒体的一种——网络电视。网络电视就是网络与电视融合的产物，是电视媒体的新发展，是新媒体的一种表现形式，也是网络媒体的一种形态。

手机媒体被称为移动网络媒体，是新媒体的一种，也是媒介融合的产物。它是以手机为终端，以手机上网为平台的个性化信息传播载体。手机媒体具有移动性、即时性、个性化、互动性、多功能的特点，可以融合电视节目、报纸、期刊、广播、电脑、图书等多种媒体的优点于一体，随着网络技术和传播技术的发展，手机媒体的功能还将进一步扩大，成为未来媒介的主力军。它既整合了传统媒体的传播优势，又增加了新媒体的功能，可读、可听、可视、可玩、可用，使人们可以自由地畅游在信息的海洋中。

2. 双赢格局

媒介融合中获得巨大利益的不仅是消费者，还有媒体企业。从消费者的角度看，在媒介融合中，消费者的地位发生了变化：一是在传统媒体模式下，消费者是被动的受众，媒体提供的信息是单向传播的，消费者只能被动地接收信息，缺乏主动性和自由；二是在媒介融合背景下，消费者可以自由地选择观看自己喜欢的节目、选择适合自己的时间和地点，这种自由是传统媒体模式下无法实现的。此外，消费者还可以主动地提供希望传播的信息，发表评论，与提供信息的人进行交流互动。

媒介融合可以通过新媒体形态开拓并满足受众的新需求，因为多媒体共存可以为消费者提供信息传播的多种渠道，而且可以实现信息的分众化传播，更加细分化地适应社会的多样化需求，从而为消费者提供更加丰富的内容和渠道。

媒介融合使消费者在获得多样化、个性化、自主化的媒体服务的同时，并没有付出更大的费用支出，是在几乎不变的成本支出下得到服务的，因而消费者的收益是最大化的。这是因为，当宽带变得足够充裕时，上网的代价就会下降甚至免费。而吉尔德定律表明，"在未来25年，主干网的宽带将每6个月增加1倍，其增长速度超过摩尔定律预测的CPU增长速度的3倍"。

对于企业来说，通过合并、收购、合作等形式与其他企业进行融合已经成为企业竞争战略中的明智选择，甚至成为每个企业在进入其他领域时的首要选择。因为企业实施媒体融合战略不仅可以突破旧行业发展极限的约束，降低经营风险，而且还可以通过新资源的获得在融合后的新领域取得一席之地。[①] 由此形成了一系列媒介的大规模融合：迪斯尼兼并大都会广播公司、微软与全国广播公司联合在互联网上开办有线电视新闻频道，多媒体融合、多元化经营已经成为媒介集团的战略发展方向。

媒介融合使传媒企业能够推出更强大、更有竞争力的新闻产品，使不同媒介平台之间交互促销成为可能，使提供即时、全面、深入的新闻及非新闻媒介内容成为可能，最终必然使企业更具有竞争潜力。在集中和融合的媒介集团中，不同的媒体可以通过生产流程的设计与控制实现资源整合，利用不同类型媒介的差异，实现新闻信息资源的共享，充分利用新闻资源，通过优势互补克服各方的不足，实现产品的多样化和个性化服务，联手把市场做大做强，最终实现企业利润最大化。

3. 共享效益

媒介融合将不同媒介的自身优势发挥到最大限度，同时弥补了传统媒体与新媒体的不足，使它们相得益彰、共享资源、共享效益。各媒体平台协调运作，使媒体公司或集团产生大于部分之和的效果。以新闻媒体为例，对于一件新闻事件，网站发表了快讯之后，电视新闻播出，报纸跟进，报纸可以对事件进行深度报道，之后网络再进行链接报道，这样就可以通过文字、图像、声音、互动跟帖等，将整个新闻媒体贯穿起来，不断扩大影响，而不同的媒体在整个报道中的产品不同，适应的群体不同，用户得到的服务也不同。

例如，《纽约时报》在报社开办了电视台，从新闻编辑室向外播放新闻；BBC 的电视台网站，广播电台和电视文字广播交叉工作；新加坡"新加坡报业控股"发动《联合早报》牵头另外两家集团的华文报纸负责制作电视新闻。这样的融合，使得新闻工作者在同一工作室共享新闻资源，设计符合受众需求的

---

① 徐沁. 媒介融合论：信息化时代的存续之道［M］. 北京：中国传媒大学出版社，2009：130 - 131.

产品，方便了受众接收不同风格的信息内容，也拓展了企业的业务范围。

三、媒介融合的影响和发展趋势

媒介融合是传媒产业资源组合的必然趋势，对于媒体企业的发展和传媒产业的升级具有巨大的促进作用。网络技术与媒体结合，传统媒体与新媒体融合，是媒介发展的必由之路，其产生的影响也是极其深远的。通过媒介融合，媒体的变化趋势呈现出新的特点。

（一）媒介融合对传统媒介的影响

媒介融合对于传统媒介生产的方式、媒介内容的构成及媒介传播方式等都将产生十分巨大的影响。具体地讲，在媒介融合的影响下，未来媒介发展变化将有以下方面：

1. 媒介生产的变化

媒介生产元素将进行大胆的重组。一些其他产业元素和创新因子将会被纳入未来媒介生产的过程中。随着受众参与、社群参与、远程参与等媒介生产形式的出现，媒介融合生产、反复生产、合作创新、搭配经营的局面将会成为大趋势。在未来媒介中，"人人都是记者""个个都有话筒"，本来的"前端制造"可能变为"终端制造"，传统的受众变为传播者，一对多的信息服务变为多对多，微博、微信等都是个体发布信息的形式和渠道。原有的信息生产规则被打破，新的规则尚未建立。新闻与娱乐产品私人定制和群体定制成为一种时尚。

2. 媒介内容的变化

以新闻媒体为例，新闻媒体向娱乐媒体和广告媒体发展转变是不可逆转的趋势。媒介内容视频化、微型化、碎片化、快餐化，甚至庸俗化、个性化、粗劣化等倾向蔓延。新闻创新、娱乐创新，寻找新的叙事资料库，探明受众的心理需求，成为所有媒体内容生产和创新的主攻方向。

3. 媒介经营的变化

传统媒体的经营收入将逐步向媒体外拓展，媒体企业收入多元化，并可能向一切有利可图的领域发展。媒介经营的食物链将不断延伸和扩展。

由于媒介产品可以多次销售、反复销售、转换形态后继续销售，而且每次销售时可以附加广告等，使得媒介的收益出现长尾理论所描述的结果——越往后收益越大。因此，媒体企业更加重视长远目标和长远规划。在媒介经营上，媒介机构呈现扁平化、分散化、小型化趋势，体制内与体制外之间的界限日益模糊。新媒体的产生和发展导致媒介经营的新变革，媒体企业不仅要与广告商签约，还要与中间商签约，与信息提供者签约，经营活动日益复杂烦琐。

4. 媒介传播方式的变化

接收工具的多样化、微型化和移动化，使媒介传播方式也发生了前所未有的变化。网络技术、移动技术使得受众可以随时随地接收到所需要的信息，信息发布更加灵活，信息接收更加方便，信息传播方式更加多样化。既有计算机网络传播，也有电视、手机网络传播。既有广播、电视传统媒体传播，也有地铁报纸、移动电视新媒体的传播。信息的使用更加灵活。一个人只要拥有接收终端，就可以在较为适宜的时间和空间下载、接收和录放信息。

5. 信息传播对象的变化

在媒介融合背景下，原来的"大众"对象正在变为有各种视听、阅读特点的"小众"，受众的分类更加细腻，不同的媒介选取的受众极为不同，对部分特定群体的媒介越来越多。技术的创新也使得这种分化进一步加速。媒体企业正在努力发现和界定不同的受众并进而采取更加特色的服务满足受众的需要，抢占市场，扩大受众范围。

（二）媒介融合发展趋势

随着信息产业技术融合和体制改革的深入，媒介融合将逐步纳入更加广阔的产业发展中。信息产业并购和信息产业战略联盟会使媒介产业融合形式更加多样化，媒介产业集团、信息产业集团等将给媒介产业运营带来全新的局面。

在媒介融合中，电信业、计算机行业、大众传媒业的技术性壁垒将被打破，政策性壁垒将得到不同程度的降低。媒介之间、媒介产业和其他产业跨行业的多样化融合，可以使媒介组织和流程发生巨大变化，从而大大增强媒介影响力，使媒介经济得到有效增长。与此同时，融合后的媒介组织将更加注重拓展新的盈利模式。①

媒介融合还处于发展探索阶段，尽管已经是大势所趋，但其前景还不十分明朗。黎泽潮和刘传雷（2013）②认为，传媒生态呈现出信息碎片化和受众碎片化的特征，在碎片化背景下的传播媒体也呈现碎片化趋势，突出表现为"单一媒体垄断转化为多种媒体并存发展"。而多种媒体并存的现象其实是媒介分化的典型表现，特别是进入网络传播时代，这种分化现象更加明显。因此，他们认为，媒介是分化还是融合尚没有一个系统的界定，在这种背景下推出媒介进入一个融合时代的结论还需要进一步论证。

未来媒介融合的前景，首先，肯定地说，在媒介融合发展中，新媒体和传统媒介会有一个相对漫长的共存时期，而不是新媒介直接带来旧媒介的消亡。其次，媒介融合是保留传统媒介个性的融合发展，是在利用传统媒介优势资源的基础上的媒介融合。传统媒介在媒介融合中会在长期中依靠自身独有的传播形式，在融合运用其他媒介形式的同时，获得新的形态。最后，媒介融合的结果是在分化和融合不断相互作用的情况下，不同媒介之间相互渗透，最终形成媒介综合体，学术界称之为"全媒体"，也有学者称为"大媒体"。其特征是：未来的媒介是多种信息的融合，多种形态的集聚，多种方式的结合，是信息大超市。媒介融合背景下，各个媒介就像是采集、运输、存储、销售信息的载体，受众也将拥有自己的媒介——"信息购物车"。媒介根据每个受众的特点量身打造信息内容和传播形式。

四、媒介融合的类型

媒介融合的概念是在媒介融合的事实基础上提出的。在提出媒介融合概

① 孙玉双，孔庆帅. 中国媒介融合的现状与未来［J］. 现代视听，2011（3）：22 - 26.

② 黎泽潮，刘传雷. 再谈媒介融合——基于媒介融合理论和现实的重新考量［J］. 河南工业大学学报：社会科学版，2013，9（1）：83 - 85.

念之前，不同国家、不同地区已经开始了不同媒介之间的融合，特别是在新媒体出现后，媒介之间的融合加速，广播、电视、出版、网络、音像和通信之间在技术、内容、管理、市场等方面的合作与融合速度进一步加快。"从国内外大型传播公司的发展历史看，大多是在从报纸到电台、从电台到电视、从电视到网络、从网络到手机的发展的进程中不断产生新媒体。"①

媒介融合发生在不同性质、不同类别和相同类别媒介之间。既有传统媒介之间的融合，也有传统媒介与新媒体之间的融合。传统媒介主要指电视、广播、报纸、出版等相对于新媒体而言的媒体。传统媒介的融合既有同一类别的媒介纵向融合，也有不同种类的媒介横向融合。

（一）同一类别的媒介融合

传统媒介之间的融合主要是指报纸与报纸、电视与电视、广播与广播之间的融合。在传统媒体之间有许多方面是接近的，便于操作，易于沟通，易于合作，因而传统媒介的融合比较容易成功。以电视媒介为例，例如，2001年，江西、湖北、湖南三省电视台以独特的创意联合推出《中国江南三大名楼中秋晚会》，取得良好的效果。2003年，黑龙江省电视台与湖北电视台共同制作《龙凤呈祥》春节晚会取得成功，一举取得了中国电视"星光奖"一等奖。

媒体并购也是媒介融合的方式之一。2014年7月15日《南方都市报》以"媒体并购整合动作频繁，巴菲特已收美国63家报纸"为标题，报道了媒介并购的数起事件。

2014年7月，财经期刊《福布斯》同意出售大部分股权给本汇鲸媒体投资有限公司，该投资集团的牵头者是香港人任德章创建的本汇资产管理（亚洲）有限公司，主要从事上市股权和私募股权投资，擅长电信、金融和科技等领域的投资，另一位主要投资人是华硕电脑公司的联席创始人谢伟琦。《福布斯》将保留现有的业务名称，并仍将是总部位于美国的由私人持有的

---

① 徐沁. 媒介融合：信息化时代的存续之道［M］. 北京：中国传媒大学出版社，2009：56.

独立公司。任德章表示，福布斯传媒的未来计划将额外包含互联网和社交网络扩展项目，而它们要做的就是"在适当的战略和财务支持的基础上，寻找各种新途径释放《福布斯》品牌的隐藏价值"。《福布斯》称，未来《福布斯》业务重点是转型为一家全球性传媒、品牌和科技公司，目前每月通过其印刷版、数字版、电视、论坛等业务触达的用户达到7500万个。

巴菲特麾下的伯克希尔·哈撒韦公司2012年3月，接收格雷厄姆控股旗下位于迈阿密的电视台WPLG。格雷厄姆控股曾是《华盛顿邮报》的所有者，将《华盛顿邮报》出售给了杰夫·贝索斯之后，但仍旧持有教育包括营利教育机构开普兰高等教育等和电视相关资产，此外还拥有不动产及一些新闻期刊相关资产。

国内媒介并购也不甘寂寞。2014年3月，《大众电影》在停刊3年后复刊，其新东家是万达。这本给几代影迷留下美好印象的经典老牌电影期刊，在万达收购后以全新的面貌登场。

（二）不同类别媒介之间的融合

报纸、广播、电视三大传统媒介不仅不再是竞争的关系，很早就走上融合经营的道路。新加坡报纸与广电媒体的融合是华文媒体中率先实现多媒体融合的典型。作为只有400万定居人口的岛国，新加坡主要媒体集团有两个：一是新加坡报业控股有限公司，掌握着四家日报和以此为基础的商业网站；二是新加坡传媒公司，经营着电视台和网站。2000年6月，新加坡政府决定让这两家公司进入对方业务领域，彼此加强竞争。报业传媒进军电视事业后，开通了华语台"优频道"和英语台"电视通"。经过不到半年的运作，报业股份公司的"优频道"收视率达到全国第二位，报业优势得到最大限度的整合。①

1978年，麻省理工学院尼古拉·尼格洛庞蒂用一个图例演示了三个相互交叉的圆环趋于重叠的融合过程，表达了他对于计算机产业、出版印刷业和广播电视业即将和正在趋于融合的观点。30年后的今天，各媒介之间的融合

---

① 张成良. 多媒体融合：泛媒体时代的生存法则［J］. 传媒，2006（7）. 47.

已经成为现实。

广播、电视和报纸各有自身的优势，也各有缺点。因此，它们之间的融合将发挥各自的优势，同时弥补各自的不足，并为受众提供更加丰富的服务。

电视的优势在于，它能提供动态画面，在技术手段、传递速度和传输空间上都优越于报纸，但是，电视画面转瞬即逝，不易保存，不易携带，不便于深度解释。

广播也存在稍纵即逝、不易保存、选择性差的缺点，尽管它有成本低、个性化的特点。报纸虽然没有它们的视听效果，但是却弥补了不易保存、稍纵即逝的缺点。

报纸可以经常从广播、电视中获得新闻资讯和图片，从而丰富了报纸的内容。

正是这种优缺点各异的特点，每种媒介都可以有自己的受众。但是，如果在发挥各自优势的同时，三者相互融合，对于同一个新闻事件，三大媒介互通有无，同时报道，就会形成新闻的立体报道，使新闻事件的传播效应更大，传播范围更广。

传统媒介的融合已经给传统媒介经营者带来了丰厚的经济效益。报纸与广播电视的融合和跨媒体经营，具有强大的市场潜力，媒体的内部整合是区域媒体做大做强的必由之路。近年来，由于私家车的普及，给广播带来了一个新的发展契机，交通广播成为开车人的必听节目，其广告收入连年递增。传统三大媒介的融合，开拓了市场，使双方的效益最大化。

传统媒介融合中遇到的问题也是存在的。

首先，它要求媒体从业者具有跨媒体从业的专业素质。融合前，纸质媒体的记者只要能写长篇的文字报道，电视台记者只要会写解说词和会制作与拍摄节目，广播记者会采访录音即可。融合后，记者们必须会使用多种传播手段，才能成为一个出色的信息传播者。"人们发现，成功的记者应该是跨媒体的：一个优秀的文字记者也应该能成为一个出色的广电记者；同时，一个广电记者也应该成为出色的文字记者。无论是印刷媒体还是电视记者，仅仅依靠采访本、录音机、照相机、摄影机都是不够的，还需要学会运用互联网里的数据库，利用各种媒介资源为新闻的有效传播进行包装。"①

其次，传统媒体融合存在法律法规和经营管理等方面的问题，至今中国尚无一部完善的新闻法规。报纸、电视与广播的融合，需要完善的法律法规进行规范。媒介融合的法规和管理制度亟待出台。肖艳雄（2006）提出："分散的无线广播电视法、有线广播电视法、卫星电视法、电信法等已经无法针对媒体的融合现象来实行结构与行为规范，新科技所衍生的规范议题，势必要求法规突破其原有架构，重新定位并解释。"②

再次，报纸与广播电视的联动与合作也需要媒体定位与宗旨一致。只有定位基本一致，才能打造出一个优秀的跨媒体融合平台。

（三）网络与传统媒介的融合

网络与传统媒体融合是当今传媒产业发展的主要趋势，也是媒介融合的新常态。可以说，网络与传统媒体的融合发展，是新媒体与传统媒体融合的具体表现形式，是媒介融合在网络时代的新发展。

转战新媒体是许多传统媒介的选择。美国有三分之一媒体停止印刷，转型新媒体。媒体产业正在发生整合与转型。中国传媒大学教授阎玉认为，来自传媒行业的力量整合，多为借机完善产业链。Philip Vassallo 表示，美国人仍然需要阅读，不过阅读和收视的习惯发生了巨大改变。纸媒最近的发展情况不妙，行业受冲击明显，但是新闻的持久价值并未改变。读报、听广播、看电视，加上移动终端提供新载体，大家的选择多了，新闻并未消亡。研究消费行为，并在两个方向进行投资将有助于媒体的发展，第一是智力资本，也就是打造内容优势；第二是弹性战略，对于不断变化的环境进行快速调整和反应。

在国外，网络与传统媒体相互融合的事件最早发生在美国。2000 年，美国媒介综合集团投资 4000 万美元在佛罗里达州坦帕市建造一座传媒大厦，将

---

① 李希光．媒体的融合与跨媒体记者［N］．中华新闻报，2001 - 11 - 08.
② 肖燕雄．论应当媒介融合的法制管理原则［J］．新闻界，2006（6）：78 - 79.

属下的坦帕论坛报及其网站 Tampa Bay Online、电视台 WFLA – TV、网站 TBO. com 编辑部集中起来运行。集团设立"多媒体新闻总编辑"，统管三类媒介的新闻报道，使三类媒介在新闻采编方面实现了联动。

在国内，传统媒体与网络媒体融合的跨媒体集团纷纷成立。例如，北京 9 家传统媒体和上海 14 家传统媒体与网络媒体共同组建的北京"千龙网"和上海"东方网"，取得了良好的效果。与此同时，很多传统媒体建立起自己的网站，并起到了增强竞争力和新发展的作用。张勤耕在《媒介的融合与品牌延伸》中认为："与一般的商业网站相比，在品牌方面，传统媒体的网站具有较多的起色。一些在传统媒体领域里知名度高的媒介品牌，在网络世界里，也容易受到信任。"①

从国内目前的媒介融合进程看，网络与传统媒体的融合主要体现在"报网互动"这种形式上。报纸出版者利用已有的资源建立自己的网络版报纸和网站，扩大了报纸的市场和读者。例如，河南报业集团下的《河南日报》与河南报业网共建《焦点网谈》栏目，每周二、四在报纸上刊登两个整版。报社的总编和记者们协助网站开设的《总编在线》和《记者连线》栏目成为获得中国新闻奖的第一个网络名专栏。②

网络与广播的融合也在发展中。中国广播网及若干省级广播电台已经建立了网站，通过这些网站可以查看时事新闻、在线收听或点播节目、了解各电台的节目情况等。张澍在《广播与网络的融合》中举了一个例子：2007 年 6 月 15 日，城市生活广播的名字正式链接到中国广播网内蒙古分网，在网页上推出了主持人、记者，介绍精品节目，实现在线节目点播，不仅反映本频率重点工作，还突出宣传报道了呼和浩特的建设与发展，使网站成为自我宣传的窗口和对外宣传呼和浩特的平台。③

电视也与网络进行密切融合。2007 年 11 月 29 日，凤凰网启用新域名 ifeng. com，正式摆脱凤凰卫视官网的身份，自立门户。同年 12 月 16 日，北京电

---

① 张勤耕 . 媒介的融合与品牌延伸［J］. 新闻前哨，2002（7）：7.
② 朱夏炎 . 让报纸与网络共赢［J］. 新闻战线，2006（3）：29 – 30.
③ 张澍 . 广播与网络的融合［N］. 城市生活广播，2007 – 08 – 07.

视台与中文视频搜索平台 OpenV（www.openv.com）达成战略合作协议，借助后者的视频技术在北京电视台视频网站——北京宽频（www.ibtv.com.cn）上推出点播、搜索服务。2007 年 6 月，YouTube 和 CNN 共同导演了一场新旧媒体的跨平台合作。YouTube 在网站上开辟了专区，号召每个网民向民主党总统候选人提出时长为一分钟的问题，录制为视频文件后传上网站。YouTube 和 CNN 的这次合作成为电视与互联网融合的一个开始。

网络与报纸、电视、广播等传统媒体的融合，对克服传统媒体自身的缺陷具有积极作用。网络与报纸融合可以克服报纸、图书等发行反馈受时间空间限制的缺陷。网络与电视融合、广播节目融合，不仅可以为评论电视节目、深度报道电视信息提供公共空间和平台，还可以与观众的评论、关注与争论真正融合，网络平台又能使传统媒介的传播与讨论变得更便利和开放。

（四）媒介融合的途径

1. 国外媒介融合

从媒介融合发展的历史过程看，媒介融合是一个从简单的组织融合到媒介形态融合的发展过程。从媒介融合的定义出发，有的学者把媒介融合粗略地分为两类：一类是媒体之间的融合，包括：①横向联合，即媒介产业价值链上同一环节上的并购行为；②纵向联合，即媒介产业价值链上不同环节的联合并购行为；③混合联合，即传媒产业与其他非传媒业的产业的联合并购行为等。在我国，这类融合的具体组织形式是成立的各种媒介集团。另一类是伴随着传媒科技的进步产生的新媒介形态，比如近年来出现的手机报、手机电视、电子杂志等新兴媒介形态。①

结合媒介融合的实践，2003 年美国西北大学的戈登教授把媒介融合分为五类。

①所有权融合（Ownership Convergence）。大型的传媒集团中有不同类型的媒介形态。美国佛罗里达州坦帕市的媒介综合集团、俄亥俄州新闻电讯集团，都是将各自在一个地区拥有的报纸、电视、广播和网站等融合在一起

---

① 刘毅. 媒介融合的传媒经济学理论阐释［J］. 现代视听，2008（8）：26-29.

的。不同的媒介形态，在所有权方面互相拥有，共同经营。

②策略性融合（Tactical Convergence）。这种融合是在不同的媒介组织之间进行的策略融合。所有权不同的媒体，在内容上、市场上进行共享，例如，分属不同媒介集团的报纸、电视台相互合作，互相推介对方的内容，共享信息资源。

③结构性融合（Structural Convergence）。这种融合与新闻信息的采集与分配有关。例如，美国《奥多兰哨兵报》雇佣一个团队进行信息采集，然后将采集的信息在报社经过加工打包，出售给某个电视台，报纸编辑可以到电视台做节目，进行新闻报道和解读。

④信息采集融合（Information – gathering Convergence）。这种方式是指新闻从业者进行信息采集时，需要采用多媒体技术进行新闻信息采集加工。

⑤新闻表达融合（Storytelling Convergence）。这种融合主要是指记者和编辑需要多媒体的、与公众互动的工具与技能完成对新闻事件的表达。

戈登教授的分类是对媒介融合途径的一个基于实践的解释。它说明了媒介融合的方式和途径是多种多样的。媒介融合的方式和途径随着实践的需要而变化，不是固定不变的。

2004 年，美国鲍尔州立大学的学者戴默等，在向美国新闻与大众传播学教育学会提交的论文《融合连续统一体：媒介新闻编辑部合作研究的一种模式》，提出了"融合连续一体"的新概念。他们根据美国及其他国家的媒介实际情况对媒介融合模式进行了分析，提出以下几个类型。

①交互推广。这是指具有合作伙伴关系的媒介，相互利用对方的资源推广自己的信息内容，达到互惠互利、共同发展的目标。

②克隆。这是指作为合作伙伴的媒介双方，不加改动地刊播对方的内容。这是直接利用对方的信息内容，为本媒介服务的方式。

③竞合。作为合作伙伴的媒介之间也存在竞争。合作的媒介之间存在相互戒备。在电视台露面的记者不愿意透露那些构成报纸独家新闻报道的关键信息。

④内容分享。这是指合作的媒介定期交换信息和新闻线索，并在一些领

域中进行合作，彼此分享信息资源，甚至共同设计报道方案，但媒介的新闻产品仍由各自的采编人员独立制作。

⑤融合。这是指作为合作伙伴的媒介在新闻采集和新闻播放两个方面进行全方位的合作，他们的目标是利用不同媒介的优势最有效地进行报道，多个媒介的记者编辑，共同采集新闻信息，策划新闻报道，并决定某个部分在何种媒体上最适合。

2. 国内媒介融合

媒介融合的途径很多，有的是资本上的融合；有的是组织上的融合；有的是技术上的融合。栾庆明和陈一雷（2011）把国内媒介融合分为四种类型：媒介集中、资本融合、技术融合和产业融合。① 根据我国已有的媒介融合实践，笔者把媒介融合分为组织融合、资本融合、技术融合、形态融合等类型。综合已有的研究和实践，把媒介融合途径分为以下几种。

（1）组织融合

传媒业又称传媒产业，传媒产业与其他产业、传媒业内部的行业与组织基于提升竞争力的融合发展，在媒介融合中起到了十分重要的作用。集团化与集群化是提升传媒产业核心竞争力的有效手段，也是传媒产业实现资源优化配置的主要模式。它能够实现传媒产业在空间格局、组织机构、资源配置等方面的长足发展。

一种组织融合是横向融合，即传媒产业与相关产业的组织融合，是通过并购、重组、强强联合等方式，实现资本融合、产权融合和技术融合，在规模和范围上都有效放大。组织融合后的大型集团公司内各个成员企业可以在资金、技术、人力、信息等方面实现共享。这是横向联合的组织融合。

另一种组织融合是基于产业价值链的纵向融合。产业内部各组织之间通过合作、并购和投资参股，建立起在内容、技术、产品和市场的联系，成为利益共同体。

我国媒介融合在组织上表现得比较明显，其主要原因是在行政干预的情

---

① 栾庆明，陈一雷. 国内媒介融合模式研究［J］. 青年记者，2011（2）：69－70.

况下进行的。国内大规模的媒介组织融合主要发生在 1996—2001 年。大量的媒介组织通过合并组成了规模较大的媒体集团，从事多方面的媒体传播业务。

（2）资本融合

媒体企业通过资本投资实现资本融合。资本融合的途径主要是引入民营资本、外资注入和上市融资等。在国家媒体政策松动的背景下，民营资本可以部分地经营报纸印刷、发行和经营业务，进入有线电视的数字化改造领域，进入电视、电影节目制作和发行领域，进入电信领域等等，从而改变了原来媒体企业资本单一的状况。外国资本也可以进入一些边缘领域从事媒体投资经营活动，它们利用资本优势，从外围进入，逐步进入传媒领域的核心地带，从而实现资本在传媒产业的投资。此外，我国传媒企业上市融资也是媒介融合的一条重要途径。

媒介资本融合对于媒介企业的发展具有十分重要的作用。通过资本融合，媒介企业可以快速实现资本重组，获得大量的资本注入，从而购买机器设备，增加人力资本投入，进行技术改造，增强企业的市场竞争力，实现规模经济。通过资本融合，还可以很容易地得到先进的经营理念和先进的管理经验。资本融合后，具有先进管理经验的民营资本和外资，带来了先进的经营理念和管理经验，帮助媒体企业改善管理，扩大市场，提高技术水平和管理水平，极大地促进了企业发展。同时，资本融合，打破资本瓶颈，扩大产业链，实现资本增值。

（3）技术融合

技术融合是指将各种媒介传播手段和技术就某一事件或于某个时段集中于同一个数字平台，实现资源和功能共享。媒介技术具有相互兼容的特性，随着信息传播技术的进步和创新，各种媒体技术取得了前所未有的发展。图像处理、音频技术和信息传播技术，可以在一个媒介终端上得到科学应用，取得了非常好的效果。比如，上海从 2006 年起推出的"高考大直播"节目，由设在上海教育电视台演播厅的直播现场，邀请各方专家为考生填报志愿把脉，东方广播电台开通直拨电话并进行直播，东方网同步进行网络视频和文字直播,《新民晚报》随后对大直播的内容进行归纳整理报道。

而随着传播手段融合的发展,实践比较成功的是上海文广新闻传媒集团(SMG)和成都媒介集团。上海文广新闻媒介集团整合内部资源打造的"第一财经"品牌,实现了国内传媒业第一次真正意义上的传播手段融合。而成都媒介集团则是整合报业和广电两个不同领域的媒介集团,打造了国内中心城市第一家综合性地方媒介集团。

技术融合是媒介融合的主要途径。网络技术、移动通信技术和数字化技术等,相互融合共同完成大媒体传播。在大数据的作用下,各种媒体技术都可以得到充分发挥和应用。

(4)形态融合

媒介形态融合是指媒体产业中的传播形态的融合。每种传播媒体都有自身的形态,例如,电视媒体通过数字信息给人们视觉上的感受,广播媒体通过音频形式使受众获得声音信息,报纸期刊等纸质媒体通过文字图像等传播信息,使读者获得视觉信息,网络媒体则通过网络终端获得有关网络信息。随着媒介形态融合,电视、广播、报纸、图书、期刊和互联网共同发展,相互融合,在形态上逐步发生变化,形成兼顾多种媒体的媒介形态,各种媒介形态尽管具有自身的优势特性,但同时也融合了其他媒介的形态,甚至发展出新的媒介形态。

邵培仁(2014)在《关注媒介发展变化的大趋势》中认为,接收工具的微型化、多样化和移动化极大地改变了以往新闻和娱乐传播的形态,并持续向更新颖、更便捷的方向发展。未来媒介形态必将向融合性、异步性和隐身性发展。任何一个接收工具均融合了多种功能,手机成为媒介功能和生活功能集合体。个人可以在较适宜的时间和空间正常下载、接收和录放有关信息和娱乐内容。人们接收信息、使用信息和发送信息更加隐匿、灵活、方便,不需要再像过去那样要坐在电视、计算机、收录机旁,因而不受时间、地点和固定方式的变化。①

---

① 邵培仁.关注媒介发展变化的大趋势[J].当代传播,2014(2).

媒介形态融合的优势在于，新媒介形态终端的形成，丰富了用户的体验，与用户发展了互动空间，使用户获得更多的体验和信息，提高了信息传播的效率。

（5）内容融合

内容融合是媒介融合的方式之一。"进入 21 世纪，媒介融合的多元层次和相关形态日趋成熟，并逐步显现了融合的特征和内在规律——立体化和多元性。主要包括传媒技术融合、内容融合、行业融合、组织融合、文化融合、政策融合等方面。媒介融合的本质是生产形态的融合。那么，技术融合是起点，内容融合、行业融合和管理方面的融合则是终极指向。"① 传媒业媒介融合的态势呈现出多元性和立体化，表现形式多种多样，这也为学术期刊媒介融合提供了借鉴作用。

在数字技术主导下传媒业的内部界限逐渐消失，新闻、广告、娱乐、资讯之间的界限越来越模糊，信息化和娱乐化功能越来越明显。推动这种媒介融合的动力是技术进步。技术进步使原有的若干产业链间产生了相互融合的内在要求，使若干不同的产业可以提供能够互相替代的产品。因此，在形式上就呈现出多媒体发展趋势，在内容表达上表现为文档、视频和音频等信息形式的结合。一种文化信息借助文档、视频、音频的相互结合进行表达，这是信息技术和网络技术进步产生的效果。

（6）网络融合

网络是一个内容很丰富的概念，按照《现代汉语词典》的解释，它是指"由许多相互交错的分支组成的系统"。有时专指计算机网络。

一般来说，网络是信息传输、接受、共享的虚拟平台，通过它把各个点、面、体的信息联系到一起，从而实现这些资源的共享。它是人们信息交流使用的一种工具。在网络上，借助文字阅读、图片查看、影音播放、下载传输、游戏聊天等软件工具从文字、图片、声音、视频等方面给人们带来极其丰富和美好的使用和享受。网络也是一种资源共享的通道。

---

① 田欣欣. 数字媒体时代媒介融合现象研究［J］. 中国出版，2012（16）：14 - 17.

从传媒信息和文化传播的角度看，主要存在电信网、广播电视网、互联网三大网络体系。网络融合是指三大网络交互融合，互通信息，既有有线网络融合也有无线网络融合，同时涵盖有线与无线网络的融合、移动网络与固定网络的融合。

电信网络、广播电视网与互联网的"三网合一"具有积极的作用。通过网络融合实现了宽带通信网、数字电视网与新一代互联网共同演进。三网融合的结果是网络互通互联、资源共享，业务趋同，技术一致，所有资源等能够及时得到利用，用户在获得文字信息时，也可以获得语音的、数据的和广播电视的音频画面的信息服务。

此外，电信、广播电视和出版业三大产业以数字融合为基础，在同一操作系统中运作，由专用平台转换为非专用平台。电信、广播电视和出版业都只是这一新媒体操作系统的组成部分，使语音广播、电话、电视、电影、图片、印刷出版等信息内容融合为一种应用或服务方式。这种集群化的融合方式，进而可以形成一个混业经营的大传媒业。①

（7）终端融合

信息传播离不开终端平台。电视、计算机、手机、平板电脑等终端平台在媒介融合中起到信息传播物质媒介的作用。终端融合是指信息平台将数字化、移动化和网络化融合为一体，达到各种信息资源的共享。在融合后的终端平台上，用户可以得到文字、数据、音频、画面等各种丰富多彩的信息。终端融合是媒介融合形态中最为有力的组成部分。计算机、手机、电视、广播、平板电脑等经过计算逻辑的结合，实现了互通互联，随时为用户提供所需服务。

通过上述几个方式的融合，传媒产业形成三个层次的交融。

第一个层次是"小传媒业"内部不同媒介形态之间的互生共存。新媒体技术的出现和发展，改变了传统媒体的生存态势，在信息生产方式、信息传播途径和互动等方面完成了聚变，传媒产业成为新媒体技术广泛应用的文化

---

① 田欣欣．数字媒体时代媒介融合现象研究［J］．中国出版，2012（16）：14－17.

信息产业，因而，传媒产业必须面对传统媒体与新媒体之间的分庭抗礼与互相渗透，重新按照新的社会需求划分不同媒体技术之间的功能界限和服务范围。

第二个层次是由传媒业、通信业与网络信息等相关产业之间的相互融合交织，形成"大传媒业"。大众传媒业与电信业、网络信息融合发展，形成了一个新型产业，即"大传媒业"。在"大传媒业"，各个产业的边界模糊，互相渗透，取长补短，共同满足用户的精神需求。

第三个层次是在信息社会中，"大传媒业"作为整个社会的枢纽产业和核心产业与社会其他产业之间交互融合。传媒技术的发展使得任何人在任何地点和任何时间获得所需要的东西。

第四章 新媒体、学术期刊数字化 与媒介融合

　　新媒体是新兴媒体的简称。相对于广播、电视、图书、报刊等传统媒体，互联网、手机、平板电脑、网络电视等应用数字信息技术和网络技术的新兴媒体，被称作新媒体。在我国，互联网用户和手机用户规模巨大，构成了新媒体坚实、巨大、成熟的社会基础，对传媒产业和社会经济的发展影响深远。学术期刊数字出版转型也是在新媒体发展的历史背景下发生和发展的。可以说，新媒体发展是媒介融合的主要动力，学术期刊数字出版转型和网络出版也是新媒体发展的结果。

一、新媒体及其发展

　　新媒体技术在 20 世纪末期获得了突飞猛进的发展，进入 21 世纪后，新媒体产业也逐步形成，成为推动全球化和世界经济快速发展的新兴动力。与此同时，传统媒体一方面受到巨大挑战，另一方面也获得了新的发展机遇。这是一个新媒体与传统媒体相互依存、共谋发展的时代。适应传统媒体与新媒体的融合发展，学术期刊也积极应对，通过数字化转型和发展网络出版开始了媒介融合的新历程。由于新媒体是推动媒介融合的主要动力，并对传媒产业技术创新产生巨大影响，因此，对新媒体及其规律需要进行广泛深入的研究。

（一）新媒体的含义、形态和特征

1. 新媒体的定义

什么是新媒体？对于新媒体的定义，学术界提出了比较成熟的观点。新媒体一词最早出现在 20 世纪 60 年代中期。1967 年，美国哥伦比亚广播电视网（CBS）技术研究所所长高尔德马克（P. Goldmark）发表一份关于开发电子录像（EVR）商品的计划书，它在计划书中将"电子录像"称为"New Media"，"新媒体"一词由此产生。美国《连线》杂志对新媒体的定义是"所有人对所有人的传播"。在西方学者的眼中，新媒体并不是简单的媒介技术革命，而是在所处的历史和社会的进程中发生的一场巨大的变革。新媒体的出现是随着数字技术和网络技术等的发展而产生的。它主要指以计算机技术和网络技术为基础的传播媒介。

对于什么是新媒体这个问题，我国学术界没有统一的界定，争论比较多，但是基本观点也是一致的。清华大学新闻与传播学院熊澄宇教授认为，新媒体是在计算机信息处理技术基础上出现的媒体形态。上海戏剧学院陈永东教授认为，新媒体是相对于传统媒体而言的媒体以及各种用户形式，目前主要有互联网媒体、掌上媒体、数字互动媒体、车载媒体、户外新媒体和新媒体艺术等。

黄传武等①在《新媒体概论》一书中给新媒体下的定义是："新媒体是指人们在交流信息的过程中制作、传播、接受、文化影响等可以用计算机技术实现的互动数字传播平台。"他们进一步解释说，新媒体是相对于传统媒体而言的，是报刊、广播、电视等传统媒体以后发展起来的新的媒体形态，是利用数字技术和网络技术，通过互联网、无线通信网、卫星等渠道，以及电脑、手机、数字电视机等终端，向用户提供信息和娱乐服务的传播形态。严格地说，"新媒体"应该称为"数字化新媒体"。

清华大学的熊澄宇教授认为，新媒体是一个不断变化的概念。在今天网络基础上又有延伸，无线移动终端及出现其他新的媒体形态，与计算机相关

---

① 黄传武. 新媒体概论［M］. 北京：中国传媒大学出版社，2013：132－137.

的媒介，这都可以说是新媒体。新传媒产业联盟秘书长王斌认为，"新媒体是以数字信息技术为基础，以互动传播为特点，具有创新形态的媒体"。

可见，很多研究者给新媒体的定义可以表述为：报刊、广播、电视等传统媒体以后发展起来的新的媒体形态，是利用数字技术、网络技术、移动技术，通过互联网、无线通信网、卫星等渠道以及电脑、手机、数字电视机等终端，向用户提供信息和娱乐服务的传播形态和媒体形态。

结合已有的定义，笔者认为，所谓新媒体是相对于传统意义上的广播、电视、报刊和图书等传播媒体而言的，是指在传统媒体基础上产生发展而来的以数字技术为基础的新兴媒体形态，数字电视、网络媒体、数字互动媒体、户外媒体、新媒体艺术和电子图书等都是新媒体的具体形态。

2. 新媒体的表现形式

新媒体不是空洞的概念，而是实实在在的媒介，它有许多表现形式，拥有多种形态。数字报纸、数字电视、网络媒体、数字互动媒体、户外媒体、新媒体艺术和电子图书等都是新媒体的具体形态。

按照信息传播的渠道和方式的不同，新媒体可以大体上分为三类：互联网媒体、手机媒体和电视新媒体。也有人称作网络媒体、移动媒体和数字电视。

第一，互联网媒体。互联网媒体是指依托互联网这个信息传播平台，以电脑、电视机和手机等为终端，通过文字、声音、图像等进行信息传播的媒体，又称"网络媒体"。一般认为，网络媒体是通过互联网传播数字信息的平台，这个平台的信息呈现为经过一定编辑制作系统加工的界面表现形式，并可以为不同电子终端所接受。相对于报纸、广播和电视等媒体而言，互联网媒体是广泛应用的"第四媒体"。

互联网媒体的基本要素包括数字化信息、互联网、发布平台、制作系统、信息界面、传播通道和接收终端。网络媒体依赖 IT 设备开发商提供的技术和设备来传输、储存和处理音频信号。网络媒体和传统的电视、报纸、广播等媒体一样，都是传播信息的渠道，是交流、传播信息的工具。

互联网媒体是一种全新的媒体形式，具有独特的媒体特性，表现在它的数字化、全球化、交互性、实时性和多样性等方面。

互联网媒体具有多种形式。其典型应用形式是微博、微信、社交网站（SNS）、电子布告栏系统（BBS）和博客，博客又称网络日记。

第二，手机媒体。手机媒体是以手机为视听终端、手机上网为平台的个性化信息传播载体，它以分众为传播目标，以定向为传播效果，以互动为传播应用的大众传播媒介。

手机的诞生和应用极大地改变了人们的沟通和信息传播方式，它不仅用于电话通信，还用来阅读、下载和创作，被称为继报纸、广播、电视、网络之后的"第五媒体"，成为新媒体的重要一员。手机在语音信道之外，有自己的专用数据信道，在数据通信速率上大大提高。

手机媒体表现为手机报纸、手机电视、手机游戏等。今后，手机媒体还将产生更多的形态。手机媒体集中了纸质媒体、电视媒体、广播媒体、网络媒体的优点，具有实时、个性、随地、随身、直接等好处。

随着互联网技术的发展，手机移动通信技术不断推陈出新，手机已经不只是单纯的通信工具，同报纸、广播、电视、网络等媒体相互补充，开启了一个移动通信融合与变革的时代，使得手机媒体越来越接近一种新型信息采集、传播和消费样式。

第三，电视新媒体。电视新媒体是电视媒体的新发展。主要有数字电视、IPTV和移动电视与户外电视新媒体三种。户外新媒体是户外媒体的一种，是基于数字信息的户外媒体。有学者给户外新媒体下的定义是：一切以数字内容为展现形式的室外媒体。户外新媒体是存在于公共空间的一种传播媒体。户外新媒体必须具备两个基本要素：一是户外媒体存在的空间，即存在于公共空间，供观众免费观听，具有公开性质。二是属于一种传播介质，目的是在特定地点让特定人群获得某种信息。根据这种定义，地铁、道路、楼宇、餐厅、电梯、卫生间等处的公开信息媒介，都属于户外新媒体。

3. 新媒体的基本特征

新媒体作为信息时代的传播媒体，具有信息量大、即时、互动、搜索便捷、成本低和用户参与等优势特征。特别是 Web 2.0 的推出，新媒体更加是进入一个崭新阶段。Web 2.0 是相对于 Web 1.0（2003 年以前的互联网模式）的新的一类互联网应用的统称。在 Web 1.0 模式下，只能进行单纯地通过网络浏览器浏览 html 网页。在 Web 2.0 模式下，用户不仅可以浏览网页，还可以主动地创造互联网信息，成为互联网信息的提供者。可以说，Web 1.0 到 Web 2.0 的转变，具体地说，从模式上是单纯的"读"向"写"、"共同建设"发展；由被动地接收互联网信息向主动创造互联网信息迈进。从基本构成单元上，是由"网页"向"发表/记录的信息"发展。在 Web 2.0 时代，新闻写作不再是记者们的专利，普通百姓也可以成为新闻内容的提供者。新媒体以用户为中心，让用户积极参与内容生产，体现了新媒体更加大众化、亲民化和便捷的发展趋向。

新媒体的主要特征如下。

第一，信息量大。新媒体采用了数字技术进行信息储存，只需要很小的储存空间就可以储存大量的内容信息，从而形成了包含大量内容的信息库。相对于传统媒体信息载体受时间、空间和形态等因素的限制而言，新媒体在时间、空间和形态上几乎是不受限制的，因此其信息存量可以说是"海量"，其内容丰富程度也是传统媒体无法比拟的。每天全球互联网信息可以任由数十亿人同时使用，这是传统媒体难以做到的。

第二，即时传播。新媒体利用信息技术进行网络传播，传播信息快，即时性强。由于信息网络技术的高度发展，新媒体可以随时发布新闻信息，任何人都可以借助手机、电脑网络即时地对所看到的事物进行报道，发布的信息不需要出版计划和出版周期，甚至不需要有关部门审批。例如，人们利用手机把发现的有一定传播价值的事物，及时地拍照记录，并随时发布给网友，使事件的发生和新闻的制作几乎在同一时间。2005 年 7 月 7 日发生在伦敦的系列爆炸袭击事件，其最早的一批照片是由手机用户拍照发布的。手机作为使用最频繁的媒体终端，在新媒体领域成为信息媒介的主力，今后还将进一步发挥其巨大的作用。

新媒体信息极为丰富，可以实现点对点、点对面、面对面等多样化的信息传播，而且不受时间、地点限制，可以做到随时随地信息传递。大众可以随时把所见、所闻、所思、所想通过网络传播出去，也可以自己决定接收信息的时间、内容和主题，并随时反馈意见。

第三，互动性。新媒体改变了传统媒体信息传播模式，使信息的传播者和接受者的关系发生了天翻地覆的变革。传统媒体传播信息的渠道是单向的，由发布者发出信息，听众或者接收者只是被动的受众。在新媒体情况下，信息的接收者可以与发布者进行现场互动，从而使信息的传播更加有效。信息的接受者可以自由选择获得信息的时间、渠道，而不受信息传播者的传播时间的约束。也就是说，在新媒体下，受众具有更多的主动权、自主性和参与性。

第四，搜索链接。在互联网技术下，任何一个人只要在搜索引擎上输入一个需要查找的信息，互联网都会提供所需要的内容或接近的内容。信息高速公路的建设使得信息渠道四通八达、无限畅通，超链接、超文本文件的发明应用，极大地方便了网络用户查询信息资料，人们不仅可以几乎不付出成本地获得所需要的信息，而且可以在电脑上对发现的内容进行复制粘贴，查找信息资料的效率远远高过传统媒体。

第五，参与性。用户可以在网络上直接参与信息的发布活动，可以发表作品、评论或者直接交流。每一个人都可以是编辑、记者，都可以在媒体上发表言论，因而传播不再是机构、媒体单位的事情。可以说，新媒体时代是全民参与信息传播的时代，只要一个人拥有手机、电脑，就可以给其他人在最短的时间内完成编辑加工和信息传播。

第六，个性化。对于新媒体来说，人们对信息不仅具有选择权，还有控制权。人们可以借助搜索引擎选择自己喜欢的信息，可以选择自己喜欢的文章、音乐、图片或者视频，可以订制新闻，每天都能定时收到自己感兴趣的个性新闻。微博可以通过关注不同的人得到不同的信息。

第七，多媒体化。和传统媒体相比，新媒体的表现形式多样化。新媒体可以运用文字、声音、图像和视频等多种方式进行信息传递，受众获得的体验是多方面的，从视觉、听觉等感官，到动脑动手的操作，完全打破了传统媒体的局限。不仅媒体形式极大丰富，而且媒体之间的联系也更加紧密，文字、视频、声音不再是简简单单分门独立的，而是统一在同一个背景之下，相互之间还可以互相转换。

第八，分众化。新媒体下，人们可以根据自己的职业、爱好、兴趣通过手机、电脑进入不同的短信平台或者媒体论坛、网络博客，与不同的人群讨论感兴趣的话题。分众化使得特殊群体获得便利的信息，例如移动电视、楼宇电视、车载电视、网络电视等，可以单独对应不同的受众，使其满足个性化的信息需求。

4. 新媒体的业务发展

新媒体技术已经在网络化、手机和其他媒体上得到广泛应用，形成了多种业务，涉足多个传媒领域。以互联网为例，互联网新媒体的业务有多种：传统媒体网络化业务、纯粹基于互联网的大众新媒体、基于用户自生产内容的社会性媒体、互联网搜索引擎、聚合媒体。

（1）传统媒体的网络化业务。传统媒体尤其是报刊业在互联网时代所面临的现实困境是无法回避的。传统媒体向网络化发展是实现传统媒体未来的唯一选择。现阶段越来越多的读者倾向于通过互联网获取资讯，传统媒体数字化是不可逾越的生存之道。目前已有许多传统媒体在走向网络化。例如，《财富》杂志网络版、《华尔街日报》网络版、《南方周末》网络版等都是传统媒体——报刊类媒体发展而来的。央视网络电视、CNN、中国广播网则是依托传统电视、广播媒体发展而来的。传统媒体网络化是在传统媒体采编、加工和运作的基础上，利用数字化技术，为用户提供基于互联网的网络化服务。

（2）纯粹基于互联网的大众新媒体业务。这是传统媒体运营模式在互联网载体上的对应形式。随着互联网的发展，媒体人意识到可以采用传统媒体的运作模式，以互联网为载体发展独立的新媒体。传统媒体的"媒体记者＋编辑"生产模式在互联网新媒体上依然有效，并且结合互联网内容发布的低成本和广覆盖的独特性，可以做到比传统媒体更深远的产业影响。例如，新浪网作为全球知名中文网站，依靠大量的网络媒体记者和编辑团队，成为中文网络新媒体的佼佼者，在全球范围内注册用户超过2.3亿人，日浏览量超过 7 亿次。其他还有电子杂志、电子报纸等，该类业务的核心竞争力在于其与传统媒体相比拥有更低的内容发布成本、更丰富的内容和体验。

（3）基于用户自生产内容（UGC）的社会性媒体业务。这是颠覆传统媒体内容提供模式的创新互联网媒体业务形式。传统媒体采用的是精英化的记者编辑内容提供模式，读者是被动地接收信息，互联网新媒体的发展给予了用户内容发布的自主权，当前流行的 Web 2.0 核心元素之一就是 UGC。例如，起点中文网作为中文原创小说网站，于 2002 年成立。博客，是一项新兴的个人媒体工具，自中国发展迅速。目前，已有博客作者超过 8094 万人。这种由"草根"提供内容的模式冲击着传统"精英"模式。该类业务具有强大的竞争力，内容提供成本低，传播成本低，内容海量化、个性化、及时性更新，这些都更容易满足读者的需求。

（4）互联网搜索引擎业务。这是以搜索技术为核心，以互联网内容为基础的互联网新媒体业务。这类业务模式的特点是以搜索技术为动力，整合互联网上的内容资源，以更便捷、更精确的方式将互联网上的信息内容提供给用户。谷歌、百度、搜狗等都是以这类业务为核心的搜索引擎。很多人认为，在谷歌上搜索不到的东西是几乎不存在的。人们乐于在谷歌、百度、搜狗等引擎上进行搜索所需要的东西。

（5）聚合媒体业务。这是互联网聚合技术应用于媒体领域的互联网新媒体业务形式。聚合业务强调的是对站外媒体资源的利用。通过接口标准读取站外媒体资源信息，并通过一定的算法或内容组合以崭新的方式呈现给读者和用户。例如，iGoogle 和 360，就是为用户提供了个性化的资讯内容整合功能，在一定程度上实现了用户 DIY 自己的资讯平台。聚合媒体业务的核心竞争力在于其能够更适合精细化运营，能够低成本地更好满足细分用户群体的需求。

（二）新媒体发展产生的影响

新媒体对社会经济的影响是深远的，它不仅引起了传媒产业的技术创新和结构调整，还对社会经济各个方面产生了巨大影响。新媒体技术的产生和应用，使人类社会经济进入信息传播的新时代，是信息时代的一个重要标志。新媒体不仅对通信手段产生革命性的突破，而且对社会、经济、文化等都产生了前所未有的影响。

1. 对社会舆论的影响

新媒体下，舆论格局发生了天翻地覆的变化，新的舆论格局正在形成。"舆论是公众关于现实社会以及社会中的各种现象、问题所表达的信念、态度、意见和情绪表现的总和。"① 大众传媒完成了公民转变为舆论受众的革命性变革，而新媒体则在进行将受众转变为舆论传播者的另一场革命。新媒体虽然兴起的时间不长，但却迅速成为媒体发展的主流，成为影响政府和社会舆论的最重要的力量之一。

在新媒体技术普遍应用的情况下，社会舆论的传播方式和影响发生了根本的变革。传统媒体下的某个事件发生后，难以形成社会舆论的巨大压力。但在新媒体下，则会形成关于某个事件的强大社会舆论。新媒体在传播科技迅速发展的情形下，得以造就一种新型的人际传播，这种人际传播倍增的传播效果，可能使很多身在其中的当事人也无法料到最终结果。

在传统媒体下，报纸、电视、广播、图书、期刊等，共同组成舆论阵地，特别是报纸、电视和广播三足鼎立，发布新闻，传播信息，主导舆论的导向。这个时代的舆论具有方式僵化单一、忽视传播规律等特点。受众信息渠道少，主流媒体发出的信息是唯一的强音，受众缺乏选择性；舆论引导态度粗暴、口气强硬、方法简单、缺乏人性化的探讨，导致受众巨大的逆反心理。

而在新媒体普遍发展的情况下，舆论格局有以下几个特点：第一，舆论全球化传播；第二，舆论主体碎片化；第三，舆论传播方式多样化；第四，舆论内容多元化；第五，舆论场重心转移。互联网、手机新媒体的发展使舆论场由过去的"官方"舆论一统天下，变为多种舆论场同时并存的结构，甚至在新媒体的作用下，"民间"舆论场日益形成，并在社会舆论中发挥着强

① 卞地诗. 论日本新闻媒体在公共危机中的传播效能 [J]. 日本研究, 2009 (2): 92 – 96.

66

大的作用，对社会的影响日益显著。政府管理者也日益高度重视互联网、手机媒体中的"民间"舆情。

2. 带动社会经济新发展

新媒体的发展不仅带动了媒体产业的发展，还带动了其他产业的进步，使社会经济发展产生新的增长点。

新媒体的产生和应用不仅给人们带来信息传播和通信的方便，而且大大促进了经济的发展，新媒体经济成为信息经济时代经济增长的新亮点。这一方面是因为新媒体的发展带动了新媒体产业的产生和发展，另一方面也使人们的经济行为例如商品销售、购买、消费方式发生了前所未有的变革。

首先，新媒体带动了新媒体产业的形成和发展。以互联网产业、移动通信产业和数字媒体产业为代表的新媒体产业已经成为社会经济系统中发挥重要作用的产业。

作为信息媒介的新成员，新媒体一出现即成为独立的经济形式而运行。在信息技术的强大支持下，新媒体产业成为日益重要的新兴产业，是有光明前景的朝阳产业。

社会经济是一个密切联系的整体，其中任何一个部分都与其他部分紧密相连，任何产业的变动都会引起其他产业的变动。21世纪以来，新媒体产业的形成和发展，极大地带动了相关产业的发展，也引起了新的行业的出现。正是在新媒体的带动下，与新媒体紧密关联的网络建设、网站维护、文化创意、技术服务、物流行业和电子商务获得了迅猛发展。

其次，新媒体产业的发展也推动了新媒体服务业的发展。一批针对新媒体监测分析和研究的机构，也获得了产生机会。目前，新媒体产业已经成为社会经济生活中的一个重要组成部分，正在对经济发展产生巨大的作用。随着新媒体技术的发展和新媒体产业的扩大，必然吸引更多的资本投入这一领域。

3. 对出版业产生了巨大冲击

新媒体对出版传媒产业的冲击和影响是极为巨大的，不仅导致了传统出版的衰落，而且引起了传媒产业的结构与产品形态创新。

新媒体的诞生和发展给传统出版业带来前所未有的影响和冲击。其中，最突出的影响就是，在新媒体的冲击下，传统出版业的产品用户骤减，市场萎缩，收入大幅度降低。相反，新媒体的用户急剧增加，市场迅速扩大，销售额直线上升，营业额飞速增加。

以图书出版业为例，《2017 年中国图书零售市场报告》显示，2017 年中国图书零售市场总规模为 803.3 亿元，较 2016 年的 701.2 亿元同比增长 14.55%，继续延续了近年来的增长势头，其中，网上书店渠道是市场增长的主要推动力，实现了 25.82% 的增长。实体书店零售渠道销售额负增长态势多年持续的情况得到转变，实现了 2.33% 的同比增长。

在图书出版业面临历史性变革的同时，电视、报纸和期刊等传统媒体也同样受到冲击和挑战。电视节目收视率下降，报纸发行量降低，期刊订阅量锐减，这些都与网络阅读者人数的激增紧密联系。与此同时，在线阅读的用户却大幅增加。在互联网和网络融合发展大趋势下，新媒体用户数量持续增长。2015 年 12 月，我国目前互联网用户超过 6.8 亿人，互联网普及率达到 50.3%。通过互联网进行阅读已经逐步成为当代人们的主要阅读方式。①

4. 对媒介融合的影响

新媒体的巨大冲击力源于新媒体的信息表达方式和传播渠道的便利性。新媒体信息传播渠道和表达方式非常丰富和灵活。网络电视、搜索引擎、手机媒体、社交媒体等，是新媒体信息传播的主要方式。一个人只要具备网络的终端，例如计算机、手机、iPad 等接收设备，就可以与外界进行交流，可以发布信息，可以进行互动。

传统媒体以内容为主，新媒体则把内容和表现方式完美地相结合，借助互联网技术和数字技术，让受众得到更加丰富的感官体验，更加容易地获得所需要的信息。新媒体的优势十分明显，因而得到用户的积极响应和广泛使用。

---

① 智研咨询集团.2016—2022 年中国新媒体行业市场现状分析及投资前景预测报告［R］.2016.

面对新媒体的挑战，传统媒体也积极做出战略调整。利用电子信息技术和网络技术，信息传播数字化，传统媒体正在向新媒体靠拢，与新媒体技术融合。传统媒体向新媒体转变的过程，既是新技术手段的应用过程，也是内容、技术、渠道、方式等的结合与相互作用。新媒体的优势，使传统媒体改变了平面媒体的发展模式，进而融合新媒体的技术，向数字化、网络化和全媒体发展。

传统出版业主要包括图书、期刊和报纸等平面媒体的出版，以纸质为载体，以内容为主。传统出版业历史悠久，发展至今，已经有了成熟的发展模式。面对新媒体的冲击和挑战，传统出版业到了战略转型的关键时候。笔者认为，传统出版业只有实现与新媒体的融合，进行发展战略转型，才能在新媒体的包围中实现突破，走出发展困境。

二、学术期刊数字化

数字化和数字出版发展转型，是传统出版业在新媒体时代继续生存和发展的必由之路。数字化是新媒体给学术期刊带来的最突出的影响。数字化也是学术期刊媒介融合的一个方式。所谓数字化，是指利用二进制原理，将信息转变为可以度量的数字和数据，再以这些数字、数据为基础，建立起适当的数字化模型，将信息转变为一系列的二进制代码，引入计算机进行统一处理。目前，数字化技术已经高度发展，社会经济各个方面几乎都离不开数字化技术。

随着互联网技术、无线通信技术和移动终端设备的发展，数字化浪潮席卷全球，人类社会进入了一个新的以数字化为特征的互联网时代，出版业也进入了数字出版时代。

所谓数字出版，是指在信息技术和计算机网络技术高度发展中，采用数字技术，对信息内容进行公开符合有关规定的出版活动。数字技术也叫数字信息技术，是科技发展的产物，它的出现和发展，给当今世界带来了信息传播手段和媒介形态前所未有的变革。申轶男（2013）等①学者认为："数字技术使大众传播领域内的传播技术手段以数字制式全面替代传播模拟制式；使传播领域通过计算机存储、处理和传播的信息得到了最大速度的推广和传播；使我们原有的生产生活方式产生了巨大的变革，给我们很多无限的可能，创造了更多的价值。"

在当前新媒体日益成为媒介主流的情况下，数字技术的应用更加广泛，并成为当代各类传媒的核心技术和普遍技术。数字技术正以极大的优势改变着人们的阅读方式和通讯方式，进而改变着人们的生产方式和生活方式。在此情况下，学术期刊适应数字化潮流，实时进行出版方式创新，走数字出版之路，与新媒体密切融合发展，就成为历史的必然的选择。

目前，国内学术期刊工作者也意识到了这一转变的重要性。例如，侯丽珊（2011）在《数字出版如何为传统科技期刊服务》②一文中指出，国内科技期刊工作者都意识到科技期刊全面数字化是科技期刊生存和发展的必然趋势。很多科技期刊工作者也对数字化办刊做了大量研究工作，并认为只有抓住数字办刊的机遇，才是使科技期刊不被时代淘汰的唯一出路。

我国高校学术期刊数字化发展转型始于20世纪末，从当初的期刊光盘到今天的期刊内容进入数字信息库，形式上发生了巨大变化，出版方式上也进行了变革，但是，学术期刊数字出版转型的进程并不是很顺利，存在着数字出版发展缓慢、数字化发行渠道单一、网络期刊还没有成型，以及期刊数字出版的平台建设滞后等问题。如果不能把数字出版和网络传播协调好，学术期刊的数字化转型就不能顺利进行下去，进而会影响到整个学术期刊的发展。

（一）学术期刊数字出版与数字化内蕴

在新媒体日益成为传媒产业媒介主体的形势下，传统媒体与新媒体融合

---

① 申轶男，曹兵，李宁等. 科技期刊数字化出版方式探索［J］. 编辑学报（增刊），2013，25（1）48－53.

② 侯丽珊. 数字出版如何为传统科技期刊服务［J］. 编辑学报（增刊），2011，23（1）：23－25.

发展的大趋势已经形成，学术期刊向数字出版转型也成为不可逆转的方向。

学术期刊（这里指包括高校学术期刊在内的所有学术性期刊）向数字出版转型，是学术期刊实现媒介融合的一个途径和方式。学术期刊数字化与数字出版是一对经常被混合使用的概念，二者紧密联系又有一定的差异。

从已有的研究来看，很多研究并没有把学术期刊数字化与数字出版的含义完全区分清楚，因而在研究中出现一些概念不清、定义模糊、二者混用的问题。这里对它们进行梳理，以便对其有明确的认识。

期刊数字化一般是指对期刊内容采用数字信息技术进行改造，使其内容具有数字信息特点，便于借助信息载体进行传播。在期刊数字化早期阶段，期刊内容由纸媒形态转化为电子信息形态，借助光盘，被刻录到光盘上，从而便于在电脑或者其他具有播放功能的电子设备上显示或播放，这是期刊数字化的最初形式。而后，随着计算机信息技术和网络技术的发展，学术期刊的内容借助计算机和网络，以数据信息的形式存放在数据信息库，从而以更加方便的形式进行储存和传播。目前，我国很多学术期刊与中国知网、维普数据库及其他大型学术期刊数据库或信息平台进行合作，将其出版的期刊内容以数字信息的形式、按照一定的存储格式存放在其中，方便读者搜索浏览，这是学术期刊数字化的进一步发展和表现形式。

学术期刊数字出版转型是指学术期刊向数字化的转变和出版形态创新发展的过程。它强调了利用计算机信息技术和网络技术实现学术期刊业出版转型的过程及结果。数字出版的过程进一步深化和细化，就是利用数字化技术在网络平台进行出版，也被称为网络出版，出版的期刊被称为数字期刊，通常称作网络期刊。在一般意义上，期刊数字出版与期刊网络出版具有相同的含义，其具体形态是数字期刊或者网络期刊。可见，数字期刊、网络期刊是指同一个内容，都是期刊数字出版或者网络出版的结果。

许春辉（2009）在《期刊数字化出版现在与发展趋势》① 一文中认为，在探讨期刊数字化出版时，首先应该弄清楚出版数字化和数字化出版，他认

---

① 　许春辉. 期刊数字化出版现在与发展趋势［J］. 编辑学刊，2009（6）：25.

为这是两个不同的概念。对应于期刊而言，也就是期刊出版数字化和期刊数字化出版。期刊数字化出版是指在期刊出版整个流程中运用数字技术进行编辑、加工、出版和销售，实行数字化管理，是在数字技术基础上进行的网络出版活动。"出版数字化是指将已经正式出版的传统纸质出版物加以数字化，在网上重新出版，或打包成数据库出售。"

杨桦（2007）在《中国期刊数字化发展状况分析》[①] 一文中从出版过程出发，提出期刊数字化的定义是传统期刊及其编辑、出版、审稿、印刷等过程与现代技术中的网络技术、计算机技术和信息技术相结合，进行的现代出版活动。这里，他所说的期刊数字化，笔者认为是期刊数字化出版。

2010年10月，国家新闻出版总署下发的文件《关于加快我国数字出版产业发展的若干意见》中指出，所谓数字出版，"是指利用数字技术进行内容编辑加工，并用网络传播数字内容产品的一种新型传播方式"。这里也是对数字出版的一个确切定义。

期刊网络化也是研究者常用的概念。什么是期刊网络化呢？目前学术界还没有统一的定义，但是，可以肯定，期刊网络化是从期刊在线网络出版与传播运营的角度提出的概念。笔者认为可以将其理解为网络出版，此说法可以得到一些研究者的助证。

陈月婷（2005）在《科技期刊网络化内涵分析》[②] 中认为，尽管越来越多的期刊在因特网建立自己的网站或网页，但是什么是真正意义上的期刊网络化，却没有一个确切统一的说法。她认为，期刊网络化不应该等同于简单的期刊上网，而是一个系统地由内容到服务整个出版流程都数字化、网络化的过程，不仅指期刊形态上的网络化，而且指期刊编辑、出版、信息反馈和服务的网络化。她所说的含义也是要将期刊数字化与期刊数字化出版分别开来，不可混在一起。笔者认为，这里的期刊网络化过程实质上就是网络

①　杨桦. 中国期刊数字化发展状况分析 ［A］. 第五届全国核心期刊与期刊国际化、网络化研讨会论文集 ［C］，2007：46.

②　陈月婷. 科技期刊网络化内涵分析 ［J］. 中国科技期刊研究，2005，16（5）：609 – 613.

出版。

　　贺德方等也认为，期刊网络化不同于简单的期刊上网，它是一个系统的、全面的、从内容到服务的整个流程通过网络进行的自动化、数字化的加工、提供过程。它不仅是指期刊形式的网络化，更包括期刊编辑、加工、信息传递、服务反馈等一系列活动网络化。

　　刘筠、夏光、冯桂欣等（2004）在《科技期刊网络化的一条捷径》①中认为，科技期刊网络化，顾名思义，就是一切与科技期刊编辑、出版有关的工作都要网络化，即期刊的组稿、收稿、审稿、编辑加工到发排出版全过程的计算机网络化。

　　从学者的有关期刊出版网络化的论述可以发现，大多数人认为期刊数字化出版转型或者数字出版、网络出版，不是单独地把期刊内容搬到网络上，而是期刊出版整个过程的数字化、网络化。具体地说，期刊网络化，顾名思义，就是一切与期刊编辑、出版有关的工作都要网络化，即期刊的组稿、收稿、审稿、编辑加工到发排出版全过程的计算机网络化；期刊网络化，即期刊直接在网络上出版、发行，且通过网络向用户提供远程或本地在线浏览、在线拷贝、网络传真和电子函件等服务；期刊网络化主要包括期刊编辑采集资源网络化、期刊形式网络化、期刊信息流通网络化和读者参与行为网络化四个方面。这些研究结论都表明了期刊网络化在本质上与网络出版是一致的。因此，可以把期刊网络化与网络出版作为同一个概念。

　　（二）学术期刊数字化出版转型的紧迫性与优点

　　在信息技术不断发展和网络技术不断进步的新媒体时代，学术期刊出版从传统出版向新媒体转型，才能在新媒体时代获得生存空间和发展机遇。进行数字出版转型，向网络出版发展，已经成为学术期刊未来发展的当务之急。

----

① 刘筠，夏光，冯桂欣. 科技期刊网络化的一条捷径 ［J］. 中国科技期刊研究，2004（2）：185－186.

1. 学术期刊数字出版的紧迫性

新媒体时代的网络传播是传媒产业信息传播的基本方式。适应网络传播的需要，学术期刊进行数字化出版转型，是其生存和发展的主要途径和基本策略。其转型的紧迫性在于以下几个方面：

第一，新媒体的发展改变了学术期刊的生存环境，学术期刊面临生存危机，为了适应读者和其他用户的需要，亟待数字化转型和网络出版。新媒体的出现和发展，改变了人们的阅读习惯，丰富了人们的阅读体验，增加了信息获取的渠道，也改变了媒介原有形态构成，因而改变了学术期刊的生存环境。

从期刊总体经营上看，新媒体在给传统媒体产业注入活力的同时，也导致了传统媒体在传媒产业中的市场份额的降低。期刊有大众期刊、专业期刊之分。专业期刊例如学术期刊，其受众少，要求读者群体文化程度高，众多学术期刊一直以来都处在经费紧张的经营困难之中。大众期刊则因为走大众路线，市场大，读者面宽，因而经营业绩比较好。但是，大众期刊也出现了经营业绩大幅度下滑的现象。对期刊业广告经营收入大幅度下降的原因分析发现，主要的因素是新媒体的冲击和互联网的分流以及期刊广告成本的提高。

广告是许多期刊的主要收入来源之一。近年来新媒体的发展给广告业带来新的途径，大大分流了期刊广告。随着新媒体的出现，新的广告媒体不断产生，户外广告、车体广告、楼宇传媒、商店和医院的电子广告等大量涌现，比起在报刊上面的广告，它们的达到率和接受率更高，广告投放效果更好。由于发行量较大的报纸、期刊广告业务基本上是常年签约的，因此，广告量的增减也是逐年变化的。

纸质期刊成本高，无法与新媒体的低成本优势相比。大众类期刊一般印数较高，且多为黑白两色印刷，纸张质量不高。而大部分广告需要彩色印刷，所以期刊要为刊登广告增加专门的彩色插页。在大印量（比如超过100万册）的情况下，一个彩色广告页面的印制成本就已经相当高，大约相当于广告实际收入的70%以上。增加一个彩色插页会产生4个页面，而广告的销售并不能做到完全均衡稳定。如果有一个页面没有广告，就是25%的插页被浪费，从经济上说，这个插页就只能保本。如果页面的空置率高过25%，就是在赔本做广告了。因此，大众类期刊的广告价格很难降下来，而且必须严格控制空置率。在这样的限制条件下，期刊广告的"性价比"，与新媒体或互联网根本无法相比。这也是大众类期刊广告下降的一个重要原因。

以上是新媒体对大众期刊市场经营的冲击和影响。至于学术期刊，虽然由于具有的特殊性以及管理制度，其受新媒体的冲击小于大众期刊，但是，学术期刊也同样面临着技术革新和转型改制的迫切要求。

高校学术期刊的主要功能在于展示高校学术成果，促进学术交流和学术进步，培育科研人才，因此，它的读者是文化程度较高、具有一定学术研究能力和对学术研究具有一定专长的研究人员，这说明它的读者群体很特殊，因而很难像大众期刊那样具有广大的市场潜力。但是，这种阳春白雪式的期刊仍然需要适应新媒体时代读者和作者的需要进行创新发展。否则，必将被市场所淘汰。

正如一些学者所言："……人类已经处于一个数字化时代。数字媒介在信息载量和传播速度方面无与伦比的优势让我们紧急地思考以印刷为技术手段、以纸张为信息载体的大众媒介在未来向何处去？尤其当我们考虑到数字技术正以势不可挡的势头席卷一切信息环境的现实时，完全有理由担心纸质期刊如不迅速地完成数字化转型就只能面对即将凋亡的未来。"① 基于此，学界主流的意见和观点认为数字出版是印刷媒介唯一可选的生存方向。

第二，学术期刊数字化与网络出版具有自身的优势，因而产生了许多传统期刊出版所不具有的优点和积极作用。

在前面的论述中我们分析了期刊数字化和期刊数字出版的区别，可以看到，期刊数字化多数是指将期刊内容变为数字信息，进而以电子文本的形式存在，便于存取和阅读。而期刊数字出版则是从内容到形式、从编辑

---

① 梁玮，曹陇华. 中国期刊数字化转型探究［J］. 科学·经济·社会信息，2011，125（4）：154－159.

到出版、从销售到服务的全程的数字化、网络化，又称为数字出版、网络出版，其形态表现为数字期刊或者网络期刊，或者说数字化期刊、网络化期刊。

期刊数字化出版依托传统的期刊内容资源，用数字化工具和网络技术，对期刊进行数字化出版和网络传播，既包括在网上编辑内容，也包括传统期刊内容的数字化转换，还包括网上订阅、网络传播和网上服务，其形态数字期刊或网络期刊或者电子期刊，具有传统媒介和新媒体融合的特点，具有更加适合网络时代读者需要的优点。

梁海虹（2008）在《试论数字化期刊对纸质期刊的影响》一文中指出："数字化期刊的使命在于对纸质期刊的原创能动性的再一次传播，比如内容不断更新滚动，设立关键词搜索，设立谈心室、留言板，以及开展相应的网上商务等手段，对纸上原创的主题进行多方面开发，构成品牌期刊立体传播和直接经营相结合的良好效应，使传统的纸质期刊走向数字化的道路。"①

2. 学术期刊数字出版的优点

与传统媒介的出版方式相比，学术期刊数字出版具有的优点如下。

第一，传播范围不受限制，搜索存取时间自由，方便读者利用。网络期刊是以数据信息形式存在于互联网上的，读者只需要打开计算机或者互联网络，就可以搜索链接有关内容，不用邮寄订单，不受阅览时间和地点限制。互联网不受国界限制，全球覆盖，四通八达，可以将信息资源传播到世界各个角落。因特网覆盖全球，网上传输迅速，给期刊网络化提供了无限的传播空间，也为期刊提供了更加庞大的读者群和作者队伍，使期刊有更加广泛的资源可以利用。和传统印刷版期刊相比，网络期刊可以全天候供给使用，可以随时供读者选择利用，不必受到报刊邮发时间的限制。传统媒介的纸质期刊要经过编辑、印刷、发行邮递，耗时长，而数字期刊、网络期刊可以通过网络在很短时间内将几十万本电子期刊发送到各个

① 梁海虹. 试论数字化期刊对纸质期刊的影响［J］. 宝鸡文理学院学报：社会科学版，2008，28（6）：126－128.

用户终端。

第二，检索速度快，即时性强。由一个或多个数据库组成的网络期刊库实现了信息的数字化，能通过多种途径快速准确地检索全文或者部分内容。其检索效率是手工检索和光盘检索无法比拟的。信息资源的互通性、丰富性、广泛性和可查性，提高了检索效率，可实现信息检索与直接阅读的一体化，进行更深层次的主题查询，更方便读者获取利用信息。

第三，具有声、像和动态的多媒体功能。在信息技术和网络技术的支持下，信息资源不仅可以表现为文字，也可以表现为图像、音响和动态画面，因而极大丰富了信息的传播内容和表达方式，实现了多媒体效果。多媒体兼容了互动，文字、图片、声音、影像交融，提高了信息表达效果，极大地调动了人的各种感官参与，增加了用户的感受。

第四，存储容量不受限制。受版面容量限制，印刷版期刊不能刊载超过规定页数的内容，即使可以增加页码和出增刊，但是也不能大幅度增加刊载量。传播容量的限制使大量的信息不能够得到传播，限制了信息传播时间和范围。但是，网络期刊因为内容的数字信息化可以不受版面的限制，最大限度地刊载发布信息成果；也不受时间和地域的限制，及时地发表和传播新成果，让人们共享最新信息资源。由于数据信息存储的持久性，人们还可以方便地查询以往的内容，不受印刷时间的限制。

第五，降低了期刊运营成本。数字化和网络化的编辑出版流程，使期刊编辑出版工作可以直接通过网络进行，不需要印刷、装订、邮寄和运输，省去了大量制作成本和人工成本，可以直接在网上与作者、专家、读者交流，省去了交通费用和办公费用。实现网络办公，减少了录入、校对和排版过程中的劳动强度。而传统期刊的运作则需要耗费大量的人工成本和制作成本，因而需要耗费大量的资金。网络期刊的数字化运作节约了时间、人力和资金成本，极大地提高了效率。有人统计分析指出，电子版的期刊出版费用比纸质版低了 25% ~ 75%。

第六，缩短了出版周期。通过互联网，作者投稿、专家审稿、组稿和编辑工作都在网上进行，可以缩短期刊文献的编辑时滞。因为在网络上联系、沟通，更加方便投稿、审稿和信息交流沟通，投稿了沟通效率。数字媒体制作不需要原有的制作程序例如制作胶片和印刷制作，可以在电脑上排版，并直接上传到网络上，因而节省了大量的时间。数字出版可以使文稿刊出的周期缩短2—4个月，使期刊出版的时间更短、速度更快，也使内容更新更快。

第七，具有交互性、个性化特点。网络技术的畅通无阻和即时性、交互性，使得编者、作者和读者之间的信息交流变得十分方便，编者和读者、编者和作者、作者和读者之间都可以开展网上论坛，进行面对面的交流。通过网络，作者、读者都可以参与期刊的编辑工作，可以参与审稿和编辑，可以提供有价值的意见。读者也可以按需定制、按需印刷纸版期刊，为自身定制个性化的期刊。

第八，可以提供超文本链接和定量分析等服务。期刊网络化建立了一种新的出版模式，通过运用超文本技术，在目次与论文之间、主题词与论文全文之间、文摘与论文全文之间、参考文献与引文全文之间、新论文与过刊论文之间建立链接，可以反映科学研究的内在联系。读者可以从一个链接进入专业信息系统，方便地浏览相关信息，检查作者引用文献是否真正支持作者的观点，方便快捷地获取所需的更多信息。

第九，数字期刊可以提供更为精准的读者数据库资料。网站对读者的访问状况都有相应的日志记录，通过专门的分析系统进行全程定量分析。可以向编辑部提供读者在一天24小时中各个时段的访问情况，为编辑部提供相关统计信息，便于编辑部调整方略和制订改进方案，提高期刊在市场上的竞争力。

提供及时的数据是网络期刊或者数字期刊的明显优势之一。目前，率先占领数字期刊市场的是一些网络服务商，例如龙源期刊网和Xplus，其中网络服务商Xplus将每一份合作杂志的电子版附上读者调查表，调查表的反馈率已经达到8%，有的杂志的反馈率达到20%，这对纸质杂志来说是很难做到的，可能需要投入更多的时间和人力，才能获得这些数据，但在网络期刊上可以很容易获得，而这些数据对于期刊社来说是很宝贵的信息。为什么网络服务商能够做到这些，原因在于他们有非常详尽的后台数据反馈系统，每一本杂志发出后，读者下载了多少次，阅读停留的时间是多少，都有非常详尽的记录。

三、新媒体、学术期刊媒介融合与数字出版之间的相互影响

以上研究表明，新媒体、学术期刊媒介融合与数字出版三者之间的关系十分密切，三者之间是相互联系、相互促进、相互依赖的关系。

首先，新媒体的产生和发展是引起学术期刊媒介融合的起因，也是媒介融合的发动机。正是新媒体的出现和在媒体产业的革命性影响，才导致了传统媒体与新媒体的深刻融合。新媒体尽管具有一系列的优势，例如，新媒体打破了传统媒体的一统天下，把信息传播变得更加方便和灵活，为用户提供了形态多样、生动活泼和随时随地的提取、接收、发送信息的服务，使信息的传播效率更高，满足了用户的实际需求，这些都是传统媒体的传统方式、途径下所不能提供的，因而受到用户的衷心爱戴。新媒体的优势和优秀的品质，让用户真心实意地欢迎新媒体，因而为新媒体的发展创造了巨大的发展动力，提供了发展机会。传统媒体只有吸收和融合新媒体技术，采取新媒体的方式，才能够继续生存和发展壮大。这是传统媒体进行媒介融合的基本动力。同时，新媒体也有自身的不足，它向用户提供其所需要的服务时，离开了传统媒体的内容材料和用户群体，也就失去了为用户服务的价值，找不到服务的对象，因而需要传统媒体的内容材料，这些内容材料和用户正是传统媒体长期发展所积累的资源。因此，学术期刊媒介融合是新媒体与传统媒体融合发展的必然结果。学术期刊媒介融合是新媒体发展的结果，又是新媒体在学术期刊上的具体运用和创新发展。

其次，学术期刊数字化与数字出版是新媒体技术在学术期刊上的应用和体现，是传统期刊出版与新媒体融合发展的具体体现。同时，媒介融合也进一步丰富了学术期刊数字化的内容和形式，加快了学术期刊数字化和数字出版转型。因此，媒介融合的方式、内容、途径和模式，对于促进学术期刊数字出版转型具有积极的作用。数字化与数字出版是传统出版与新媒体融合的

过程与结果，同时，又实现和促进了媒介融合，而媒介融合也进一步丰富和发展了数字化和数字出版的内容和形式。它们之间的关系可以用图 4 - 1 表示如下。

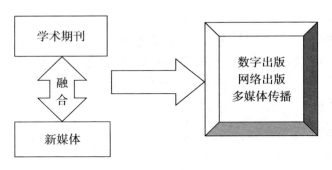

图 4 - 1　媒介融合与数字出版的关系

第五章　高校学术期刊媒介融合机制

由于网络技术和通信技术的发展，媒介形态和传播途径呈现融合一体化的趋势。媒介融合已经不是停留在概念上，而是已经具体化为各种媒介的融合实践，报刊、广播、电视、网络、手机和其他终端设备相互之间正在互通互联，融合发展。在各种媒介融合发展中，互联网以其独特的集文字、视听、存储、搜索等各种功能于一身，以媒体集大成者的角色，居于当代传媒业的舞台中央，起着领跑和带动作用。在其影响和促进下，媒介融合已经成为传媒业发展的必然趋势，成为包括报刊在内的传统媒体谋求发展的必然选择。在媒介融合背景下，高校学术期刊从传统出版形态到网络出版，是一个新旧媒介融合发展的过程。学术期刊媒介融合是一个系统的运行体系，具有自身一定的发展机制。研究学术期刊媒介融合机制的运行可以促进高校学术期刊向网络出版转型发展。

一、学术期刊媒介融合的理论依据

（一）产业融合理论

媒介融合的理论基础是产业融合理论。产业融合是指不同产业或同一产业不同行业之间，由于技术、市场、服务和管理等因素的推动，相互渗透，相互交叉，多层次、多角度进行融合发展，成为一个融合体或者新产业的发展过程。

产业融合的方式分为产业渗透、产业交叉和产业重组。不管哪种方式，都会导致产业边界模糊、产业结构调整和产业形态改变。

产业融合的前提和基础在于技术创新和技术进步。由于技术的发展进步，使不同产业之间和同一产业内部各行业之间有了渗透和交叉的可能，产业边界得以突破。技术进步和创新引发产业结构调整和产业效率提高，进而引发技术融合，导致产业大融合。这种融合是对传统产业体系的根本性变革，也是产业发展及经济增长的新动力。由此可见，技术进步和技术创新是媒介融合的前提和基础，并推动了媒介融合。

产业融合的动力来自市场竞争。不论是产业之间还是产业内部，通过产业融合，可以获得更大的市场，进而获得更多的市场收益。这是由于产业融合可以带来更多的市场机会和规模经济，可以实现"1＋1＞2"的效果。

"木桶定律"告诉我们，木桶对水的容量的大小不是取决于最长木板，而是取决于组成木桶最短的木板，不论最长木板多长，如果存在不齐的短木板或者有损坏的木板，那么木桶就不可能盛满水。这个定律说明，只有整体上都相当的组成部分，才能取得最大的效果。这也说明，任何一个组织，构成组织的部分往往是优劣不齐的，而劣势部分往往决定整个组织的水平。因此，一个组织应当考虑怎样消除自身的"短板"，从而实现整体最优。

产业之间或者产业内部，都存在着这样活那样的"短板"，克服其不足的办法就是取长补短，借鉴和吸收他人之长，弥补自己的短处。具体途径就是产业融合。因为产业融合可以实现资源的优化配置，可以占领更多的市场份额，取得更多的市场收益。

目前，在不同的产业领域已经发生了形式不同、规模不同和方式不同的产业融合，通过产业融合构架出融合型的产业新体系。例如，电信业、金融业、能源业、交通运输业、旅游业、制造业等出现的融合发展，极大地促进了产业结构调整和升级改造。

"技术革命成果的产业化，是技术转化为社会生产力的结果，也是产业融合的基础条件和产业结构升级的主要动力之一。产业融合，在当今经济全球化、高科技化的环境下，已经成为一种常见的产业现象，是信息化进程中呈现的一种产业新范式，拓宽了产业发展空间，促使产业结构合理化，进而推进产业结构优化与产业发展。"①

（二）学术期刊媒介融合的经济动力

媒介融合主要是由市场力量推动。刘毅在《媒介融合的传媒经济学理论阐释》② 一文中，从经济学的角度分析了媒介融合的动力，也助证了这个观点。他认为："媒介融合最主要是由市场的力量来推动的，受到市场因素牵制最强。而在我国，由于大众传媒的意识形态性，媒介融合集团最开始是在行政力量的主导下进行的。然而，经历了一些挫折以及对媒介产业属性认识的深化，越来越多的市场因素被考虑进来，媒介融合过程中的市场力量在逐渐得到强化。"

从传媒产业经济学的角度分析，媒介融合的经济原因在于获得规模经济和范围经济效应。规模经济是指组织达到某个规模后可以实现成本降低、收益增加的经济状态。它有规模经济递增、规模经济不变和规模经济递减三种。一般情况下，组织的经济规模应当在规模经济递增阶段。范围经济是指组织的经济范围，目的在于通过扩大产品种类实现资源的充分利用。如果一家媒介同时生产两种以上产品比各个媒介各自生产一种产品效率高、成本低，那么，这家媒介就可以达到范围经济。刘毅（2008）认为，"媒介之间的融合是为了获得规模经济和范围经济"，由于在特定环境下媒介资源总是有限的，通过媒介融合实现媒介资源的有效整合，进而可以实现规模经济和范围经济。例如，媒体通过发展诸如手机电视、电子杂志等新型媒介产品，扩大媒介组织的经营范围，降低媒介组织的运营成本，更好地实现媒介产品多样化，实现了资源利用效率的提高，获得规模经济和范围经济。

在媒介融合中，学术期刊的出版也在与时俱进，不断地与新媒体进行融合，探寻在新媒体占传媒业主导地位的形势下的发展路径。

学术期刊的媒介融合，其目的是吸纳其他媒体尤其是新媒体的优点，其中包括技术优势、形态优势、渠道优势、营销优势和服务等方面的优势，满

---

① 文蕴蕴. 报刊与网络媒介融合中的经营发展对策研究［D］. 北京：北京交通大学，2011：4 - 6.

② 刘毅. 媒介融合的传媒经济学理论阐释［J］. 现代视听，2008（8）：26 - 29.

足期刊业在新媒体时代的多样化社会需求，增强自身的社会服务功能，构建自身的核心竞争力，并且实现规模经济和范围经济。

学术期刊媒介融合实规模经济和范围经济的原因有三：

一是学术期刊与新媒体融合发展，可以在纸质学术期刊的基础上，发展出电子或数字期刊、网络期刊，而不需要再增加更多的信息成本和投入，因此降低了费用成本、增加了产品类型，并因此扩大学术期刊的影响，方便学术期刊的传播。

二是学术期刊媒介融合可以共用期刊的信息资源、人力资源、用户资源和学术期刊的品牌资源，提高资源利用效率。尤其是学术期刊的网络版或者网络期刊，可以借助学术期刊的品牌获得更多的用户。

三是学术期刊媒介融合可以满足用户的多元化需求。文蕴蕴（2008）认为，网络技术和网络时代的到来，使媒介市场"碎片化"，分散了社会注意力资源，人们获取信息的渠道和方式出现了多元化。受众不再满足于传统报刊所提供的单向的、同质化的、单一介质的信息服务，而是迅速地接受了新媒体带来的互动的、多元化的信息来源，特别是能够方便地通过互联网取得所需信息的网络、手机和其他具有网络功能的电子设备终端。"而今，受众既需要纸质报刊所提供的独特视角、较高较深的信息内容，也需要网络媒体所提供的快速、经济、丰富、互动和多媒体形式的信息服务。各媒体迫切需要使其内容产品提供不同介质平台的关联组合，形成一个适应于人们新的媒介需求的产品链和服务链，从而为受众提供全方位、多介质面的信息服务。报刊与网络媒体融合，恰恰可以实现受众对不同媒介内容的集合式消费，也可以满足受众对媒介服务的多元化需求。"[①]

（三）学术期刊媒介融合的趋势

学术期刊媒介融合已是不可逆转的大趋势。但是，具体到什么样的发展趋势，还存在争论。尽管如此，学术界还是普遍认同这样的观点：传统纸质

---

① 文蕴蕴. 报刊与网络媒介融合中的经营发展对策研究［D］. 北京：北京交通大学，2011：4 – 6.

的学术期刊不会立即消失，学术期刊媒介融合的结果是在保留学术期刊品牌优势的情况下，融合新媒体的特性，实现学术期刊大媒体或者全媒体。在数字出版背景下，未来学术期刊进行出版数字化转型，虽然还存在许多争论和理论上、实践上的困惑，但已经被出版界公认为是一种不可逆转的趋势，问题是怎样在出版数字化转型中采取科学的方式进行媒介融合。

在媒介融合中，传统的学术期刊不会立即消失，只是在新的环境下存在并以特殊的方式存在。和其他媒介形态一样，学术期刊的传统形态不会因为新媒介形态的出现立即消亡，这是不争的事实。从理论上讲，这是事物发展规律决定的。媒介作为一种物质形态总是随着物质世界的发展而发展的，不会停留在一个形态上，新的形态必然出现，但旧的形态不会立即消失，而是在新的形态中以新的方式存在。

在科技发展的推动下，媒介形态发展到今天，形成了一种共生共存的复杂状态。新的媒介形态不断涌现，旧的媒介还继续存在，新旧媒介共存，共同完成大众信息传媒的作用。这是因为大众的信息需求是多样的、多层次的，获取信息的途径也是多样化的，任何一个媒介在一定时期内存在都是有客观条件的。

董艳华（2009）研究了期刊媒介融合的途径，认为期刊媒介融合主要有两种形式：一是期刊业和其他媒体之间的整合与并购，形成具有多种媒介单位组合的大传播集团；二是期刊和其媒体之间的交融与互动，期刊通过不同媒介之间的传播方式和内容的相互借用，实现媒介功能重新组合和媒介资源重新配置。①

这表明，期刊媒介融合不是媒介荟萃，而是吸纳其他媒体的长处为我所用，进行资源重新组合与配置，实现优势互补；也不是要取消传统期刊形态，而是要在媒介融合中更加突出期刊的功能和独特优势，在融合其他媒体表现形式之优势的基础上，将其作为全媒体运作的核心起点和重要组成部分，谋求发挥更加重要的媒介作用。

---

①　董艳华. 媒介融合与我国期刊的发展［J］. 新闻爱好者，2009（10）：192－193.

因此，作为能够满足和适合一定范围用户需要的传统媒介学术期刊，虽然要积极进行数字出版转型、进行媒介融合，但也不能放弃自身的优势，主动放弃自己的阵地，盲目地进行媒介融合。

未来学术期刊媒介融合将随着技术突破和实践发展进一步加强，学术期刊的形态将会表现得更加丰富，纸本形态会出现与新媒体进一步结合，数字化程度进一步加强，用户会更加方便和容易获得所需要的内容与服务。因此，媒介融合将使学术期刊在出版流程、表现形态和服务手段与方式上更加高级化。或许在将来的出版中，学术期刊会因为完成纸媒出版使命退出论文发表的载体，成为出版历史而存在。

二、学术期刊媒介融合机制

（一）机制的含义

"机制"一词源于物理学，原意是指机器的构造和运行原理，说明机器由哪些部分构成和为什么要由这些部分构成，以及说明机器怎样工作和为什么这样工作。人们把机制一词运用到不同的学科领域就产生了相应的机制，如生物机制、社会机制和经济机制等。人们在运用机制一词时，主要关注的问题是，事物的机制由事物相互协调的组成部分共同构成的，各个部分之间通过机制相互协调并发挥作用。

任何事物的存在都是在一定的机制基础上发生的。生物的存在基于生物机制，经济运行基于经济机制，社会运行基于社会机制，甚至一项活动也是在一定的机制基础上进行的。没有各个组成因素的相互作用和协调，事物的运行就难以发生。

机制通过什么形式建立，又是如何实现的？这是在研究机制问题时人们关注的主要问题。社会运行机制的建立，一靠体制，二靠制度。这里的所谓体制，主要指的是组织职能和岗位责权的调整与配置；所谓制度，广义上讲包括国家和地方的法律、法规以及任何组织内部的规章制度。可以说，通过与之相应的体制和制度的建立（或者变革），机制在实践中才能得到体现。

（二）媒介融合机制

媒介融合是媒介之间一体化的趋势。美国麻省理工学院媒体实验室的创始人尼葛洛庞蒂（1987）在其著作《媒体实验室：在麻省理工学院创造未来》一书中，用三个圆圈分别描述计算机业、出版印刷业和广播电视业的技术边界，认为三个圆圈交叉处成为成长最快、创新最多的领域，并分析出三个圆圈呈现出叠加和重合的发展趋势，进而认为媒介融合是在计算机技术和网络技术二者融合的基础上，用一种终端和网络来传输数字信息，由此带来不同媒体之间的互换性和互联性。

20世纪70年代以来，由于通信技术和信息处理技术迅速发展，推动了通讯、广播、报刊等传播媒体间的相互融合，媒体产业的融合发展进入了飞速发展阶段。20世纪90年代，在新技术的推动下，媒介融合环境更是日新月异。

分析媒介融合的动力、环境和媒介自身的发展，我们不难发现，媒介融合是一个由各种因素共同推动并日益加速发展的媒介互动和渗透的过程。这个过程就是媒介融合机制运行的结果。

媒介融合机制是指构成传媒产业的各种媒介，在各种动力推动下相互作用和制约，各自发展又相互促进的融合发展机制。它是传媒产业在计算机技术和网络技术创新发展的情况下实现产业升级和结构优化的一个阶段和过程，其结果是媒介的一体化和高级化。

（三）媒介融合机制的构成因素

从融合机制的构成因素看，主要因素是各种类型的传媒组织、传媒产业的传媒技术、传媒产业的社会环境、传媒产业的制度及政策。一般说来，传媒组织是媒介融合的主体，传媒技术的创新和发展是媒介融合的内在动力，经济环境是媒介融合的外部动力，制度体制是媒介融合的制约因素。以上各个方面相互影响和制约，共同推动媒介融合发展，构成一个相互作用和相互制约的有机整体，并最终完成传媒产业的高级化、一体化。如图5-1所示。

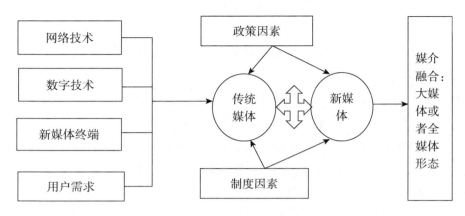

图 5 - 1　媒介融合机制

首先，技术因素。从媒介技术上看，技术创新和进步为媒介融合奠定了基础。田欣欣（2009）在《数字时代媒介融合现象研究》一文中，分析了媒介融合的历史演进。他认为，信息、电信、文化、娱乐、传媒、出版、金融、证券、保险、零售、物流、旅游、酒店等行业之间的相互渗透和融合，使其以共同的技术支撑为发展基础的诸多行业之间的边界正在由清晰走向模糊。全球相关行业大规模的并购、重组浪潮兴起，许多行业边界模糊，新兴行业形态营运而生。因此，技术创新和技术进步起到了关键的基础性的作用。

以期刊为例，随着卫星通信技术、数字技术和网络技术发展和在传媒领域的应用，传统期刊的单一媒介终端向视听多媒体终端进化，媒介融合使高科技应用于传统期刊内容编辑、制作、发行和传播的各个环节，不同媒介方式的界限越来越模糊。数字技术打破了期刊媒介的介质界限，使期刊同一内容可以实现多种形态介质的传播。

由于经济发达和技术先进的原因，美国是媒介融合发展迅速的国家。2000 年，美国学者鲍德温等三人在其著作《大汇流——整合媒介信息与传播》中指出，以前电信业、有线电视业、广播业和计算机业各自为政，在宽带技术和政策的指引下现在汇流到一起，产生了整合宽带系统。

2009 年，我国工业和信息化部为中国移动、中国电信和中国联通发放 3

张第三代移动通信（3G）牌照，通信行业进入 3G 时代。3G 时代的手机媒体成为网络的延伸，为互联网与手机的融合提供了技术支持，可以实现移动网络化和网络移动化。3G 技术也为期刊与互联网的融合提供了技术条件，加速了媒介融合发展。当前，4G 技术也已经推广，进一步促进了移动通信技术的应用。

其次，社会因素。社会经济环境对媒介融合具有重要的推动作用。我国改革开放的社会环境为经济发展提供了良好的条件，促进了社会进步和人民物质文化生活水平提高。计算机技术和网络技术的普遍应用，促进了新媒体的迅速发展和广泛传播，并进一步推动了社会经济发展。新媒体的发展是社会经济进步的一个重要因素。它不仅促进了传媒产业的发展，而且促使整个社会经济结构发生巨大变化。例如，网络和手机等新媒体的用户大大超过了传统媒体的受众。随着 3G 向 4G、4G 向 5G 发展，手机的数据传输速度获得更大的提高，手机上网比以往的手段更快捷和迅速，进一步吸引了更多的人上网。同时，社会经济的发展为人们使用互联网和上网阅读提供了经济基础。这些都加速了传统媒介与新媒体的融合。

我国不同媒介之间的融合始于 20 世纪末。在 20 世纪 90 年代，报纸、杂志开始与网络融合，到目前进行的电视、网络和通讯的融合，取得了明显进展，但是，媒介融合还处于初始阶段。从目前的媒介融合来看，主要是电信网络、计算机网络和广播电视网络之间的三网融合，他们之间已经逐渐形成了统一的信息通信网络系统，建立了适当的合作模式，得到了市场的认可。然而，由于存在着行政力量的推动，目前的媒介融合大多是组织融合，存在着融合不够深入和组织松散的弊端。

在媒介融合高歌猛进的同时，由于经济的原因，即盈利模式还没有完善，也导致了融合进程缓慢甚至停滞不前的局面。黄金和肖芃（2010）在《解析媒介融合发展中的制约因素》① 一文中分析指出两点。第一，融合媒体盈利过慢，导致全媒体融合退缩到网络融合。以扩张市场为动机的融合改

---

① 黄金，肖芃. 解析媒介融合发展中的制约因素［J］. 传媒观察，2010（2）.

革，在大规模的资金投入和人力投入之后，新媒体并没有为原来的传统媒体带来实质性的利益，因而存在"赔本赚吆喝"的尴尬局面。传统媒体希望通过与数字媒体融合延伸自己的品牌生命力，但是，投入大、获益低，这种状况一再发生，因而导致了媒介融合的收益回报慢，影响了媒介融合的积极性。第二，新媒体的盈利模式不明朗，导致网络融合陷入困境。新媒体如何进行收费并取得盈利，这是关系到传统媒体媒介融合进程的重要因素。目前，传统媒体网站以平台为中心，靠高访问量来吸引广告的投放进而获得收益的盈利模式还不普及，因为传统媒体网站的服务性逊色于网络公司网站。

再次，政策因素。产业政策是媒介融合的影响因素。传媒产业政策是基于国民经济发展的整体需要由国务院权威部门制定的促进传媒产业发展的政策。产业经济学理论表明，产业政策是政府为了实现一定的经济和社会目标而对产业的形成和发展进行规划和干预的一系列政策的总和。产业政策的功能在于弥补市场缺陷，促进资源配置，促进产业成长，增强发展动力。其主要内容有产业结构政策、产业组织政策和产业布局政策等方面。产业政策作用的特点主要是：第一，调节经济结构；第二，改造产业结构，实现产业结构优化；第三，限制和促进某些产业的发展，调节供给，实现供求平衡。从总体看，产业政策具有导向和规制作用。中国文化与传媒产业政策的制定与实施，对于发展文化和传媒产业具有重要的指导作用。文化与传媒产业经过60多年的发展，已经成为国民经济的主要组成部分，也是经济发展中的"朝阳产业"，受到国家产业政策的大力支持。

回顾我国文化与传媒产业发展历史可以发现，传媒产业政策的制定和实施，对于促进我国文化和传媒产业发展起到了十分积极的作用。我国文化与传媒产业的真正形成始于党的十一届三中全会，因此，有关文化与传媒产业政策也是从此时起步的。从整个实践过程看，我国文化与传媒产业政策经历了从计划性管制调控到体制与结构性改革结合的新政策、从松散行业政策到体系完善的行业政策、从产业隔离到产业联动的政策的转变，实现了从"全面封闭"到"逐渐开发"、从"政府主导"到"政府与市场二元推动"的发展转变。近年来，随着数字技术和网络技术的发展，国务院出台了一系列促进文化与传媒产业向新兴文化和新媒体发展的政策措施，对传统媒体向新媒体的发展起到了巨大的促进作用。

最后，制度因素。政府规制是媒介融合的外部制约因素。政府规制是由政府制定的用制度和规定的形式控制经济活动的法律规范。政府规制也叫行政管制或政府管制。按照经济学的有关理论，政府规制是政府为控制价格、销售和生产决策而实施的各种行为，其目的是制止不充分尊重社会利益的私人决策。斯蒂格勒（1970）将政府规制作为一种法规，是更加强制力的应用，是为产业发展设计和操作的行为。因此，政府规制可以理解为是政府依照有关法规制定的直接干预市场配置或间接改变企业和消费者决策的规则和制度。

传媒产业政府规制是政府颁布的一系列的对传媒市场具有约束力和强制力的法规制度，其作用在于规范传媒产业发展，确保社会公共利益。传媒产业政府规制首先能够弥补市场失灵，代表公众通过对传媒市场进行调控，使产业更加符合社会发展需要，促进社会公平。传媒产业具有外部经济性，也具有外部非经济性。好的传媒产品可以带来正面效应并使正面效应无限扩张，而坏的传媒产品则带来负面效应。因此，政府需要从公众利益出发，对传播主体、内容和方式做出正式制度安排，趋利避害。

三、我国媒介融合机制的运行特征

媒介融合机制的运行是各种媒介组织在融合动力的推动下，基于媒介技术的发展，在有关规制制约和产业政策的引导下，进行相互融合和渗透，实现媒体一体化目标的过程。

媒介融合的动力来自竞争压力和盈利驱动。媒介又称传媒，狭义的传媒或者媒介包括电视、广播、通信、报纸、杂志、图书、网络等大众传播媒介。它们的经营组织是市场主体，在市场活动中具有盈利动力，能够运用自身主体组织人力、物力等资源进行生产经营并取得一定的利润。同时，它们也面临着同业之间的竞争和行业之间的竞争压力。正是这些力量推动着媒介组织进行媒介融合，以便更好地进行资源配置，增强增长能力和市场竞争力。

新媒体产生以来，由于深受用户的欢迎，其形态不断地发展和改进，其规模不断壮大，对用户的服务质量和水平也不断提高，因而产生了巨大的影响。市场的扩大和盈利水平的提高，进一步推动了新媒体的发展。相反，传统媒体在新媒体的冲击下似乎在迅速地走下坡路，特别是报纸、电视和出版业，其受众越来越少，甚至全面走向衰退。

传统媒体向新媒体的渗透转型，是传统媒体赢得生存的第一步。这种转型主要是运用新的传播技术进行传播，也就是将传统媒体的各类信息通过新技术实现多渠道发布。例如，新华社通过在网络上发布电视新闻，利用"投票""留言"等在线交流，逐步形成新华社电视庞大的受众群体。这些受众群体对新华社电视新闻进行评价，使编辑们及时掌握他们的需求，及时调整新闻报道方式和渠道。手机媒体对于传统媒体来说是一个全新的领域。手机报是传统媒体与电信运营商在移动媒体上的第一次尝试。新华社手机电视台和 CCTV、COM 手机电视台的相继上线，成为手机发展的一个重要里程碑，使得手机报、广播、电视等传播内容结合起来，给受众更多的体验。

传统媒体在新媒体冲击下步入黄昏，并不是意味着传统媒体因此消失，相反，通过媒介融合和媒体转型，传统媒体可以在新的信息技术中找到新的发展方向。白奇峰（2013）在《传统媒体的新媒体转型中的发展历程》一文中指出："新媒体渠道上的扩展大大增强了传统媒体传播能力，打破了广播、电视、网站、移动终端不同媒介的界限，具有方便、快捷、灵活的展现形式，实现了传播渠道的融合，用户可以随时随地用任何方式观看电视节目了。"①

媒介融合受到技术进步、政府规制等因素制约。传统媒体的未来发展趋势不仅是传媒产业技术进步的结果，也受到政府规制的影响。信息技术和网络技术的发展给传统媒体应用新媒体技术和融入互联网提供了技术基础。从

---

① 白奇峰. 传统媒体的新媒体转型中的发展历程［J］. 经济研究导刊, 2013, 196（14）: 78－81.

信息传播途径看，网络传播的速度和便利，使原来的信息渠道得到扩展，互联网新媒体、手机新媒体成为信息传播的主力，报纸、电视、广播在信息传播中的地位大大下降。人们使用互联网和手机新媒体的时间在不断增加，而阅读报刊、看电视和听广播的人数和时间在迅速减少。手机新媒体的信息传播优势在未来科技进步中将进一步扩大，并成为各种媒体的集合体。未来媒介融合的发展趋势也必然依赖于传媒技术进步。

但是，媒介融合的法律制度和政府规定还将继续发挥监督和规范作用。传媒产业的法律制度和政府规定是规范传媒产业发展的法律依据，对于传媒产业有秩序和科学发展起到引导和促进作用，也有利于媒介融合的科学发展。但是，只有适应传媒产业发展要求的法律和规定才能对媒介融合起到积极的推动作用。落后于社会经济发展的有关规定和法律必将成为传媒产业发展的桎梏。

从总体上看，我国目前对文化产业和传媒领域的规制还比较严格，传媒产业的政府管制没有放开。全国性的开放、竞争市场没有完全形成，传媒产业组织的市场主体地位还没有完全确立。孙玉双和孔庆帅（2011）认为："由于我国目前的政策体制，并不是所有的媒体都有新闻采访报道权，特别是跨地区、跨媒体的新闻采访时，除了少数中央级的媒体外，多数仍然要受到诸多政策的限制。绝大多数的网络媒体没有采访报道权，同时也不允许兴办电台、报纸杂志；而报纸虽然有采访报道权，但却不允许办电视台和广播台。这就抑制了我国新闻媒介融合向纵深和多元化的尝试和发展。"①

管理上的滞后也制约着媒介融合的发展。我国传媒产业中，报纸、电视、电信、广播等相对独立，具有完整的自身产业链条，也形成了自身独立的管理体系。尽管各个媒介主管部门都意识到了媒介融合的趋势，但是，在媒介融合问题上还没有形成一致的看法，已有的媒介组织也只是在一定程度上具备了媒介融合的基本框架，融合的深度和广度远远不够，基本上还停留

---

① 孙玉双，孔庆帅．中国媒介融合的现状与未来［J］．现代视听，2011（3）：22－26.

在各自为政的层面上，充其量也只是在产权上进行融合，处于媒介融合的初级阶段。因此，只有从体制和制度上完善媒介融合机制，才能使媒介融合走上科学发展的轨道。

四、高校学术期刊媒介融合机制

（一）高校学术期刊的界定及其管理体制

1. 高校学术期刊的界定

高校学术期刊是指我国高等院校（含大中专院校）在国家主管部门领导下经过有关部门批准成立学术期刊组织（通常称为期刊社或者杂志社）所出版的学术期刊，又称作学报。它的主要功能在于，作为学术成果交流的平台，用来刊发学术研究成果，展现高校和其他研究机构的科研水平，促进科学研究，指导实践活动，推动社会经济发展。

高校学术期刊是我国学术期刊中的重要组成部分。目前，我国学术期刊有 6000 多种，高校学术期刊有 2400 多种，几乎占学术期刊重量的 1/3。在实现我国学术论文出版和传播学术思想方面起到了十分重要的作用。

高校学术期刊又称作高校学报。1998 年以前，教育部给高校学报的定义基本含义是"高校主办的反映本校教学科研成果的园地"；2002 年，教育部重新发布了文件，把高校学报定义为"学校主办的发表研究论文等高层次学术理论的刊物"。

高校学术期刊是随着我国高等院校的发展逐步发展起来的。根据有关资料，目前我国高等院校大部分建立了本校的学报，用来反映和促进本校的学术研究。中国科学评价研究中心、武汉信息管理学院教授邱均平教授 2015 年在《中国学术期刊评价报告》中把高校学术期刊分为四大类：理工类学报、农林类学报、医药类学报和人文社科类学报，这四类学报的数量分别是 492 个、50 个、126 个和 796 个。他根据学科不同对学术期刊进行了统计，以便对学术期刊进行评价。

2. 高校学术期刊的管理体制

从管理体制上看，我国高校学术期刊受到多重管理。总体上，最直接的管理是，所有高校学术期刊的出版发行受国家新闻出版署的管理，同时，在具体的管理上，受各省市的新闻出版局管理，并且由主办单位负责。

高校学术期刊的管理工作由专门的法规——国务院颁布的《出版管理条例》做出规定。由于高校学术期刊是我国文化事业和出版事业的重要组成部分，因此，应当遵守有关法律法规的规定。

国家新闻出版管理部门负责促进新闻出版广播电视业的发展，其方式和途径主要有八种。

一是负责拟订新闻出版广播影视宣传的方针政策，把握正确的舆论导向和创作导向。

二是负责起草新闻出版广播影视和著作权管理的法律法规草案，制定部门规章、政策、行业标准并组织实施和监督检查。

三是负责制定新闻出版广播影视领域事业发展政策和规划，组织实施重大公益工程和公益活动，扶助老少边穷地区新闻出版广播影视建设和发展。

四是负责统筹规划新闻出版广播影视产业发展，制定发展规划、产业政策并组织实施，推进新闻出版广播影视领域的体制机制改革。

五是负责监督管理新闻出版广播影视机构和业务以及出版物、广播影视节目的内容和质量，实施依法设定的行政许可并承担相应责任，指导对市场经营活动的监督管理工作，组织查处重大违法违规行为。

六是负责对互联网出版和开办手机书刊、手机文学业务等数字出版内容和活动进行监管。负责对网络视听节目、公共视听载体播放的广播影视节目进行监管，审查其内容和质量。

七是负责推进新闻出版广播影视与科技融合，依法拟订新闻出版广播影视科技发展规划、政策和行业技术标准，并组织实施和监督检查。负责对广播电视节目传输覆盖、监测和安全播出进行监管，推进广电网与电信网、互联网三网融合，推进应急广播建设。

八是负责印刷业的监督管理。

此外，还有负责出版物的进口管理和广播影视节目的进口、收录管理，协调推动新闻出版广播影视领域"走出去"工作等方面。

可见，国家新闻出版署担负着总的指导、规划和监督职能和作用，因而是我国学术期刊的总的指导监督机构。

各省市新闻出版局按照国家新闻出版署的要求对所在省市新闻出版业进行具体业务的管理和指导，处理具体的管理事务，履行监督职责，促进新闻出版广电事业科学发展。

学术期刊社所在的院校，是所办学术期刊的主办单位，负责对学术期刊的出版管理工作，执行上级部门的政策和要求，确保学术期刊的政治方向和正常运行。具体的编辑出版工作则交给学术期刊社，由具体的工作人员编辑出版。

因此，高校学术期刊必须在国家新闻出版署的领导下，在各级主管部门的管理下，由期刊社组织期刊的出版与发行。相应地，高校学术期刊媒介融合也应当是在上述管理体制下进行的学术期刊与新媒体技术的融合发展。高校学术期刊社是媒介融合的主体，是具体的执行者。

（二）高校学术期刊媒介融合机制的构成

高校学术期刊媒介融合机制是高校学术期刊与新媒体融合发展的各种因素相互作用、相互制约的关系和影响方式的总称。它由动力机制、制约机制等组成。

1. 动力机制

高校学术期刊媒介融合的动力来自学术期刊的自身发展需要，以及传媒业发展形势带来的生存压力。每一个学术期刊社都希望其出版的学术期刊具有良好的发展局面，对社会经济和文化具有良好的促进作用，进而获得社会的认可。一些具有良好的办刊环境和学术研究资源的期刊，则希望成为一流的学术期刊，引领国内学术期刊的发展，更好地为学术发展和社会经济发展服务。与此同时，新媒体的发展和网络技术的进步，使传统出版业面临着严峻的生存和竞争环境。

（1）内生动力

从媒介融合理论上讲，学术期刊利用自身的内容资源优势与新媒体融合，是其发展的需要。媒介发展需要建立在技术进步的基础上，而且技术进步必然促进传媒技术的发展和提高。作为传媒产业的发展动力来源，技术的发展必然引起产业技术水平的提高和生产方式的改变。通过引用传媒新技术，不仅提高了学术期刊的出版效率，而且提高了学术期刊的社会影响力，让用户获得更加优质的内容和服务。因此，高校学术期刊在新媒体发展中积极寻找和利用新技术发展和提高自身竞争力。

数字化技术也称为信息技术，是出版技术在数字信息时代的新技术，给出版及信息传媒带来了发展动力，由此，传统期刊出版业也加快了数字出版转型速度。欧美国家在20世纪80年代已经开始进行期刊数字出版，此后加速发展，形成了数字出版的浪潮。中国期刊的数字化兴起于20世纪90年代，并在2005年和2006年获得风险资本投资步入快速发展轨道。

数字出版是期刊进行媒介融合的基本形式。在数字化的基础上，期刊实现与网络运营结合，发展出手机网络版和其他终端网络版的网络期刊形态。例如，《读者》集团于2010年5月推出了自主品牌手持终端阅读器，12月其门户网站"读者网"又正式上线运营，"读者网"不仅建成了包括集团旗下所有期刊和其他千余种图书的数据库，还具备了在线阅读、下载、版权贸易等商务功能。①

在数字出版转型中，学术期刊社与大型数据库合作，将其生产的内容通过数字化在互联网上发布，初步实现了学术期刊数字化。同时，在编辑出版中，利用软件公司编制的编辑出版软件，初步实现了网上收稿、在线审稿和编辑加工。此外，一些学术期刊社建立了自己的网站，为读者提供更加周到的服务。

提高学术期刊的质量和增强学术期刊为作者和读者服务能力，把学术期刊办成有一定社会影响的著名期刊，这是很多办刊者的初衷和学术期刊发展的目标。因为只要这样，才能在众多学术期刊中脱颖而出，才能有更多的优质稿件，吸引更多的读者和其他用户。

近年来，国家有关部门加强了对优秀期刊的扶持，给予部分资金进行鼓

---

① 刘芳.《读者》电纸书在深圳面市［N］.中国青年报，2010－05－18.

励，这个做法一方面是对学术期刊中办得出色、社会反响好的期刊的肯定，另一方面也是对其发展进行的一种巨大鼓励。这种做法对很多学术期刊来说，成为其提高办刊质量、增强期刊竞争力的动力之一，也激励了学术期刊进行数字出版转型和媒介融合发展。

（2）外生动力

受众的需求变化是引起各种商品市场变化的根源。按照经济学理论，商品供给与需求是一对相互依赖的矛盾的两个方面。只有供给的商品符合需求，才能实现供求均衡。否则，供给不符合需求，就会产生供求不均衡，导致需求得不到满足，供给无法实现交易。这就要求商品生产者一定要按照消费者的需要从事生产活动，并随着需求的变化调整生产活动。

传媒产业是提供文化信息产品的产业，提供的产品也是商品，因而也必须遵循市场经济原则和规律。如果传媒产业生产的文化信息产品落后于市场需求，那么必然会导致市场萎缩，用户减少，其发展陷入困境。

20世纪90年代以来，新媒体成为传媒产业中的新秀，深受用户欢迎，其市场日益扩大。特别是互联网技术的发展和应用，使网络传播成为信息传播的主要渠道，围绕着网络传播发展出信息产业中的一种新兴传媒领域——网络产业。网络具有多媒体性、传播范围无限性和互动性。网络技术的发展，引起了用户需求的巨大变革，大大改变了传统出版和信息传播方式，也改变了学术期刊的生存态势。

新媒体时代背景下，期刊媒介受众的需求由单一的阅读转化为多元化，由被动接收转化为主动选择，由单向传播转化为互动交流，由单一渠道转化为多渠道，由单一媒体转化为多媒体。个性化、多样化、多方式、多渠道成为受众获取信息的新特点。收入、文化和消费习惯等方面的差异使读者的生活方式、消费理念不再趋同，其需求变得多样化。使用手机上网的人们数量巨大，而且使用者通常是年轻、收入高、工作紧张、生活节奏快和媒体利用率高的消费群体，也是最具活力的消费群体。可以说，受众的需求是媒介融合的外在驱动力。①

通过媒介融合，学术期刊传播主体发生了变化，传统期刊传播信息主要在编辑与作者之间，媒介融合之后，传播主体是社会公众、编辑和作者，每个受众都可以成为信息的生产者和传播者，而他们交往的平台则是学术期刊数字信息平台。

2. 引发机制

引发学术期刊媒介融合的力量是技术进步。技术进步是媒介融合的决定因素。传媒产业是建立在技术进步基础上的产业领域，报纸、广播、电视和杂志离不开通信技术和信息技术，并且随着技术而发展。每次技术革命都带来通信技术的变革。3G 技术也促进了传统期刊的媒介融合。传统期刊产业在手机媒体这个新平台上获得新的发展。手机媒体可以像传统期刊那样更加具备目标受众选择合适的内容表现形式，加强与读者和用户的互动性，传统期刊可以按照用户需要，为读者量身打造出版内容。

董艳华（2009）认为，实施 3G 技术后，传统期刊可以在 3G 平台上建立自己的期刊传播信息网站。传统期刊可以利用自身拥有的专业性强、作者队伍稳定、内容资源丰富等优势，使用户可以迅速便捷地通过 3G 获得多媒体信息。同时，3G 技术还将促进传统期刊通过手机平台收取信息费，从而比在网络上收费更加方便，以此增加期刊的盈利。②

技术进步引起媒介创新，进而引发媒介融合。其主要表现如下。

第一，媒介渠道创新。信息技术和网络技术使媒介渠道改变和流畅。在信息传播渠道上，在广播、电视、电信、报刊的基础上，网络传播已经发展成为媒介渠道新秀，互联网信息可以迅速抵达世界各个角落，只要存在信息接收终端并在信息网络覆盖的范围中，任何人都可以通过网络系统获得所需信息。学术期刊利用网络平台出版发布内容信息，是信息技术和网络技术在学术期刊出版上的应用，是发布渠道的创新，对于提高出版水平、扩大学术

①　董艳华 . 媒介融合与我国期刊的发展［J］. 新闻爱好者，2009（10）：192 - 193.
②　董艳华 . 媒介融合与我国期刊的发展［J］. 新闻爱好者，2009（10）：192 - 193.

影响具有极大的促进作用。学术期刊与网络的联合也是媒介融合的重要体现，是学术期刊与新媒体融合发展的重要途径。

第二，媒介形态创新。学术期刊利用信息技术和网络技术，把内容发布到网络中，读者通过网络搜索和下载，就可以阅读相关内容，获得阅读体验，摆脱了纸的形态限制，实现了学术期刊形态创新。特别是网络期刊的出现和发展，学术期刊可以直接在网络上编辑出版和发行，不仅缩短了学术期刊出版发布周期，还可以实现编辑、作者与读者的互动，进一步方便了用户，扩大了影响。同时，电子形态的网络期刊不受纸张页码限制，可以按照需要实现单篇出版发行，提高了学术期刊的内容容量，提高了学术期刊的刊发文章数量。

第三，出版方式创新。传统期刊出版方式是纸质出版和发行，出版周期长，耗费纸张多；媒介融合中的网络学术期刊则是通过网络出版系统处理审稿、编辑、出版和发行等一系列环节，大大提高了学术期刊编辑出版效率。出版方式的转变，对于传媒产业的发展方式转变也产生了巨大影响，传媒产业的媒介融合速度加快，增强了传媒服务功能。

3. 制约机制

高校学术期刊数字出版是数字化的基本途径。按照一般的理解，期刊数字化是指对传统的期刊内容用数字化工具进行数字信息传播，具体地讲就是进行网络化传播。网络技术的发展使越来越多的人习惯于网上阅读。在此形势下，许多期刊建立了自己的网站，发布了网络版期刊内容，这种现象被人们称为期刊数字化。

随着数字化、网络化社会影响的迅速扩大，为了适应期刊数字化趋势，一批以学术期刊数字化或数字化经营为核心的企业，开发出数字化期刊系统软件，建立了以学术期刊内容为对象的期刊数字库和数字化平台，对期刊内容进行网络传播和再利用，并围绕着期刊数字化进行了相关信息服务等，获得了很好的经营成果。

但是，尽管期刊数字化发展趋势良好，由于多方面因素的制约，期刊媒介融合并不顺利。制约学术期刊媒介融合的因素主要有产业组织和政策、管理体制和技术难题等。

我国高校学术期刊是高等院校的一个从事学术成果公开发表的机构，各个学术期刊社并不是独立的法人机构，其一切方面都要受到所属高校的领导和管理，不仅缺乏经营自主权，还缺乏人事权，所需要的经营资金并不是自有资金，而是各个高校拨付的经营资金。可见，高校学术期刊社不是一个具有自主产权的真正的法人机构。这就决定了高校学术期刊社不能自主确定媒介融合的一系列问题。刘毅（2008）认为："我国的媒介产业是在事业单位性质不变的前提下进行产业化经营，因此，我国的媒体之间的融合形成的媒介融合集团是行政力量推动和主导的，而不是市场力量的作用的结果。由于历史的原因，我国媒体形成了'条块分割、以块为主'的格局，存在部门、行业利益以及地方利益的障碍，我国媒体融合这种行政联姻方式并不能够做到资源的优化配置，不能够有效地形成传媒产业的规模经济和范围经济效应。"①

我国学术期刊的制度安排延缓了媒介融合进程，导致学术期刊长期处于数字化的初期阶段。尽管有国家产业政策的激励和主管部门的鼓励，因为要突破这种制度上的安排具有不可实现性，高校学术期刊社也只能在现有体制下慢慢进行改进，才能够在新媒体冲击下逐步实现媒介融合。

学术期刊管理体制是制度的产物，因而受到制度的制约。在现有管理体制下，省市新闻出版广电局负责具体的管理事务，对学术期刊进行直接领导和监督。只有符合有关政策，学术期刊才能够开展相应的活动。这种做法具有管理直接、集中和高效的优点，但在一定程度上也制约了学术期刊媒介融合，使媒介融合在政策制度框架内创新方式和途径。

媒介融合自身的规律也制约了学术期刊媒介融合。从经济学理论上看，媒介融合一方面可以产生规模经济和范围经济效应，另一方面也会加大组织管理成本。如果媒介融合造成了规模不经济，则会增加管理的难度和管理成本。事实上，组织最优边界是实现规模经济和范围经济的最优边界，超过了

---

① 刘毅. 媒介融合的传媒经济学理论阐释 [J]. 现代视听，2008（8）：26 – 29.

边界，就会造成组织管理成本大于媒介组织间市场交易成本，进而造成规模不经济。我国媒介组织管理成本较高，原因在于当前我国媒介融合是在行政力量支配下进行的。在行政命令下的媒介融合，不能够按照市场规则要求进行融合，在某种程度上只会增加媒介组织的管理成本。媒介融合应当主要由市场力量推动，而不是由行政力量推动。

　　学术期刊媒介融合还受到有关管理制度的制约。在现有的管理制度下，学术期刊存在着一系列的相关制度，例如，学术期刊的页数规定、连续出版、定期出版、版权规定、报送审核要求等，都对媒介融合产生相应的影响。学术期刊媒介融合后的一系列问题还没有解决，很多方面需要改革创新。媒介融合后的学术期刊，要出版网络期刊、多媒体数字期刊（包括手机版、电子纸刊）、数据库等。传统期刊融合新媒体产生互联网多媒体、超链接、互动性等特点，既要满足读者的基本阅读需要，又要满足受众互动参与和接收多媒体信息的个性化需求。这些都需要相应的管理制度创新。

第六章　高校学术期刊媒介融合模式

　　学术期刊等传统出版业通过利用网络技术和信息技术实现传统媒介和新媒介融合发展，对传媒产业的在新媒体环境下转型发展具有积极的推动作用。国内外的传媒业为了适应新媒体时代和大数据发展的需要，适应新媒体时代受众需求的变化，纷纷进行了媒介融合，并取得良好的效果。国内外媒介融合的实践给我国学术期刊进行媒介融合提供了经验，总结这些经验，结合我国学术期刊的实际情况，选择科学的媒介融合方法，具有积极意义。本章在总结分析国外学术期刊媒介融合经验的基础上，对高校学术期刊媒介融合的基本模式进行了研究，提出了学术期刊媒介融合模式选择和创新等观点。

一、学术期刊媒介融合的政策方向

（一）文化产业政策为媒介融合指明方向

　　文化产业是国民经济的重要产业，对于提高国民素质、丰富人民的精神生活和文化素养具有不可替代的作用。它担负着提高一个社会的精神文明、积累和传播民族文化、发展文化事业、促进国际文化交流等方面的任务，是一个国家软实力的体现。在我国，文化产业也是文化事业。我国文化产业政策为从事文化事业的发展提供了指导，也为高校学术期刊媒介融合指明了方向。

　　文化产业的特征在于，它以文化为资源，向社会提供文化产品和服务，目的是为了满足人们的精神文化需要。文化产业的主体用产业的方式发展文化事业，并通过其经营活动，实现盈利，发展壮大。许多文化产业在国家政策的支持下在产业运作上取得了辉煌的业绩和较大的发展，如广播电视、文艺演出、音像出版、图书、报刊等，在国民经济中占有重要的地位。

　　文化产业历来受到国家政策的重点关注和大力支持。2002 年 11 月，党的十六大报告提出："发展文化产业是市场经济条件下繁荣社会主义文化、满足人民群众精神文化生活需求的主要途径。要完善文化产业政策，支持文化产业发展，增强我国文化产业的整体实力和竞争力。"文化产业的发展与传媒产业密切联系，新媒体迅速发展的情况下，国家有关部门作出了加快传统媒体与新媒体融合发展的决定和政策指示，为促进媒介融合提供了政策依据，也加快了学术期刊媒介融合的步伐。2015 年 3 月 31 日，国家新闻出版广电总局和财政部联合下发了《关于推动传统出版与新兴出版融合发展的指导意见》（简称《意见》），《意见》指出："推动传统出版与新兴出版融合发展，把传统出版的影响力向网络空间延伸，是出版业巩固壮大宣传思想文化阵地的迫切需要，是履行文化职责的迫切需要，是自身生存发展的迫切需要。"《意见》从指导思想、基本原则、工作方向、重点任务等方面提出了具体要求。这为学术期刊与新媒体融合发展提供了政策依据。

　　（二）高校学术期刊媒介融合的基本原则

　　对于高校学术期刊媒介融合来说，相关政策的引导和体制、技术等因素一样具有十分重要的作用，为学术期刊媒介融合提供了指导原则。根据《关于推动传统出版与新兴出版融合发展的指导意见》的总体要求，学术期刊在进行媒介融合时需要遵循两个原则：

　　1. 明确指导思想，按照中央精神实现融合发展

　　《意见》明确指出，在传统出版与新兴出版融合中，必须以邓小平理论、"三个代表"重要思想、科学发展观为指导，深入贯彻落实习近平总书记系列重要讲话精神，贯彻落实中央关于全面深化改革的重大战略部署，坚持以先进技术为支撑、内容建设为根本，充分运用新技术，创新出版方式，提高出版效能，进一步提高学术期刊出版的影响力传播力和竞争实力，推动学术出版更好地发展。

2. 坚持媒介融合的基本原则

首先，坚持党管学术期刊的出版，把坚持正确政治方向和出版导向贯穿到学术期刊媒介融合的各个环节、全过程，自觉体现社会主义核心价值观，始终坚持把社会效益放在首位，努力实现社会效益和经济效益有机统一。其次，坚持正确处理学术期刊传统出版和新兴出版关系，以传统出版为根基实现并行并重、优势互补、共同发展。再次，坚持强化互联网思维，积极推进理念观念、管理体制、经营机制、生产方式创新。最后，坚持学术期刊传统出版与新兴出版方式一体化发展，推动二者实现出版资源、生产要素的有效整合，坚持内容为本、技术为用，坚持内容为体、技术为翼，运用先进技术出版先进文化。此外，要重点突破和整体推进相结合，因地制宜，积极探索，差异化发展。

（三）高校学术期刊媒介融合的目标

根据《意见》中提出的传统出版与新兴出版融合发展的工作目标，高校学术期刊媒介融合要结合自身，实现未来媒介融合的目标是：

按照积极推进、科学发展、规范管理和确保导向的要求，立足学术期刊传统出版，发挥内容优势，积极运用先进技术，切实推动学术期刊与新兴媒体在内容、渠道、平台、经营、管理等方面深度融合，实现出版内容、技术应用、平台终端、人才队伍的共享融通，形成一体化的组织结构、传播体系和管理机制。

高校学术期刊是文化产业中传统出版传媒业的一个组成部分，它的发展受到文化产业政策的影响和制约，也和传媒业的发展方向一致，因此，它的媒介融合规律和特征是和传媒业媒介融合的规律与特征相一致的。高校学术期刊在进行媒介融合时可以借鉴其他传媒业的规律和经验。目前，传媒产业媒介融合已经开始形成自身的规律，具有独有的特征，这些为高校学术期刊媒介融合提供了可以借鉴的思路。

二、国外期刊媒介融合经验借鉴

期刊是文化传媒产业中出版业的一个组成部分，面对新媒体时代的媒介融合浪潮，没有置身事外，而是积极投入到媒介融合大潮之中。自 2010 年以来，电子阅读器的发明和广泛使用、社交媒体（SNS）备受热捧，期刊网站广泛建立，期刊出版出现了新局面。期刊网站的经营、数字期刊市场的扩大、与社交媒体的整合及移动媒体的使用，使期刊更多地参与数字出版中，而更加快捷的信息传递、更加灵活的媒体互动、更多的网络技术应用等，构成了期刊未来发展的方向和趋势。

（一）国外期刊媒介融合的发展

国外期刊的媒介融合体现在很多方面，从对新媒体技术的应用来看，主要体现为网站应用、移动媒体使用和社交媒体的使用。这与新媒体技术的发展和应用紧密联系。罗艺（2011）认为："鉴于新技术的日新月异，人们阅读方式和阅读习惯的变化，期刊数字化也要求变求新。"他引用了一组数据说明人们在新媒体时代的阅读行为："数据显示，86% 的人喜欢甚至非常喜欢他们的数字阅读体验；57% 的人会在数字期刊送达的那天阅读——比 2009年上升了 16%；50% 的人每天花超过半小时的时间阅读数字期刊；58% 的人会去访问登载的广告网站；40% 的人会给朋友发一封数字文章的邮件。"[1]

网站建设是期刊与新媒体融合的基础。国外期刊网站建设发展很快。作为期刊的网络发布渠道，网站努力采取各种方式吸引读者。《国家地理》是一个具有 100 年历史的以会员为基础的杂志，具有长期忠实的核心读者，同时也有一批年轻的读者。其有一个网站叫 Your Shot，读者可以将自己拍摄的照片上传到这个网站，供其他人欣赏。这是一个成功的共享平台，有了这个平台，普通人也可以展示自己的摄影作品，而不需要经过杂志编辑的严格遴选，从而降低了普通人发布摄影作品的门槛。通过这种方式，网站吸引了大批的用户。

在期刊网站经营中也有遇到很大困境的现象。由于获取信息的渠道多样化，许多期刊网站的访问量不仅上升缓慢，甚至有的在下降，尤其是新闻类杂志网站的访问量在持续走低。期刊网站需要做出更加引人入胜的内容来吸

---

① 罗艺. 论国外期刊的数字 IQ［J］. 今传媒，2011（11）：45 – 46.

引读者和用户。尤其是通过对于移动媒体的使用，期刊网站扩大了市场。

很多期刊致力于移动媒体的开发和使用。它们通过开发各种手机程序来扩展它们值得信赖的品牌影响力，试图为用户打造一个"在旅途"（on the go）数字生活。据 MPA 网站的统计结果，近 1000 种期刊推出了相应的移动终端应用程序。电子阅读器等设备的拥有者是期刊的忠实爱好者。数据显示，1/3 的在线成年人想在阅读器上阅读期刊。在电子阅读器上进行阅读的内容排名，第一是图书，第二是杂志，第三是报纸。

相对于小型或者中型期刊，大型学术期刊出版机构也更加愿意充分利用网站为移动终端设备服务。对于移动终端设备的青睐还来自收费业务。借助移动终端设备这个平台，很多期刊社利用移动终端的应用程序展开收费业务。把印刷版期刊与数字版期刊捆绑收费是一个有利的选择，二者捆绑能够给期刊社带来更多的收益。因为对于许多期刊订户来说，印刷版期刊仍有一定的吸引力，他们愿意保留一些种类的印刷版期刊。而对于新的订户来说，他们愿意为高质量的互动内容付出超额价值。

移动媒体终端具有自身的特点，例如，利用移动媒体终端可以使读者在任何时间、任何地点访问期刊网站，搜寻所需要信息，下载和阅读有关内容。也要看到，移动媒体终端的屏幕不如电脑界面宽大，屏幕较小，只能阅读很小的界面内容。此外，移动媒体终端的电源储量有限，不能长时间在线，在非特殊情况下只能短时间在线阅读。因此，移动媒体终端对于内容的界面设计比较独特，内容设置需要精心安排。根据这些特点，罗艺（2011）总结了一些国内外移动媒体内容设计的经验为期刊网站建设提供借鉴。一是尽快找到重点，因为使用移动工具的人们找信息的时间有限。二是以最有效率的方式找到信息，因为移动工具的访问者总是在寻找特别的信息，他们不可能像浏览电脑一样浏览手机。三是简单化。如果有一条重要信息，务必将其同时放置在页面的顶端和低端，因为大多数读者是从上至下滑动手机界面去浏览网站。四是要避免通过复杂的路径寻找重要的信息，通过设计使得读者能够尽快地找到网站。

国外期刊非常重视对社交媒体的使用。Facebook、Twitter 等在国外是非常流行的社交媒体，深受用户的欢迎。期刊社与社交媒体合作，利用社交媒体网聚人气以扩大影响，拓展读者群。《国家地理》在 Facebook 上是仅次于迪士尼和 MTV 的第三大媒体品牌。《Virtual》杂志开发出网络平台——InX-po，包揽了社交媒体格局使用和交互游戏等功能。用户可以使用社交媒体的功能而不需要离开 Virtual 网站环境。期刊社还利用社交媒体开展各种营销活动，使营销活动更加容易。期刊出版商们通过举办活动促进参与、加强读者与期刊的联系，增加读者在 Facebook 的访问量。

（二）国外学术期刊媒介融合的做法和经验

国外学术期刊发展历史悠久，一些著名的学术期刊已经成为具有国际性重大影响的期刊，在国际学术期刊领域享有盛名，被众多的读者和研究人员所推崇。随着数字出版技术的成熟和发展，国外很多学术期刊也早已开始了媒介融合历程。

首先，国外大型学术期刊的出版在数字化和网络化方面发展迅速，数字内容和网络传播成为学术期刊的基本形态特征。

许多国外大型出版集团都是集出版图书和期刊为一体的，其所出版的学术期刊种类很多，有的甚至高达数千种学术期刊。例如，Springer 出版集团早在 2006 年就出版了 1250 种学术期刊。目前，Springer 已经成为世界上著名的科技出版集团，通过 SpringerLink 可以提供 1842 种学术期刊，为科研人员提供全文电子期刊下载服务。由于学术期刊出版的学术研究成果更新速度快，比较适合数字化出版和网络化传播，学术成果受到这些大型出版集团的高度重视，并为出版社带来了丰厚的利润。

大型出版集团在学术期刊出版中，主要是通过数字化和网络化实现媒介融合的。包括 Thomson、John Wiley、Springer、Elservier 等在内的大型出版集团，早在 20 世纪末期就开始向数字化出版、网络化传播的方式转变，甚至很早实现了数字化转型。

数字化转型首先表现在出版环节的数字化。传统出版产业一般包含四个环节：收集稿件（信息采集）、编辑加工、印刷和发送。而数字化出版的学术期刊只需要运用数字化编审系统进行编辑、审稿和发布，在写作和编辑环节，作者自身需要对已写作好的稿件进行价格修改并做一些编辑工作，所有的投稿、审稿和同行评议都是在网络上进行的，传统意义上的印刷环节演变为数字网络下载的数字化加载及各种格式的电子书或者电子文件制作，编辑和发布合二为一。eGloo Technologies 开发出了 XML 标准语言，促进了电子终端的信息加载，加速了信息加工和发布流程。编辑业务被融合到印刷部门，印刷企业也拥有文字编辑业务，信息加载过程通时为信息发布过程。为适应这种变化，美国 Westchester 出版服务公司把编辑、信息加载和发行等环节进行组合，根据需要发布 Apple、Kindle、Nook 及 PDF 等不同格式文档服务。

其次，以在线方式实现网络出版，通过学术期刊数据库实现网络传播。

目前，一些著名的国际学术期刊逐步取消传统印刷版，只以数字出版形态存在。著名的英国医学期刊 BMI 在线全文出版，印刷版只提供论文概述。美国科学院报（PNAS）、美国化学协会（ACS）印刷版只提供论文目录及摘要。很多著名的学术期刊都是在线提供论文全文，用户可以在很短时间内获取全球范围内专业的文献数据、最新研究成果，了解研究进展，提高了研究效率。印刷版只提供论文的目录和摘要，需要全文信息时可以通过扫描 OR 码在线获取。按需出版是很多学术期刊采取的印刷版期刊出版形式。有的学术期刊也根据客户需要运用 JournalsXpress 等数字技术进行小批量印刷。①

国外大型出版社通过建立大型学术期刊数据库，收录数千种学术期刊发表的论文，读者可以通过数据库搜索获取所需的论文资料，实现了传统学术期刊与网络信息技术的结合，也实现了学术期刊在新媒体时代的出版现代化和网络化。

以 SpringerLink 为例，SpringerLink 是世界科技出版社斯普林格（Springer-Verlage）推出的数字出版全文数据库，目前收录 1800 多种学术期刊，其中大部分论文被 SCI、SSCI、EI 收录。

当前日益发展壮大的开放存取（OA）期刊也是建立在网络出版传播技术基础上的媒介融合新形式。它借助数字信息和网络技术，按照一定的开放

---

① 原方平．移动场景下的国际学术期刊出版趋势［J］．新闻爱好者，2015（10）．

存取形式，将作者的论文存储在大型学术数据库中，读者可以自由获取并使用。这种新的论文发表和存取形式极大地促进了学术论文及时发表和迅速传播。

再次，开发和利用音频和视频传播学术研究成果的方式，以动态、立体的方式展示给读者学术信息。

随着互联网技术的快速发展，人们的阅读习惯和阅读需求出现了快餐式、碎片化和舆论化的趋势。学术期刊虽然用来宣传科学知识和传播学术成果，是阳春白雪性质的内容，对于普通读者来说内容比较枯燥和呆板，但是，这种印象是传统出版技术造成的，不是本身必须以这种形式来出现的。相反，在新媒体时代，人们更需要快餐式、碎片化和娱乐性的阅读体验。即使是学术研究成果也可以借助光电声像实行信息传播，获得用户的青睐。在此背景下，国外学术期刊开始探索和开发利用音频和视频的渠道展示及宣传学术成果的途径。

以国际上著名的学术期刊 *Nature*（《自然》）为例，它在 2006 年建立了视频实验期刊，这是一个专门展示可视化实验的期刊，也是世界上第一个科技视频期刊。这种利用视频进行学术成果宣传的学术期刊，受到读者关注和好评，它帮助研究者节约了查询和搜索信息的时间。目前，视频和音频已经成为全美期刊快速发展的途径之一。①

Nature 非常重视视频和音频在宣传学术成果中的作用，并且在其官网上设立 "Audio & Video"，对学术论文思想和关键实验进行动态设计，帮助读者领会文章的核心思想内容。由于其出自论文内容的视频和音频质量高、画面唯美、生动形象，给读者留下了深刻的印象，吸引着读者的注意力，帮助读者把握文章的思想内容。张新玲和谢永生（2017）研究了 *Nature* 新媒体应用策略，他们举例说，2017 年 3 月，*Nature* 发布了一个视频 "*The mystery of mosquito flight*"，该视频的画面十分精美，对视觉具有强烈的冲击力。而这个

---

① 张新玲，谢永生. 国外顶级学术期刊《Nature》新媒体应用研究［J］. 科技与出版，2017（4）：75 – 76.

视频的思想内容是来自 *Nature* 上的一篇文章 *Smart wing rotation and trailing - edge vortices enable high frequency mosquito flight*，是对其内容动态的立体展示，以文字为形式的枯燥而单调的学术论文在这里变得生动、富有感染力，促进了学术成果的传播。

最后，重视学术期刊科研成果的新闻性，并在网站中设立相应的链接。学术期刊刊载的论文具有学术性，这是公认的事实和人们重视的方面，但是，它也和其他媒体传播的信息一样具有新闻属性。由于人们过于重视它的学术性，才因而忽略了其新闻学。国外学术期刊出版机构则充分认识到二者都是学术论文值得重视的性质和价值所在，因此，通过网站设置相应的栏目进行链接，使其新闻性得到发挥，化刻板为灵活，化无趣为神奇，吸引了非学术研究者的注意力，对媒介融合起到了良好的效果，促进了学术期刊与新媒体融合。

张新玲和谢永生（2017）研究了国际上著名的学术期刊 *Nature* 的做法，认为正是长期重视期刊学术性和新闻学的结合，恰当地将学术期刊与新闻媒体的特点结合起来，才使其成为科技学术期刊的"常青藤"。*Nature* 是最早建立学术期刊门户网站并专门开通了新闻、广告和职场的网站。

Nature 在其网站主页上设立了独立的新闻频道"*News & Comments*"，对学术界最新研究成果和观点进行报道，使读者可以借此及时地了解学术研究成果的进展。此外，与新闻相关的栏目至少有 3 个，占据 *Nature* 栏目的几乎 1/2，其占有的页码数量也高达几乎全部页码的 1/3，足见其对学术研究观点和成果的新闻性所做的重视程度。*Nature* 有 7 个栏目，分别是 Editorials、News、News Features、News& Views、Review、Articles、Letters。可见，有 3 个栏目是关于研究成果新闻的。

此外，学术期刊在营销和传播方面采取多种形式，这些形式包括网站、搜索引擎、社交网络、电子邮件、网上新闻发布等。在营销上，通常采取联盟营销方式，由联盟会员、广告主和联盟营销平台三大要素组成网络营销机构，利用其提供的网站，扩大销售渠道。数字营销成本低廉，对象精准，效率高，学术期刊传播快，用户可以以最简便的方式、最低的成本获取信息内容。学术期刊的受众分散、小众、专业，利用精准的数字化营销和借助社交手段进行传播，非常有利于学术期刊扩大影响。在学术期刊传播中，论文题目、摘要和作者简介等具有十分重要的作用，搜索引擎和社交媒体可以借助这些关键词进行搜索，从而吸引潜在用户的关注。

三、我国高校学术期刊媒介融合进展

在新媒体主导传媒产业发展趋势的背景下，媒介融合已成为传统媒体生存与发展的必然选择。在传媒产业融合发展中，高校学术期刊以学术成果为资源优势，积极利用互联网和新媒体技术，不断地探索媒介融合的方式途径，取得了显著的成效。但是，与传媒产业媒介融合的大环境相比，高校学术期刊媒介融合的步伐还很落后，还是过多地囿于传统出版方式中，与新媒体的融合还很不够深入。高校学术期刊如何在发挥传统优势的基础上，找到自身与新媒体融合的途径，这是学术界亟待解决的现实问题。

（一）学术期刊媒介融合的现状

在信息技术和网络技术的促进下，自 20 世纪 90 年代以来，我国学术期刊已经开展了利用网络技术和计算机技术进行媒介融合的尝试和探索，并取得了一定的成果。但是，学术期刊媒介融合并不没有达到人们所希望的效果，只是融合的初始阶段，还需要进一步从理论上和实践上进行探索。

李艳（2015）① 在《学术期刊媒体融合现状与融合模式》中从内容生产和传播两个方面分析了学术期刊媒体融合的现状，认为我国学术期刊尽管大部分已经通过数据库实现了学术期刊的数字化改造，但在期刊网站建设、利用新媒体手段提升传播能力等方面发展缓慢。她提出，学术期刊应善于利用各种新媒体手段加强与读者互动，提升期刊内容质量；借助网络出版公司，实现期刊内容生产和传播的数字化；依靠专业数字出版平台实现优先出版及数字化传播。这里体现了学术期刊媒介融合的几个表现形式，根据这些表现

---

① 李艳 . 学术期刊媒体融合现状与融合发展模式 ［J］. 科技与出版，2015（9）：65 - 69.

形式，可以分析学术期刊媒介融合的现状。

1. 调查数据显示的结果

为了反映我国学术期刊媒介融合的发展状况，切实弄清楚学术期刊媒介融合的实际情况，2018年5月，我们设计出具体的调查表，提出了16个反映媒介融合情况的问题，通过网络在高校学报群中发放437份调查问卷，收回338份问卷，去除无效问卷，获得316份有效问卷。通过这些调查问卷，我们可以初步了解当前学术期刊媒介融合的进展与现状。

根据本次调查统计结果，我们得到一些数据。

92.7%的学术期刊使用了网上投稿系统，借助投稿系统，可以实现网上投稿、初审复审和终审。这个系统是利用互联网开发的数字信息系统，对于方便论文的投稿和审稿，提高效率。这是学术期刊利用网络技术和信息技术的基本方式。

52.6%的学术期刊使用了微信推送，说明微信这种新媒体在学术期刊传播中还十分不足，大多数学术期刊并没有采用这种新媒体技术。手机的普及和微信的推广，已经为微信传播提供了良好的条件，但是，由于技术等方面的原因，众多学术期刊还没有利用微信传播技术来扩大学术期刊的影响。

98.1%的学术期刊与中国知网等大型期刊数据库建立了合作关系。说明学术期刊普遍认可大型数据库平台在传播论文方面的优势和作用。这是媒介融合的重要途径。

99.3%的学术期刊没有利用大数据技术为用户提供有关信息服务。说明大数据技术的利用还只是在理论阶段，具体的实践活动还没有在学术期刊上开展。

78.6%的学术期刊认为没有自己的独立网站，这可能与对独立网站的观点有关，也与实际基本吻合。因为大多数学术期刊是依托所在高校的主页建立的网页，因此，很多学术期刊没有建立独立的网站是很普遍的。

我们设计的调查问卷还包括优先出版（13.4%）、网页丰富多彩（20.5%）、有专人负责网站（0.56%）、手机版（1.8%）等内容。

2. 学术期刊媒介融合的广度与深度

从广度上看，当前学术期刊媒介融合已经从纸本内容数字化这个基本的形式，向更加广泛的内容与形式的融合转变，极大地扩大了学术期刊媒介融合的广度。

谢暄、蒋晓和何雨莲等①认为，目前学术期刊主要进行了四个方面的融合。

一是内容融合。包括内容挖掘与拓展、丰富内容表现形式两个方面。通过内容融合，实现了内容的再利用和再挖掘，并在形式上体现为多种丰富的形态，如"纸媒与互联网""纸媒与手机终端""纸媒与电子期刊"等，利用新媒体，加强了编辑、作者与读者互动。

二是服务融合。利用互联网平台，促进刊网融合，通过数据挖掘，满足用户对内容、阅读方式等多方面的需求；或者利用微信公众号实现与用户的互动。由过去的"内容为王"转型为"内容为王"与"服务至上"共进。

三是采编融合。利用新媒体信息平台加强学术期刊编辑工作，包括使用采编系统进行审稿、利用微信平台进行审稿与互动，微信群进行组稿，发布编辑出版进度信息和稿件录用情况等。

三是传播融合。利用微信、公众号、微博等实现学术期刊营销与传播，进而降低传播成本，扩大学术期刊受众群体和内容影响力。在期刊移动媒体端（如微信、微博）建立行业数据库入口，引导访问流量进入数据库期刊内容下载页面，提高期刊显示度。

以上四个方面从广度上体现了学术期刊的媒介融合程度，表明了我国学术期刊实现了一定程度的媒介融合。但是，在深度上还存在巨大不足。主要体现在：与国外学术期刊相比，我国学术期刊在内容融合上不够深入、形式不够灵活；在服务融合上只是实现了网上查询服务和期刊每期目次公示，很少可以在自身网页上进行在线阅读，没有实现对用户按需服务；在采编融合

---

① 谢暄，等．"融"时代下学术期刊媒体融合发展策略［J］．编辑学报，2017（3）：218 - 221.

上还没有完全实现 App 端、PC（个人计算机）端和新媒体端的采编融合；在传播融合方面，大部分学术期刊还没有充分利用新媒体实现内容传播。前面的调查数据也支持了这个观点。

（二）我国高校学术期刊媒介融合途径与方式

有的学者结合期刊媒介融合的现状，把期刊媒介融合分为两种形式。一是期刊业和其他媒体之间的整合与并购，形成具有多种媒介单位组合的大传媒集团。二是期刊和其他媒体之间的交融与互动，也就是期刊通过不同媒介之间出版方式和内容的相互借用，实现媒介功能重新组合和媒介资源重新配置。①

从我国高校学术期刊媒介融合的现状看，其主要方式可以划分为以下几类。

1. 学术期刊与其他媒介的整合

首先，高校学术期刊社与图书出版社的合并。由于都是平面媒体的出版和传播，很多高校把这两个部门合并到一起，便于管理和发展。这是高校学术出版与图书出版机构的组合，我国高校学术期刊普遍采用这种方式，这是在高校内部进行的出版单位组织融合。严格地说，这种组合不是我们所说的传统媒体与新媒体的媒介融合。

其次，高校学术期刊业与其他非出版业组织的联合并购行为。通过这种跨行业的并购与联合，成立传媒集团，实现范围经济。这种组织上的联合在我国并不普遍，也很少发生。主要原因是我国高校学术期刊在行业管理上具有自身的特点和要求，高校管理者不会也不可能放弃对学术期刊的直接管理。

2. 学术期刊业同类期刊基于新媒体技术的联合

这种联合的目的有三个。

一个是在联合的基础上谋求扩大社会影响，实现更加巨大的社会效益。因为单个学术期刊一般不具备规模效益，社会影响相对小，联合起来会增加

---

① 董艳华. 媒介融合与我国期刊的发展 [J]. 新闻爱好者，2009（10）：192 – 193.

该类学术期刊的影响力，因而具有联合的强大动力。目前，一些科技类期刊采用了这种方式，一些高校文科学报也在积极探索联合的途径。

二是便于建立统一的网络出版平台，这是基于数字出版转型的目的进行的联合。因为高校学术期刊的管理和运行是统一管理、分开经营，因此，普遍存在规模小、资金不足、发行量小、社会影响小等问题，一家期刊社在进行数字化出版上难以达到规模要求，在技术、资金和人才等方面都存在极其巨大的难题，很难建立起独立的网络出版平台，即使建立了平台，也存在一系列的操作或运营难题。

三是便于更加方便地服务于读者和作者。同类学术期刊聚合成为一个整体，便于作者投稿和读者搜索阅读。作者通过登录某个期刊所在的网络平台，不仅可以获得所需要的内容，而且还可以同时获得其他方面的内容。这是单个期刊与其他同类期刊联合带来的优势。

3. 高校学术期刊与大型数据库学术期刊出版平台合作实现网络出版

高校学术期刊数字化是传统学术期刊出版与新媒体融合的普遍现象和基本途径，也是学术期刊网络出版的前提和基础。目前大部分高校学术期刊都实现了数字化，数字化的基本途径是与大型学术期刊数据库出版平台合作，在数据库的作用下将期刊的内容借助数字技术，按照一定的文档格式储存在数据库，以便用户搜索、下载和阅读。在大型学术期刊数据库出版平台上，整本的学术期刊内容转化为单篇论文，以单篇论文为单位出现在数据库。这是学术期刊数字化和网络出版的基本方式。

吴星（2016）研究了河北省学术期刊数字化的状况，在研究中发现，161家学术期刊中有152家期刊均被数据库收录，其中，被中国知网、万方、龙源和维普数据库四家期刊数据库全文收录的学术期刊占90%，此外，还有其他一些数据库或者数据出版平台进行了收录，如超星法源全文数据库、中国科技论文在线、91阅读网、豆丁网等。①

---

① 吴星. 河北省学术期刊数字化发展机创新研究［J］. 河北科技师范学院学报：社会科学版，2016（1）：119－122.

高校学术期刊加入数据库，只是实现数字化的第一步。它借助网络实现了期刊内容的查询、获取，从而实现学术论文立体化、数字化传播。在广义上，还需要在互联网技术的应用下，实现内容资源、编辑流程、传播渠道、管理运营的数字化、网络化，从而深化学术期刊与新媒体技术的融合。

高校学术期刊媒介融合的根本途径是对信息技术和新媒体技术的应用。首先，学术期刊采用一些软件信息开发的办公信息系统，从事网上约稿、审稿、编辑加工和排版、信息发布，这是信息技术和网络技术的初步应用，也是学术期刊进行媒介融合的开端。有人把这种信息系统的应用作为数字出版，然而这是非常初级的数字出版阶段，与数字化、网络化出版的整体要求相差甚远。其次，学术期刊社建立网站或者加入学术期刊网，定期发布期刊内容，进行网络传播，并实现网站服务，这是高校学术期刊实现媒介融合的中级阶段。目前很多高校学术期刊都建立了自己的网址，或者独立建立网站，或者依托所在高校建立网站，或者通过其他途径建立网站。这种以网站形式发布学术期刊内容和提供有关服务，是高校学术期刊媒介融合的基本方式。然而，大多数高校学术期刊网站都不完善，只是简单地提供一些信息，很少具有链接功能，或者只具备一些简单的链接功能。网站的服务也很少。

目前，高校学术期刊媒介融合的主要方式是与大型网络运营商合作，利用其数据集成平台，将内容集中发布在网络上。尽管也有一些学术期刊通过自己建立网站定期发布学术期刊的内容信息，但是并没有形成普遍的做法。通常的做法是将内容发布到大型网络运营商提供的数据集成平台上，由大型网络运营商对学术期刊的内容进行再发布，供使用者在网络上搜索阅读。

当前主要的大型网络运营商有清华同方创立的中国知网、万方数据中心的数字化期刊群、维普科技公司建立的维普中文科技期刊网和龙源期刊网等。通过这些大型数据库，集中了几乎全部的高校学术期刊。高校学术期刊与大型网络运营商合作，通过数据集成平台将其内容发布到网上，这种方式实现学术期刊集中上网，为用户提供了网络传播，方便了用户查阅，既可以节省资金，又可以发挥集群效应，对于转型初期来讲是一种不错的选择。但也存在着不少缺点，例如网络平台提供的期刊内容模板单一，在操作上局限性大，学术期刊难以运用网站拓展其他独立的服务等。①

4. 运用优先数字出版和开放存取（OA）期刊的方式实现出版模式转型

学术期刊优先出版是近年来出现的一种促进学术成果迅速及时地公开发表和传播的出版方式。它以印刷版期刊内容为基础，在印刷版期刊出版之前，将期刊社录用的稿件以数字出版形式提前在网络上发表公布。中国知网、万方、维普数据库等都在探索这种出版模式。中国知网于 2010 年推出"学术期刊优先数字出版平台"，至今已经优先出版学术期刊 2351 种，累计发表论文 26 万多篇。吴星（2016）根据河北省学术期刊信息采集数据的统计资料，认为采用优先数字出版模式的学术期刊共计 40 家，占总数的 24.84%。学术期刊优先出版模式的实行，大大缩短了学术论文出版周期，促进了学术成果公开发表与传播。

利用开放存取出版（OA）模式也是学术期刊媒介融合的重要方式。借助互联网的便利途径，学术期刊社或者学术共同体与论文作者达成协议，将论文存放在出版平台上，用户通过公共互联网免费获取文献资料，只要是对论文进行出于合法目的的使用，都可以无法律和技术障碍地进行存取。这种方式出版的期刊极大地促进了学术成果的传播和利用，是未来学术期刊发展的方向。实践表明，采用开放存取模式出版的学术期刊可以显著提高论文的被引频次。

5. 建立学术期刊网站，提供学术期刊网络服务

在与大型学术期刊数据库出版平台合作的同时，一些具有技术实力和经济实力的学术期刊社，积极与网站开发商合作，独立建设自己的网站，使网站成为学术期刊数字化出版和网络出版的技术平台，极大地促进了学术期刊媒介融合，促进了学术期刊数字出版和网络传播。吴星（2016）研究发现，河北省 161 种学术期刊中有 98 种建有网站，这些网站的种类分为三类：独立建站、隶属建站和集群建站。在所有学术期刊网站中，科技类和医药卫生类

---

① 陈颖，陈玉霞. 传统期刊的数字化转型路径 [J]. 四川师范大学学报：社会科学版，2012（5）：147-151.

的学术期刊独立建站的比例较高，社科类学术期刊独立建网站的较少。在网站上，主要内容基本是期刊动态、在线采编（投稿系统）、在线期刊和期刊信息。网站的技术支持主要来自一些网络技术公司，如中国知网采编系统、北京玛格泰克公司、北京勤云科技有限公司等。学术期刊网站除了提供过期期刊每期目录，还及时发布即将出版的本期目录，有的还有全文链接。

浙江大学出版社期刊中心建立的"浙江大学学术期刊网"，是一个较为典型的学术期刊网站，基本上代表了学术期刊与网络新媒体的融合发展。在该网站的首页上，既有静态的网站栏目，包括"期刊导航""文章导读""资源中心""期刊动态""投审系统""友情链接""联系我们"等，还设置了动态的栏目，包括"特色期刊""主编风采""学术交流信息"等。整个网站的风格设计和许多大型网站如搜狐、新浪、人民网等相似，可以点击链接并搜索有关内容。学术期刊网站充分体现了媒介融合的特征。

6. 学术期刊利用手机等移动终端，借助微信、微博等，实现移动阅读和新媒体传播

除了网站建设，学术期刊通过手机、平板电脑等移动终端向用户推送有关信息服务，如导读、介绍、评论及全文下载等。学术期刊借助网络及终端设备进行出版和传播，是与新媒体融合的主要途径也是最佳途径。由于网络技术和通信技术的广泛应用，用户通过手机等移动终端进行阅读的习惯已经形成，任何网络信息都可以被迅速搜寻和得到。学术期刊的编辑和出版适应这一发展趋势，必须做出更加适合移动终端平台的内容形式。学术期刊手机 App 是读者进行移动阅读的平台，是纸质期刊向移动设备延伸的结果，也是学术期刊传统出版向新媒体发展的新形态。目前我国移动用户数量巨大，手机网络使用者数量达到网民数量的90%以上。通过手机进行阅读学术论文的网民队伍日益扩大，学术期刊手机 App 具有明显的优势和发展前景。

一些学术期刊在纸质期刊的封面或者网站上设置了二维码，读者可以通过手机扫二维码进入学术期刊网站，并进行搜索和阅读。随着智能手机的普及和4G 时代的到来，读者只需要用手机扫一扫二维码就可以进入学术期刊

网站进行阅读活动，还可以通过手机与编辑、作者取得联系并进行互动。手机 App 功能在学术期刊上的应用，大大增强了学术期刊的传播力和影响力，使学术期刊迅速地突破纸质形态的限制，也使读者阅读行为更加容易和便利。同时，手机画面和音频的开发，使学术内容变得更加有吸引力，更容易获得读者的喜爱。借助手机等移动终端，学术期刊媒介融合进一步加快，融合程度加深。

四、我国高校学术期刊媒介融合模式创新

学术期刊媒介融合没有固定的模式，但是，学术期刊可以根据具体情况选择媒介融合的科学有效的方式，这些科学有效的方式如果具有普遍实用性，则就具备了媒介融合模式的特征，从而为学术期刊媒介融合提供一定的经验指导。这是我们探讨学术期刊媒介融合模式的原因。也就是说，对于我国高校学术期刊来说，只有既遵循传媒产业媒介融合的一般规律，又结合我国学术期刊发展规律，找到适合我国学术期刊在数字化转型中媒介融合的科学的模式，才能促进我国高校学术期刊的数字出版转型。

（一）高校学术期刊媒介融合模式选择依据

1. 模式的含义及其划分标准

模式一词的英文是 pattern，汉语意思是标准样式。《汉语词典》中解释模式一词的含义是"某种事物的标准形式或使人可以照着做的标准样式"。模式与模型相似，但模型也不同于模式，是指与"依照实物的形状和结构按比例制成的物品，多用来展览或实验"。模式的实质是解决某一类问题的方法论，即把解决某一类问题的经验总结归纳到理论高度，或者说是从不断重复出现的事件中发现和总结的规律，类似解决问题的经验总结。通常认为，只要是一再重复出现的事物，就可能存在一定的模式。每个模式都描述一类不断出现的问题，以及解决这类问题的方法的核心。不同的事物和不同的领域，随着事物的不断出现和不断重复，就产生了不同的模式。只要按照模式去解决这类问题，就会少走弯路或者节约成本，更好更快地实现目标。也就是说，模式是一个参照性指导，在一个良好的模式下，可以按照既定的路径快速做出优良的方案，高效率地解决问题。

不同的事物及其发展有自身的规律，因而就产生了不同的模式。相同的事物在发展中存在不同的环境和不同的路径，经过长期的发展也会形成不同的模式。我们关注对于同一类事物或现象，会出现哪些不同的模式以及不同的模式产生的效果。

2. 高校学术期刊媒介融合模式选择的依据

高校学术期刊数字出版转型要取得良好的效果，或者取得成功，需要进行媒介融合并在与新媒体的融合发展中达到转型的目标。

按照中国人民大学王菲教授的定义，媒介融合是指"在数字技术和网络技术的背景下，以信息消费终端的需求为指向，由内容融合、网络融合和终端融合所构成的媒介形态的演化过程"。而任何人在任何时候和任何地点获取任何想要的信息，这是所有媒介在数字化时代发展的内在驱动力和终极目标。由此带来了传统媒体与新媒体、传统产业与其他产业之间的交融，并形成融合化的大媒体产业形态。这个定义为我们理解和分析学术期刊媒介融合模式提供了依据。

高校学术期刊媒介融合的动力来自自身数字化发展的内在驱动力，也来自新媒体时代信息传播方式和途径的迅速发展带来的强大压力，其目标是实现数字出版转型或者是网络出版的实现，以便更好地满足社会发展对学术期刊的需要，特别是满足受众的需要，其中包括读者、作者和有关方面的需要。

由此，可以认为，媒介融合模式的选择主要依据主要是：是否有利于高校学术实现数字出版和网络传播，是否有利于发挥传统媒体内容优势，是否有利于形成多媒体形态。

首先，实现数字出版和网络传播是媒介融合的目标。因为数字出版是利用数字技术和网络技术进行的出版，是信息技术在出版中的科学利用，代表了出版转型的未来方向。它有利于更好地使传统出版与新媒体技术相互结合，共同推动传媒产业的发展。也是高校学术期刊增强影响力、提高传播力、促进学术研究的最佳方式。

其次，高校学术期刊媒介融合中要发挥其内容优势。学术期刊的竞争力和影响力来自其内容，这是其存在发展的基础。正是其内容优势，才吸引着技术开发商将其研发的数字出版系统软件交给学术期刊出版机构进行合作，实现共赢。因此，在媒介融合中，怎样使学术期刊的内容得到及时、快速、多渠道、多角度地提供给受众，最大限度地扩大学术期刊内容的影响范围，提高其影响力，这是媒介融合模式选择中一个重要依据。

再次，媒介融合的组织特征是大媒体形态。大媒体是各种媒介基于数字技术、网络技术建立的联合媒体。包括组织融合、技术融合、信息融合、传播渠道融合等形成的媒体机构。通过形成大媒体，更有利于实现内容的采编、学术期刊编辑出版和内容的传播。

（二）学术期刊媒介融合模式创新的必要性

向数字出版转型已经成为学术期刊不可改变的发展趋势和路径。当前，在新媒体技术的作用和影响下，学术期刊的生态环境发生了彻底的改变，作者需要更加方便的方式向期刊社投稿并获得最快的审稿结果、编辑出版进程、信息交流和信息服务；读者需要在任何时候、任何地点和方便的途径搜寻并阅读所需要的内容，减少成本和获得各种便利，尤其是网络技术带来的便利，并与学术期刊作者、出版者或传播者进行互动交流；新媒体不断地冲击着传统媒体的发展空间和影响范围，致使传统媒体出现大幅度地衰退，学术期刊出版业深受影响（虽然所受影响远远小于其他传统媒体）。这些方面无时无刻不提醒着学术期刊出版人、管理者，要使学术期刊继续生存和发展，必须适应这种生态的变化，尽快地进行数字化出版转型。学术期刊界也认识到这种转型的紧迫性和必要性，并进行了出版技术、出版方式及传播方式的革新。尤其在国外，学术期刊的数字化出版转型的时间较早，效果明显，但在国内学术期刊领域还没有取得突破。

数字出版是我国学术期刊媒介融合的基本途径。数字出版包括内容采编数字化、出版流程数字化、出版发行数字化、传播方式和渠道数字化、服务方式数字化等。

目前许多学术期刊社均已安装了数字化网络采编系统，实现了学术论文网上投稿、网上审稿和网上信息服务，通过数字化网络采编系统的运行，学术期刊编辑部提高了审稿效率，降低了审稿周期，加快了学术期刊的出版。但是，根据调查可以发现，大部分学术期刊编辑部对于学术期刊网络平台的利用率很低，只是利用它来规范作者投稿、编辑审稿或者专家审稿时的网上传输，最多的也就是将已经出版的学术期刊内容全文挂在网上，有的甚至只是公示刊发内容的目录。很多期刊甚至目录也没有挂在网站上，更不用说把网站建成一个多功能、服务型的网络出版平台。

　　学术期刊媒介融合在出版流程上表现为网上投稿、网上审稿、网上出版和发行。许多学术期刊社在数字采编系统的帮助下实现了网上投稿和网上审稿，但没有实现网络出版和传播。所谓网络出版和传播，就是利用网络技术和信息技术，实现学术期刊数字化出版，通过网络实现学术期刊内容的广泛传播，传播的途径既有网站发布，也有手机、电脑、数字电视、手持终端设备等。申轶男等（2013）在《科技期刊数字化出版方式探索》一文中认为："编辑部并未实现投稿、组稿、审稿、出版全流程的数字化操作，仅仅是借助数字化手段，对编辑出版的局部或者部分缓解进行了调整和改进，并且数字化网络采编的功能和优势还没有完全被挖掘出来。在传播载体数字化方面，借助数字化技术，期刊已从最开始的只能通过纸本进行阅读发展到借助光盘存储介质、手机、电脑、iPad、数字电视等数字化终端产品进行传播和阅读，这就使得学术资源能够快速、便捷、海量和低成本地在全球范围内传播。但目前科技期刊在信息传播载体数字化开发方面存在很大的不足，仅仅是利用几款软件将文献制成电子版通过互联网传播。"①

　　学术期刊媒介融合在出版发行和传播上主要是数字化发行与网络传播，有两种方式较为常见：一是将纸本内容上传至学术期刊社的网站，达到学术论文公开发表的目的，作者和读者都可以在其网站上查到其需要的内容，并可以下载打印。二是将纸本期刊数字化后加入已有的大型数据库，比如中国

①　申轶男，曹兵，李宁，佟建国．科技期刊数字化出版方式探索［J］．编辑学报（增刊1），2013（12）：48－51．

知网、维普数据库等，从而集中发布所刊载的学术论文。作者和读者可以通过这些大型数据库查阅、下载其所需内容。上述两种方式是目前高校学术期刊或者其他学术期刊上网发布、数字化发行的基本途径。

其优点在于：第一，改变了原有的单一的纸本期刊发行方式和发行途径，实现了纸本期刊与网上存取两种方式和途径；第二，加快了学术内容的传播，扩大了学术期刊的社会影响。由于更多的读者会通过网络搜索的途径查找需要的资料和信息，因此，学术期刊上网方便了读者查阅其所刊载的学术论文，进而提高了学术论文的阅读率、引用率和影响力。

但是，上述两种数字化发行方式也存在如下的不足。

（1）数字出版发行方式简单化，没有充分发挥数字出版发行的优势

数字出版发行是学术期刊未来的必然趋势，这是信息化社会的必然结果，因为这种出版发行方式具备了信息化社会所需要的及时、方便、高效、快速和个性化等方面的因素。这些也正是数字出版发行的优势所在。目前高校学术期刊所采取的出版发行方式只是满足了读者或作者部分需要，还不能满足他们在及时性、快捷性和个性化方面的需要。正如申轶男（2013）等学者在论述科技期刊数字化时所做的评述："出版发行阶段数字化过程中方式单一，许多期刊仍然停留在纸本期刊数字化的单纯形态，缺乏强劲的竞争力，没有真正利用网络化、新媒体的特征和优势，没能与纸质出版达到实质性的相互促进及补充，而只有出版、发行等全部在网络上进行的连续出版物才能真正实现科技期刊向真正意义的数字出版迈进。"

（2）将期刊内容数字化发布到网站上或者加入大型数据库，只能完成数字出版发行的部分过程，而不是全程数字出版

首先，在学术期刊编辑出版过程中，使用的仍然是传统出版流程，虽然在编辑出版中离不开这个流程，但是，数字出版流程必定是更加科学和高效的出版流程。传统的出版流程是按照每期定时出版，只有在每期内容都完全确定的情况下才开始编辑出版。这个流程使学术论文难以在最短的时间内发表，延长了学术论文的发表时间，时效性大大降低，导致一些学术成果流出国外，在国外学术期刊首先发表。其实，借助网络技术和数字技术，学术期

刊在刊发优秀论文时，完全可以打破这种以期为周期的时间安排。因为学术论文发表的关键在于发表，在于公示于社会，在于被别人认识和采用。现在，国外的一些学术期刊已经开始实行单篇刊发论文的数字出版模式，取得了良好的影响和效果。

其次，在学术期刊传播与服务上，只是将期刊内容数字化发布到网站上或者加入大型数据库，没有更多的渠道分享学术期刊的内容，没有与读者的互动，也是目前这种出版与发行的重要缺陷。申轶男（2013）等学者认为，"数字化发行推广力度不够，发行缺乏针对性。大多数科技期刊数字发行平台不够完善，或者根本没有数字发行平台，此外，与读者的互动性弱，对读者缺乏有效的指导，对读者的需求也缺乏针对性，造成读者在众多的数据库及海量的信息中难以找到想要阅读的文章。"从新媒体的传播特点看，多渠道、分众化、个性化、互动性等是数字媒体的基本特征。在与新媒体融合中，学术期刊数字化出版发行也应当具备上述特征，才能适应新媒体时代受众的多样化需求。

在传统出版发行模式下，和大众传播具有的特点一样，学术期刊按照统一的模式出版发行，所有受众获得的信息是一样的，是一对多的传播，受众是被动的信息接收者，学术期刊提供什么样的内容，读者接收什么样的内容。这种模式不考虑受众的具体需要。但是数字出版发行模式改变了这一模式，它"可以使受众根据自己的阅读需求和习惯对期刊的某篇文章进行单独和具有针对性的订阅，这种数字出版方式可以对信息进行有效和个性化地传播，已逐渐成为期刊发行业务发展的主流"①。

（3）缺乏完善的网络出版平台，导致学术期刊内容资源的利用渠道少、效率低、影响力和竞争力低

我国多数学术期刊没有建立独立的网络出版平台，是借助软件开发公司的软件系统建立的所谓出版系统进行网上收发稿件、发布信息，或者是将学

---

① 申轶男，曹兵，李宁等. 科技期刊数字化出版方式探索［J］. 编辑学报（增刊1），2013（12）：48 – 51.

术期刊数字信息化后交给大型数据库上网集中发布。这种做法虽然省去了各种麻烦和成本，但也造成了学术期刊数字出版发行的一系列缺陷，导致其不能做许多应当而且可以做的事情。传统学术期刊的产品形态是纸质期刊，只能利用纸质形态进行传播和交流，交流和传播的效果很有限。数字出版发行情况下，学术期刊拥有一个网络出版平台作为一系列活动的平台，利用这个平台，学术期刊编辑部不仅可以通过网络技术完成单一传播平台到多传播平台的转变，使一次编辑出版的内容可以在多种信息终端上传播，比如计算机、手机、其他移动终端等，使学术资源得到更为有效的传播和利用，而且，可以完成学术期刊出版发行的一对一、一对多和多对多的信息服务。

（4）难以形成学术期刊社独立的盈利模式

在我国，学术期刊旨在传播学术研究成果、促进学术进步、积累丰富文化等，实现社会效益的重要性大于经济效益，因而，学术期刊的出版通常不以盈利为目的。同时，由于学术期刊刊载的论文具有高端性、理论性，应用领域较小，因此受众面较小。通常，一般的学术期刊年发行量少于图书或其他出版物的发行量。但是，不可否认，学术期刊的出版发行如果更加适应受众的需求，也将在获得一定的经济效益的同时，进一步扩大其社会效益。

可以说，学术期刊的经济效益与社会效益并不是完全对立的。但是，我国学术期刊整体经营水平不高，多数处于亏损状态，如果没有主办单位的资金资助，多数学术期刊是难以办下去的，更谈不上持续发展。我国学术期刊数字出版产业链还没有建立，数字出版发行方式简单，大多数学术期刊只能将其编辑出版的纸本内容数字化以极低廉的价格卖给数据库经营商，由数据库经营商进行打包或分销，自己获利极少，因而，至今为止，学术期刊社并没有形成一个有效的盈利模式。然而，完善的数字出版发行系统和网络出版平台的建立，将为学术期刊出版发行提供相应的技术支持，从而有助于建立科学的盈利模式。

第七章　媒介融合中学术期刊数字化
转型与网络出版

高校学术期刊在媒介融合发展中，数字化是其第一步，然而在网络技术的创新和应用下，数字化和网络化迅速成为一体化。随着互联网的发展，随着计算机和手机等电子终端的普及，高校学术期刊的数字出版转型加速，网络出版方式开始被推广，并有强大的发展潜力。向数字化转型和网络出版转变，是学术期刊媒介融合的主要途径，也成为高校学术期刊未来发展的大趋势。本章对学术期刊数字化转型和网络出版进行研究，为学术期刊媒介融合的深入开展提供参考。

一、学术期刊数字化转型与网络期刊

学术期刊是传媒产业内部结构的一个重要组成部分。伴随着传媒产业的结构优化和转型升级，学术期刊在信息技术和网络技术的推动下，以数字化出版转型为特征进行了历史性的产业升级。数字化出版转型对于学术期刊的生存和发展具有关键性的意义，是学术期刊在新媒体时代的生存之道和发展之路。

（一）学术期刊数字化转型

是信息技术向人类生活各个领域的推进过程。信息化给人们的阅读带来的重大变化是从"纸质时代"进入到"纸质与多媒体并存"的时代，人们的阅读方式和习惯的变化必然进一步推动平面媒体经营方式的变革。在信息技术高速发展的今天，期刊业面临着产业发展转型的问题。如何向数字化转型，牵动着每一位期刊经营者的神经。

对于学术期刊数字化的具体定义，学术界一直在进行探讨，目前还没有明确的结论。笔者根据已有的研究成果，认为学术期刊数字化的基本特征主要是产品形态数字化、编辑流程数字化、内容数字化、出版发行数字化、经营管理数字化。

1. 产品形态数字化

期刊是内容为主的文化产品，它的内容经过编辑加工，生产出可以供人们阅读的产品形态。在计算机信息技术产生以前，和报纸、图书一样，期刊也是借助纸质媒介进行编辑出版。计算机信息技术使期刊的内容可以以电子信息的形式表现出来，由此进入电子期刊、网络期刊的出版阶段。电子期刊是期刊内容数字化的一个形式，在网络期刊出现之前，电子期刊是期刊数字化的主要途径。随着互联网的发展，网络技术被广泛应用，网络期刊应运而生。目前期刊数字化主要途径体现为期刊内容数字化、网络化，其产品形态也就是网络期刊。

期刊数字化在形态上的一个表现为网络期刊。也就是说，读者可以通过网络信息终端搜索有关期刊的内容信息，期刊的内容是通过数字信息上网传播的，只要读者具备电脑、手机等电子终端设备，就可以在线接受期刊信息并阅读相关内容。所以，期刊实现数字化，一个重要的体现就是其产品网络化，就是可以通过网络进行浏览。

数字化期刊有时也被称为电子杂志。周峰和万熙①认为，电子杂志是基于音频、视频、超链接、流媒体技术和 Web 控件等，采用 P2P 技术发行的一种网络杂志。它依托网络实现传播者与受众互动，为受众提供一种全新的感受，既可以享受优美动听的音乐，也可以欣赏精美的图片和炫目的 3D 特效，极大地调动了读者的感官享受。电子杂志不仅可以通过网络在线阅读，也可以下载到电脑或者由发行方提供的阅读器进行阅读。电子杂志是网络期刊的

---

① 周峰，万熙. 网络时代杂志形态的转变与发展 [J]. 艺术与设计，2009（10）：353 – 355.

一种表达形式，也是期刊数字化的体现形式。

2. 编辑流程数字化

期刊的编辑流程是一个系统的工作，它由投稿系统、专家审稿、编辑加工、排版印刷和制作出版等组成。在数字化出版流程中，网络是实现编辑数字化流程的主要渠道。网上收取投稿，网上组稿、网上审稿、网上编辑加工，网上进行交流等，都是数字化的具体流程。

期刊数字化出版转型的主要途径是期刊网络出版，它要求编辑在进行选题策划、选题论证时充分利用网络渠道，通过网络进行策划开创性、前瞻性的选题。之后需要通过网络进行沟通，选择审稿专家，建立作者信息库，进而建立起信息网络，提高组稿、审稿和编辑的效率。编辑活动运用网络信息，可以尽快地实现所需要的资料，提高编校质量。

学术期刊数字化出版转型路径如图 7-1 所示。

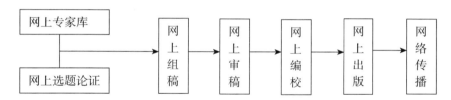

图 7-1　学术期刊数字化出版转型路径

3. 内容提供数字化

学术期刊内容主要是指期刊目次、文摘、全文和参考文献等。期刊内容提供包括题录、文摘和全文。数字化期刊即电子期刊或者网络期刊，其提供的内容可以是题目，可以是摘要，也可以是全文，但通常都要将三部分一起提供。提供的格式有 PDF 格式、HTML 格式、CAJ 格式等。其中，PDF 格式和 HTML 格式是国际上通行的格式，CAJ 格式是清华同方开发的文本格式。

对学术期刊内容经过数字化处理，然后按照一定的格式在网上进行发布，这是学术期刊数字化的关键环节。数字化的内容在网上传播，时效性大，传播范围广，便于读者搜索。同时，随着数字化、网络化期刊的发展和认定技术的进步，发布在网络期刊上的内容将被人们全部公认为公开发表，因而，即使是在纸质期刊上没有刊发而只是在网络期刊上刊发的作品，也将逐步获得认可。在这种情况下，数字期刊或者网络期刊的内容将不再受到纸质期刊的版面限制。

目前，国际上已经有这种方式的期刊运作，例如，*Pediatrics* 的网络版包括纸质版的全部内容，此外，每月还出版8—14篇印刷版上没有刊出的原创性研究论文，这些论文的选择标准同印刷版论文的标准一样，经过同行评议，并被各种检索工具收录。相信在未来会有更多的期刊通过这种方式实现期刊内容提供数字化。

4. 出版发行数字化

运用数字信息技术对期刊内容按照一定的板式进行排版，做出适合读者搜索和阅读的版式，然后按照一定的格式发布到网上，这个过程就是网络期刊的出版过程。数字化的期刊在网上发行，需要网络技术和信息技术的支持。学术期刊从排版到印刷，这些活动都借助计算机和网络完成，实现期刊从收稿到编辑、从排版到发行等流程的计算机和网络处理。

数字化出版也被称为网络出版，它是借助数字信息进行传播的出版形式。以数字信息的形式把报纸、杂志、图书，通过互联网传输给读者，这是互联网时代一个新的信息传播媒介，具有划时代的意义。

有人把数字信息技术应用到报纸、杂志（含学术期刊）、图书等平面媒介的出版中所体现的显示媒介称为"电子纸"，这是一个比较恰当的比喻。"电子纸"的核心技术就是电子墨水和电脉显示技术。它可以像翻阅纸张一样被翻开，但有着比纸张更为丰富的表现力，可以在原有版面的基础上增加音频、图像、动画、特效等功能，从而摆脱了自然纸张的束缚，更加高效地为受众服务。

5. 经营管理与服务网络化

期刊的管理是指对期刊出版过程中各个方面的管理，包括业务管理、质量管理、人员管理、财务管理和其他管理。期刊管理是提高期刊质量的基本途径。在期刊管理中，既有上级部门对期刊经营单位的系统管理，也有期刊自身组织的管理。在数字化出版管理下，可以建立信息管理系统，通过网络对各个业务流程进行监督、指导和规范，从而提高管理效率和管理质量。

借助网络，期刊社可以实现与作者、审稿专家的信息交流，向读者提供更加全面和细致的服务。其中包括：网上投稿、内容检索、在线帮助、互相交流、订阅服务、售后服务和读者反馈等。例如，著名的 *Nature* 杂志，通过其网站，读者不仅能够浏览 *Nature* 周刊的全部内容，还可以检索到 Nature Publishing Group 出版的其他书刊，并提供所有出版物论文及其引文检索。读者可以通过 E－mail 获得 Nature Publishing Group 所有在线出版物的最新出版及服务信息。另外，作者也可以随时查看论文的审稿进度，享受在线订阅服务。

（二）期刊网络化

网络期刊有时也被称作电子期刊，是以网络电子信息出版传播的期刊形态。这里的网络期刊既是指一般的期刊，也指学术期刊或高校学术期刊的网络版期刊。高校学术期刊数字化为网络期刊的发展提供了基础，但是目前还没有实现网络出版。网络出版以信息技术和网络技术为基础，通过网络期刊形态实现出版行为。面对新媒体在网络上的飞速发展，学术期刊作为传统媒体的一员，与新媒体积极融合发展，积极利用数字信息技术和网络技术，把传统纸质期刊逐步发展为网络期刊，这是未来学术期刊的发展趋势。网络期刊利用网络技术，建立网上编辑部进行网络出版发行，改变了传统学术期刊的存在形态和服务方式，是适应互联网和科技发展的重要途径。

1. 期刊网络化界定

网络期刊是数字化期刊的一种形式，是通过计算机等电子终端设备读取利用的信息化的连续出版物。网络期刊的出版传播实现了期刊编辑、出版、发行和订阅全过程的电子化，被人们称为真正意义上的数字化期刊。

与网络期刊相联系，期刊网络化则是一个动态概念，是一个发展态势，是指一个系统的、全面的、从内容到服务的整个流程都通过网络进行的自动化、数字化的加工、提供过程。它不同于一般的简单的期刊上网，不仅包括期刊形式的网络化，也包括期刊编辑、加工、信息传递、服务反馈等一系列活动网络化。网络期刊是期刊网络化的具体形态。

国际上，期刊网络化发展大致可以分为三个阶段。

第一阶段，以复制链接版为主，是拷贝借鉴阶段，通常是将母刊内容搬到网络，实现网络传播。

第二阶段，以编制期刊网络版为重点，加强期刊网络传播，是初步实现期刊网络出版阶段，力求在信息内容和形态上办出特色，是期刊网络传播的上升阶段。

第三阶段，以独立和联合创办综合网站为突破口，是网络期刊原创出版阶段，这个阶段融入网络的多种服务功能，为用户提供更多、更全面的全方位服务，实现了网络期刊的高度网络化、市场化、社会化。

期刊网络化是一个动态发展的过程。在网络技术和信息技术广泛应用前提下，期刊利用网络优势，先是实现期刊内容网络化，通过网络提供期刊学术论文等内容，接着通过提供尽可能多的信息网络服务，扩大期刊的影响，促进信息传播，进而推动期刊编辑流程、出版发行的网络化，最后是在技术条件和思想观念都比较成熟的基础上，转变管理理念，达到期刊网络化出版与经营管理。

2. 期刊网络化的内容

从内涵上讲，期刊网络化是指期刊通过网络出版和传播，实现期刊编辑、出版、传播和服务上的网络化、自动化、信息化，是期刊借助网络手段，实现期刊内容与服务的网络提供的过程。期刊网络化的内容包括编辑流程网络化、内容提供网络化、信息服务网络化、出版发行网络化、期刊管理网络化等。

期刊编辑流程网络化是指期刊借助网络，把原来的手工模式转变为自动化、网络化编辑模式。其内容主要是网上选题、往上组稿、网上审稿和网上编辑。为此，学术期刊社建立起网上投稿编审系统，该系统是一个自动化的网络系统。通过该系统，作者按照标准化的模式修改其作品，然后上传到编辑部，编辑部按照一定的规则和流程，进行审稿和编辑加工。学术期刊网上编审系统如图 7 - 2 所示。

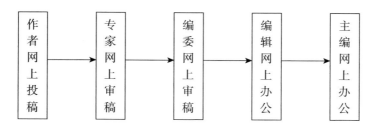

图 7 - 2　学术期刊网上编审系统

网络化的编辑流程使期刊编辑可以通过网络组稿、审稿和在线沟通，大大提高了组稿、审稿和编辑出版效率，为作者提供了投稿服务的方便性，也增加了审稿的客观化、公正化。

内容提供网络化是指期刊在编辑出版后，把内容信息及时地发布到网络上，以便读者搜索、阅读和使用。网络化的学术期刊内容通常采取的格式是HTML 格式、CAJ 格式和 PDF 格式，读者借助相关软件和程序下载到计算机或者电子设备终端，在线或者离线阅读。由于期刊内容可以在网上搜索下载，期刊在传播时效上要高于印刷版期刊。在期刊管理制度完善的情况下，期刊的内容容量限制被取消，版式更加新颖灵活，表现形态更加灵活，甚至期数也不受限制，这样的期刊更加具有即时性、灵活性。

信息服务网络化是指期刊通过网络实现信息服务智能化、多样化和交互化。学术期刊可以提供个性化、多样化和即时性的服务。例如，学术期刊为作者和读者提供检索、订阅、网上投稿、查阅信息和定题服务等，还可以提供期刊评价、科研能力检索报告、项目背景分析等服务。

期刊发行网络化是指通过网络向读者推广期刊的过程。学术期刊发行网络化有两个含义。其一，读者借助网络实现网上订阅。期刊自办发行，网上订阅，可以摆脱邮局发行的限制，有利于期刊的推广和经营，便于与用户直接沟通和联系。其二，期刊数字化内容的网上出版。也就是说，期刊数字化内容经过一定的程序例如同行评议合格，即可在网上先行发布，然后在印刷版上刊发。例如，Elsevier Science 出版公司在其所有期刊的首页上都设有 Article in Press 项目，对已经通过同行评议并被接受了的即将出版的论文进行报道。

期刊管理网络化是指通过网络对期刊流程、期刊人员业绩、期刊规范等进行管理，从而提高了管理的客观性、科学性和管理效率。

二、高校学术期刊网络出版

高校学术期刊在学术期刊出版中占有重要的地位。我国学术期刊大约有6000多种，其中高校学术期刊占了2000多种。因此，媒介融合中高校学术期刊起到巨大的影响。它们在数字化转型和网络出版上的发展关系到学术期刊事业的未来发展。

（一）高校学术期刊网络出版的影响

1. 学术期刊网络出版的界定

通常来说，网络出版可以从广义和狭义两个角度理解。从广义上讲，人们把信息在互联网上向大众传播的过程称作网络出版，这个定义显然过于宽泛，受到较多质疑，其实质是网络信息传播，因此不太适合定位为网络出版；从狭义上讲，网络出版是指具有合法出版资格的出版机构或者组织，以互联网为渠道和载体，从事的网上出版和销售出版物的行为。[1] 这个定义普遍受到认可。但也有研究者不同意这个定义，因为现实中存在一些没有合法资格的网络公司或者计算机服务机构从事出版业务，尤其在国外比较普遍。考虑到未来网络出版的发展，有必要把网络出版的定义再宽泛些。

王锦贵和王京山（2001）[2] 认为，网络出版是将作者的著作经过加工后通过计算机互联网以电子文献的形式广为传播（出版发行）。其实质是拥有固定域名并与互联网相连的网络实体，以计算机网络（互联网）为介质，定期或不定期地向网络用户提供信息产品和服务的一种信息传递模式。

学术期刊网络出版是指借助互联网利用数字信息技术和网络技术，以数字信息形式出版学术期刊和进行内容传播的出版活动。它的一个明显特征是

---

① 王炜. 网络出版时代传统出版转型策略研究 [J]. 编辑之友, 2010 (2): 37 – 39.

② 王锦贵, 王京山. 网络出版探析 [J]. 中国出版, 2001 (5): 37 – 39.

学术成果的出版不再依赖纸质形态，而是借助数字信息的电子信息形态，通过网络实现出版流程和内容传播及服务活动。

由于学术期刊的主办单位不同，学术期刊网络出版又分为高校学术期刊网络出版和其他学术期刊网络出版。其中，前者在学术期刊出版中占据较高比例，其他学术期刊主要是学会、科研院所和企业所属的非高校机构等主办的学术期刊。高校学术期刊特指由高等院校主办的学术出版机构如杂志社、期刊社和编辑部等。

2. 学术期刊网络出版的特征

学术期刊网络出版基于网络技术和信息技术，在网上发布学术期刊内容，刊载经过同行专家审稿的学术研究成果，它一般具有如下特征。

第一，在内容上不再以印刷版为主要存在形态，而是以数字信息为主要形态。期刊的内容以数据信息形式存储在数据库中，用户可以随时随地从网络上搜索读取。期刊网络系统提供作者提交论文和获取公众对论文评价信息的接口，用户可以随时通过网络获取期刊出版机构发布的论文、研究成果资料信息。

第二，学术期刊网络出版系统提供完善的检索、显示、数据析出及有关服务，包括提供下载方式供用户选择，包括提供文章与其他相关信息的链接，提供多种衡量文章重要性的方法，如文章的使用或引用次数等，以及读者对文章的评价，并且提供基于网络平台的作者与编者、编者与审稿者之间联系接口等等。

第三，学术期刊在发行方式上采取购买访问权的方式，改变了订阅方式。用户通过付费订阅方式获得对期刊内容网络访问阅读的权利，并享受其他相关权利，例如，复制、传播、和评价的权利等。在订阅交易上，不是订购实际的出版物品并拥有对纸质期刊的所有权、使用权、阅读权和处置权，而是由于缺少实物载体，只对支付后的出版物取得访问权、阅读权、使用权，其途径是通过注册或者取得使用密码。在网络支付取得技术上突破后，学术期刊网上订阅和付费非常方便。

第四，网络期刊系统管理科学规范。系统对有产权的文章进行标识，说明其产权的限制范围及获取许可的方法，并确保非商业使用可以自由获取。系统具有识别抄袭现象功能，并对抄袭行为提出警告、通告，系统还对用户信息进行保护，在系统中不保留用户的有关记录。系统对电子数据信息永久存档，并在任何时候都可以被有权限的用户使用。

第五，网络出版主体多元化。以往的传统出版必须是由取得合法资格的出版机构的出版活动，由于合法性制约，传统出版机构存在着出版行为垄断权利，使出版业发展受到很大限制。随着网络出版的发展，除了具有合法资格的出版机构或组织可以从事网络出版外，一些数据库机构或者公司在网络文献资源的开发上已经占得先机，一些网络作者可以通过博客、微信公众号、读书网站等互联网途径，发布评论、提交论文等作品，并取得了很多读者的青睐，拥有众多粉丝。

第六，具有实时双向交流的特点。学术期刊网络出版平台上，编辑与读者、作者可以通过网络进行直接的互动交流，实时沟通。读者可以将自己的需求通过网络出版平台留言，也可以在线交流，迅速地传递给编辑；作者也可以在线咨询论文的审稿、编辑和出版进展，并与编辑进行在线交流。通过网络交流，学术期刊社也可以根据用户的需要进行个性化定制出版，给用户提供一对一出版信息服务。也就是说，编辑可以通过网络交流迅速收集读者的信息，了解读者的意见、评价、需要，并根据其需要定期或不定期地提供其感兴趣的信息。

3. 高校学术期刊网络出版的社会影响

高校学术期刊网络出版是实现学术期刊国际化和向受众提供所需要服务的基本途径和必然选择，对于提高学术传播和社会影响力具有积极的作用。

第一，有利于加强国际化传播。国际化是学术期刊发展的方向之一。这是经济全球化影响下的趋势。互联网技术把整个地球有机地紧密地联系起来，不论是经济、政治还是文化事业，都不可能脱离全球联系而孤立存在。文化交流和传播是全球一体化的一个途径。学术期刊走国际化道路是发展的必然选择和客观规律。

在互联网出现以前，学术期刊在世界范围内传播存在一定的路径障碍，但在互联网技术出现后，这个障碍被彻底拆除。因为期刊内容在互联网上可以很容易地被搜索，网络期刊的内容成为互联网数据信息的一个组成部分。任何拥有链接权利的人都可以搜索查找相关内容和信息。

一个国际化的学术期刊，其主要特征是出版发行的国际化、作者队伍的国际化和读者群体的国际化。要达到这些，学术期刊网络化及网络出版是必然选择。学术期刊上网或建立网站，是学术期刊进行国际交流的有效途径。随着全球化的发展，对于学术期刊来讲，国际化交流更加必要。通过网络可以了解国外期刊的发展现状和趋势；可以拓展国内外读者市场，可以向国外同行和国际重要检索机构推荐期刊，扩大国际影响。

第二，有利于推进个性化服务。个性化服务是网络期刊未来的发展趋势。因为网络期刊不适宜长时间阅读，面对视屏，读者容易产生视觉疲劳，需要改变编辑风格，使网络期刊排版格式更加适合网络阅读环境。网络期刊在文章的选取、字号、字体等方面都要做出相应的变化，必要的时候还要对篇幅较长的文章进行缩短，将背景材料单独提取出来做相关链接。网络期刊还要利用网络对读者对象进行调查分析，获得读者对期刊内容和形式的意见反馈，对期刊编辑方针进行调整，更好地满足读者的网络阅读需求。针对个别读者，网络期刊还要在条件许可的情况下，制定个性化服务方案，提供个性化的阅读服务。

第三，可以建立数据分析库，提供论文统计与评估服务。以学术论文为例，期刊论文统计是在科学引文索引数据库基础上进行的，其统计的主要项目包括题目、作者及其对应单位、关键词、基金项目、作者简介、学科、参考文献、收稿日期、研究专业领域等。期刊上网后，这些项目都自动切分，规范标引后，便可较快地形成论文统计用的原始数据库。

期刊社通过建立网站，或者与大型数据运营商合作，对作者的论文和研究成果进行综合分析，提供相关的统计与评估服务。此外，进行期刊文献计量指标统计分析，加快期刊论文引文和论文统计分析的自动化处理步伐，尽快实现与国际接轨。

第四，可以通过网络出版平台，借助知识链接，为作者和读者提供知识信息链接服务。期刊出版网络化后需要拓展期刊服务范围，建立知识链接平台，调整期刊服务结构。网络期刊可以使知识单元凭借链接技术形成一个知识网络链条，读者可以通过这个网状链条阅读文章，吸取知识，查询相关信息，提高知识获取效率。知识信息排列方式超链接化，打破了知识单元的线性排列顺序，实现知识的网状服务，使期刊数据库与出版传播一体化。

（二）高校学术期刊网络出版的优点

高校学术期刊网络出版具有的优势很多。网络期刊与印刷版期刊（又称纸质期刊）相比较，优点和作用更加明显。

1. 传播范围不受限制，搜索存取时间自由，方便读者利用

通过网络化，期刊是以数据信息形式存在于互联网上的，读者只需要打开计算机或者互联网络，就可以搜索链接有关内容，不用邮寄订单，只要开通网络，就不受阅览时间和地点限制。互联网不受国界限制，全球覆盖，四通八达，可以将信息资源传播到世界各个角落。因特网覆盖全球，网上传输迅速，给期刊网络化提供了无限的传播空间，也为期刊提供了更加庞大的读者群和作者队伍，使期刊有更加广泛的资源可以利用。和传统印刷版期刊相比，网络期刊可以每天24小时供用户使用，可以随时供读者选择利用，不必受到报刊邮发时间的限制。

2. 检索速度快，即时性强

由一个或多个数据库组成的网络期刊库实现了信息的数字化，能通过多种途径快速准确地检索全文或者部分内容。其检索效率是手工检索和光盘检索无法比拟的。信息资源的互通性、丰富性、广泛性和可查性，提高了检索效率，可实现信息检索与直接阅读的一体化，进行更深层次的主题查询，更方便读者获取利用信息。

3. 具有声、像和动态的多媒体功能

在信息技术和网络技术的支持下，信息资源不仅可以表现为文字，也可以表现为图像、音响和动态画面，因而极大丰富了信息的传播内容和表达方式，实现了多媒体效果。多媒体兼容了互动，文字、图、音、像实现相互交融，提高了信息表达效果，极大地调动了人的各种感官参与，增加了用户的

感受。

4. 存储容量不受限制

受版面容量限制，印刷版期刊不能刊载超过规定页数的内容，即使可以增加页码和出增刊，但是也不能大幅度增加刊载量。传播容量的限制使大量的信息不能够得到传播，限制了信息传播时间和范围。但是，网络期刊因为内容的数字信息化可以不受版面的限制，最大限度地刊载发布信息成果；也不受时间和地域的限制，及时地发表和传播新成果，让人们共享最新信息资源。由于数据信息存储的持久性，人们还可以方便地查询以往的内容，不受印刷时间的限制。

5. 降低了期刊运营成本

数字化和网络化的编辑出版流程，使期刊编辑出版工作可以直接通过网络进行，不需要印刷、装订、邮寄和运输，省去了大量制作成本和人工成本，可以直接在网上与作者、专家、读者交流，省去了交通费用和办公费用。实现网络办公，减少了录入、校对和排版过程中的劳动强度。而传统期刊的运作则需要耗费大量的人工成本和制作成本，因而需要耗费大量的资金。网络期刊的数字化运作节约了时间、人力和资金成本，极大地提高了效率。有人统计分析指出，电子版的期刊出版费用比纸质版低了25%—75%。在降低运营成本的同时大大提升了经济效益，有的学术期刊网络出版为出版机构带来丰厚的利润。

6. 缩短了出版周期

通过互联网，作者投稿、专家审稿、组稿和编辑工作都在网上进行，可以缩短期刊文献的编辑时滞。因为在网络上联系、沟通，更加方便投稿、审稿和信息交流沟通，提高了沟通效率。数字媒体制作不需要原有的制作程序例如制作胶片和印刷，可以在电脑上排版，并直接上传到网络发布，因而节省了大量的时间。数字化出版可以使文稿刊出的周期缩短2~4个月，使期刊出版的时间更短、速度更快，也使内容更新更快。

7. 具有交互性、个性化特点

网络技术的畅通无阻和即时性、交互性，使得编者、作者和读者之间的信息交流变得十分方便，编者和读者、编者和作者、作者和读者之间都可以开展网上论坛，进行面对面的交流。通过网络，作者、读者都可以参与期刊的编辑工作，可以参与审稿和编辑，可以提供有价值的意见。读者也可以按需定制、按需印刷纸版期刊，为自身定制个性化的期刊。

8. 可以提供超文本链接和定量分析等服务

期刊网络化建立了一种新的出版模式，通过运用超文本技术，在目次与论文之间、主题词与论文全文之间、文摘与论文全文之间、参考文献与引文全文之间、新论文与过刊论文之间建立链接，可以反映科学研究的内在联系。读者可以从任何一个链接进入专业信息系统，方便地浏览相关信息，检查作者引用文献是否真正支持作者的观点，方便快捷地获取所需的更多信息。

网站对读者的访问状况都有相应的日志记录，通过专门的分析系统进行全程定量分析。可以向编辑部提供读者在一天 24 小时中各个时段的访问情况，为编辑部提供相关统计信息，便于编辑部调整方略和制定改进方案，提高期刊在市场上的竞争力。

9. 网络出版的环保功能

无纸化出版学术成果，节约了纸张、油墨等资源，实现了资源环境保护，是真正意义上的绿色出版，节约了资源。同时，由于以电子信息形态储存出版内容，可以使纸质出版物内容以相当低的成本保存下去，是传统出版的延续。

此外，还存在其他方面的优点。如可以实现按需印刷，提供个性化、多样化、便利化服务，扩大市场容量，便于交易和流通等。

三、高校学术期刊网络出版的发展阶段

自计算机信息技术被应用到出版传媒产业中以来，学术期刊出版数字化就开始了。随着计算机信息技术、网络技术的发展，传媒产业数字化进程加快。高校学术期刊数字化是其中一部分。我们可以把期刊网络出版分为三个阶段：学术期刊数字化起步阶段、学术期刊网络化发展阶段和学术期刊网络

出版阶段。

1. 学术期刊网络化起步阶段：数字化和电子信息化

学术期刊网络化起步阶段是期刊编辑出版在排版和保存方面开始使用计算机信息技术阶段，在这个阶段，由于计算机技术的先进性，在期刊内容排版上逐步改变了原来的手工排版，使用计算机信息技术排版，大大提高了排版效率，是期刊数字化的开端和起步。随着信息技术的进步，通过电脑排版的期刊被制作磁盘、光盘，以便保存和发行。

这个阶段始于20世纪中后期，到目前为止还有一些期刊制作成磁盘和光盘的形式，但数量已经较少了。磁盘和光盘在期刊数字化起步阶段起到了重要的过渡作用。将期刊磁盘和光盘，放进电脑中，通过电脑读取数据，并转变为文本信息。有了这项技术，期刊开始了纸质版期刊向电子期刊转变和发展，电子信息化成为期刊网络出版的必要技术准备。

2. 学术期刊网络化发展阶段：电子化与网络化并存

学术网络期刊是电子期刊在互联网技术下的发展。20世纪末和21世纪初，互联网技术获得了巨大进步，全球互联网将世界各地链接在一起，实现了通信技术革命，与此同时，期刊的形态进一步发展，网络期刊逐步成为学术期刊的新形态。

网络期刊是数字信息技术、网络技术在期刊出版中的应用产物，它通过互联网在线或者离线出版发行，具有纸质期刊的原有形式，但是，同时具有新媒体的特点，互动性、即时性、美观性等都超过了纸质期刊，加上互联网的推进，网络期刊发展迅速。

但是，由于网络期刊在内容上大多数是纸版期刊的再现，是重复纸版期刊的内容，还没有脱离原有期刊在内容、形式和管理上的限制，因此，网络期刊还不完善。对于学术期刊数字化来说，这只是期刊数字出版的发展阶段。

这个阶段也是传统媒体和新媒体融合发展的重要阶段。学术期刊和其他传统媒体一样，借助网络技术和信息技术，和新媒体结合起来，实现在线出版和网络传播，利用新媒体互动性强、即时搜索、网络传播等特点，发挥传统出版的优势。

这个阶段学术期刊网络化有三个特征。

第一，纸质学术期刊与网络化学术期刊并存，以纸版期刊为主，网络期刊为辅。由于纸版期刊利用了数字信息技术、网络技术，因此，在出版过程中实现了一定程度的数字化。但是，网络期刊的出版还没有大规模形成，只是把纸版期刊复制到网络期刊上，甚至是没有完全复制，因此，网络期刊内容的出版在时间上落后于纸版期刊，纸版期刊先出版，随后是网络期刊。同样的内容在出版机构中以纸版期刊主，网络期刊为辅。目前，我国大部分学术期刊的内容上网，都是在纸版期刊出版之后进行的，因此时间上相对滞后。这种学术期刊所处的阶段，我们可以称之为学术期刊初步网络化阶段。

第二，学术网络期刊大多是由运营商设立的大型数据库组成的，学术期刊社处于被动服从的地位。由于网络期刊的运作需要大量的资本投入和专业技术支持，一般的学术期刊生产单位没有这些资源，难以投入大批资金，因此无法建立自己的网站，而是借助大型运营商建立的平台进行网上传播。在与大型运营商合作时，学术期刊社基本上处于劣势地位，受到大型运营商的挟制，利益上受到损害，权利得不到保护。

第三，学术网络化期刊还难以做到自由发展。首先，除了一些纯粹网络期刊外，大部分学术网络期刊的内容是纸纸质期刊内容的复制，没有创新性的内容。其次，在现有的期刊管理体制下，期刊具有上级管理部门批准的刊号和出版号，没有刊号就是非法出版物，不被人们所承认。因此，超出纸版学术期刊在网上发表的内容，难以被有关单位和学术机构认可。这就限制了网络学术期刊的发展。除了一些商业性的网络专业期刊外，很多网络学术期刊难以扩大市场。

3. 学术期刊网络出版阶段——数字化的高级阶段

在数字化出版高级阶段，学术期刊将以网络期刊为主要存在形式，所有期刊都将在网上出版发行，并且大量的纸版期刊将不再出版。在这个阶段，一些学术期刊的纸版形态还会存在，但是，纸版形态只是辅助形态，是供某种需要单独定制的。这个阶段的数字化网络学术期刊在管理上已经非常完善，不再存在妨碍网络学术期刊发展的制度障碍。网络学术期刊的商业模式也将取得极大成功，成熟的网络学术期刊商业模式为期刊经营者带来巨大的利润。目前，国外网络学术出版开始进入高级阶段，但还需要继续探索网络出版的途径和方式，随着技术创新和网络出版的实践深入，网络学术期刊出版必将迎来高级阶段。我国学术期刊出版中也开始向高级阶段发展，对网络出版进行了积极大胆的实践和探索，一些大型数据库如中国知网（CNKI）创办的《中国学术期刊（网络版）》学术期刊网络出版平台和维普学术期刊网络出版平台创办的各类网络电子期刊，都是对网络出版的具体实践。与此同时，一些学术期刊开始进行纯网络版学术期刊出版。由于网络出版的体制机制还需要完善，我国学术期刊网络出版还处于积极探索和创新发展之中，相信未来将有十分光明的发展前景。

四、高校学术期刊网络出版机制与运行机理

学术期刊的网络出版是一个出版系统协调和运行过程，具有自我发展的相应的出版运行机制。对于网络出版机制进行研究，可以找到学术期刊网络出版的规律，从而为制定相应的促进政策提供依据。在分析学术期刊网络出版影响因素的基础上，对其机制的构成和运行进行分析，具有重要的理论意义和实践意义。

（一）网络出版机制的研究基础

学术界对学术期刊网络出版机制的研究较少，对网络出版的研究大多数是网络出版的类型、特点以及从传统出版向网络出版转型的原因、优势和政策等方面进行研究，详细地探究网络机制的研究还没有出现。对已有的文献进行分析可以看出，对网络出版的研究起步较晚，最早的研究发生在2001年前后，主要是对网络出版的定义、类型、特点、模式等方面进行的一般研究。

综合已有的研究成果，我们发现主要取得的理论认识如下。

1. 在网络出版的定义上，学术网络出版应当从网络传播的角度来界定

明海和杨小龙（2002）研究认为，网络出版"实质是拥有固定域名并与

互联网相连的网络实体，以计算机网络（互联网）为介质，定期或不定期地向网络用户提供信息产品和服务的一种信息传递模式"。单独地把网络出版理解为学术期刊数字化或者单纯地认为网络出版是信息通过互联网向大众传播的过程，都是片面的。

2. 关于网络出版的类型，普遍认为有几种类型：主题讨论型、定期或不定期型、数据库型、综合型

其中，从互联网信息服务角度看，网络出版有互联网 Web 出版、数据库出版和电子邮件出版。从提供的产品看，网络出版的形式有三种：建立数字信息数据库，提供全文检索和浏览服务；制作多媒体信息电子文件，以电子邮件等形式发送给订阅用户；在网上出版电子出版物。

3. 关于网络出版模式的研究

研究认为有五种出版模式：一是个人在线出版模式；二是出版商出版服务和代理出版模式，由网络出版商出版电子出版物并销售；三是出版商自行出版发行电子出版物模式；四是出版单位与大型数据库合作联合出版电子出版物，按需印刷纸质出版物；五是 eBook 网络出版模式。

4. 关于网络出版的特点的研究

研究认为网络出版具有明显的以下方面特点。①主体合法性。研究者普遍认为，只有合法的出版机构才能进行网络出版业务。但是，也有不少研究者认为，出版主体大众化是网络出版的一个重要特点，由于制度限制，多数出版主体可能不具有合法的出版资格，但也在从事网络出版活动，如除了专业出版单位和机构外，网络公司、个人、计算机服务公司等也在从事网络出版。②出版产品形态数字化。这是网络出版的本质特征，与纸质出版物的形态显著不同，是以数字信息的形式存在的出版活动。③服务网络化。包括网络出版物的流通方式、交易方式和服务方式，都是以网络形式进行的，也是网络出版的本质属性。④其他明显特点。如出版发行同步、出版过程简约、传播载体数字化、阅读电子化、超链接、共享、互动、时效等。

此外，学术界还对学术期刊网络出版中数字资源管理、人才培养、版权保护、出版技术、网络出版物的形式等方面进行了研究。

（二）高校学术期刊网络出版的影响因素

高校学术期刊网络出版的发展和有效运行，受到多种因素的制约和影响，既有技术进步的促进和制约，也有政策因素、管理制度方面的推动和影响。

1. 技术进步

信息技术和网络技术是决定学术期刊网络出版的根本因素。正是由于信息技术和网络技术的发展，促进了互联网的发展，也推动了新媒体时代的到来和传媒产业的技术革命，引起了学术期刊等传统出版与新兴媒体的融合发展。

信息技术和网络技术使数字信息通过互联网在全球畅通无阻，为学术思想和学术研究成果在全球传播提供了技术支持，也使学术期刊的内容可以以数字信息形式储存和自由阅读。因此，正是信息技术的创新和进步推动了网络出版发展。

2. 国家政策

适应新媒体和互联网的发展，学术期刊的管理政策也在做出相应的调整。中央为了推动新闻出版与传媒产业的发展，制定了一系列推动传统媒体与新兴媒体融合发展的政策，有力地促进了学术期刊数字化转型和网络出版发展。但是，由于网络出版还处于探索发展阶段，很多管理制度和政策还不能与网络出版的要求相适应，需要随着网络出版实践的发展，适应其发展规律和实际需要做相应的调整和完善。

3. 制约学术期刊网络出版的相关因素

随着数字出版技术的广泛应用，学术型网络期刊的比例越来越大。但是，目前存在着一系列因素制约着高校学术期刊数字化出版和网络期刊发展，这些因素既有技术因素，也有制度因素和管理因素。

（1）质量控制

质量就是生命。对于网络期刊来说，这句话同样适用。如果不能保证网络期刊的质量，那么，即使采用了网络技术，也难以继续发展壮大。

从当前的情况看，网络版学术期刊多数是具有国家新闻出版管理部门注册的纸质期刊内容在网络上再次复制，是与纸质期刊并存的期刊形态，对于这类期刊内容的承认是基于对纸质期刊的认可。

然而，在当前，除了上述期刊的网络版外，大部分新创办的网络期刊缺乏严格的审稿制度，甚至对论文稿件不加审读和编辑，就在网上发表，或者是在印刷媒体上难以发表的平庸论文，也能在网上迅速刊发。由于缺乏质量控制，致使网络期刊的质量难以保证，进而导致人们还不能认同网络期刊的质量保障。

同时，网络期刊的出版缺乏规范性规定，没有科学的管理制度和办法，一些新办的网络期刊没有标准可依，致使一些网络期刊既没有刊号，也没有按照印刷版期刊标准出版。质量问题严重影响到了期刊网络化的声誉和生存，特别是学术型的网络期刊刊发的论文得不到印刷版期刊论文的同等待遇，不被用来作为职称评定和学术水平评价的依据。这些都严重影响了网络期刊的发展。

（2）出版标准化

纸质期刊的编辑出版和印刷都有统一的标准格式，目前几乎所有的期刊都是按照标准格式编辑出版，也有少数没有按照标准格式编辑出版。而网络期刊还没有统一的标准格式，各自为政。

目前，网络期刊的数据格式繁多，打开方式又不同，给读者造成了一定的交流困难。例如，《中国期刊网》中期刊全文的浏览需要下载安装特定的CAJViewer，而《中文期刊数据库》的文章全文浏览需要下载 VIP Browser。网络期刊还缺乏统一的编排格式，各个网站对期刊的编排方式自由决定，有的按学科体系排列，有的按自由体排版，有的干脆不做任何分类随便排版。

（3）维护和保存

网络期刊的长期保存需要比印刷版期刊更高的技术，目前这种技术还需要进一步完善，一些问题还没有彻底解决。网络期刊的内容保存方式和数据库设计的特点，允许它在发行后还可以对其内容不断更新和修改，这给网络期刊的维护和保存带来一些问题。因为它涉及技术更新和产品淘汰，还涉及设备更新，如果在技术上不能很好地衔接，就会出现链接不畅甚至失效的问题，进而影响到网络期刊的使用。

（4）安全问题

网络安全始终是一个不可绕过的问题。目前，网络面临的威胁主要是黑客攻击、不良信息入侵、内部破坏、泄露秘密信息等，都会导致信息系统瘫痪，给社会造成严重的经济损失。对网络期刊的安全问题，目前还没有非常有效的方法，采取的三种基本策略例如防火墙技术、加密技术和新一代网络通信协议，还存在着许多缺陷，难以完全保证网络安全。安全技术有待进一步创新和提高。

（5）著作权问题

网络期刊的内容在传播方式和途径上不同于传统媒介，在数字环境下信息的获取方式更多，作品更加容易被复制和非法使用。我国还没有制定专门的学术期刊网络出版法，虽然制定了与学术期刊等网络媒体相关的著作权保护法，但很不完善，因此存在法律空白。一旦出现了版权问题，也只能按照传统的《著作权法》的规定去解决。但是，《著作权法》对网络版权规定的不具体，难以作为解决纠纷的具体依据，导致许多网络期刊由于缺乏人力和财力，即便是被侵权，也难以通过正当渠道加以追责和讨伐，不得不放任非法侵害。

（6）阅读习惯的制约

阅读习惯还存在着传统惯性，很多学者仍习惯于在纸版媒介上阅读，即使通过电子形式获得的资料，75% 的人还是愿意在纸质媒介上阅读。据调查，美国生物化学学报的图书馆订户中，订购联机版的仅 350 家，而订购印刷版的却超过 4400 家。在中国，大多数期刊都实现了计算机录入排版，有的还建立了自己的网站，但真正在网上编辑排版出版的期刊并不多，大多数期刊还没有实现在自身网站上进行网上全文阅读和检索。这一方面是由于阅读习惯使然，另一方面是电子学术期刊或者网络期刊还有自身的不足，难以代替纸版期刊。

（三）学术期刊网络出版机制的作用

学术期刊网络出版机制由运行机制、动力机制、反馈机制、制约机制和服务机制等五种机制构成，各种机制相互制约和相互影响，共同推动学术期刊的网络出版运行。

机制是对事物发展中内外因素相互作用及影响过程的复杂运行系统。在机制中，各种因素不是孤立存在的，这些因素在自身发挥作用的同时，又对其他因素产生影响，最终协作推动事物的发展。各种事物都有自身的发展机制，人们要发现促进事物发展的机制，并对各种机制的特点和规律认真把握，做出相应的对策。高校学术期刊的网络出版发展也具有自身独特的发展机制。它的机制是由学术期刊发展中面临的各种因素独自作用和相互影响产生的。

学术期刊的网络出版，不是单纯的学术出版行为，而是在互联网中借助网络技术，通过网络渠道和信息载体，实现学术思想和成果的网络出版与网络传播。在学术期刊的网络出版与网络传播中，各个环节都有自身的组织系统在运行，并在整体上组成网络出版系统，共同完成学术期刊的出版与传播。

学术期刊网络出版机制的作用显著。

第一，提高学术期刊网络出版的运行效率。动力机制可以保障网络出版的发展动力，使学术期刊网络出版在各种动力的推动下实现技术创新、出版方式创新和服务方式创新，进而实现传统出版与新媒体融合发展，最终实现数字化出版转型。监督机制是用来保障网络出版符合法律和出版规范，从而保证网络出版的正确发展方向，确保网络出版内容的质量不断提高。运行机制保障网络出版的各个环节互相配合、合理安排和良好运行，最后达到网络期刊的出版和传播，提供信息服务。此外，反馈机制、制约机制和服务机制等分别发挥各自的作用，使网络出版中的各种流程和服务顺利进行。

第二，促使网络出版与社会经济发展相适应。学术期刊是社会经济发展中文创产业或者传媒产业的一个组成部分，是文化产业的一个分支。它的发展对于社会经济和文化具有较为重要的意义。学术研究通常是基础研究，也有很多应用研究，对社会的发展具有基础性促进作用。理论上的创新和突破将为社会经济发展和技术进步带来巨大的动力。学术期刊网络出版在各种机制的促进下，适应社会发展的需要，发挥学术思想传播和学术理论创新的引导与支持作用。

第三，促进高校学术研究发展，提高学术思想传播力和学术期刊的影响力。完善的网络出版机制可以提高网络出版的运行效率，提高学术期刊的影响力和学术思想的传播力。发挥网络出版机制的作用，把学术思想和学术研究成果有效地推送给社会，为读者和其他用户提供及时、高效和个性化的信息服务，是扩大学术思想社会影响、促进学术发展以及科技进步的有效途径。

（四）学术网络出版机制的组成

学术期刊网络出版机制以运行机制为基础，在动力机制、反馈机制、制约机制和服务机制的共同作用下，完成对学术期刊的网络出版过程，最终实现学术思想和研究的出版、传播与影响。如图 7 - 3 所示。

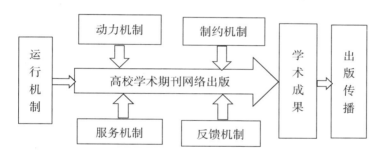

图 7 - 3 学术期刊网络出版机制构成

1. 运行机制

运行机制是指事物的发展所依赖的运行系统中决定行为的内外因素及消化关系的总称，可以用来解释各种因素的结构、功能、因素的影响、作用过程及运行方式。事物的存在和发展是在各种因素及其相互联系和作用中进行的，为保证事物的运行，各因素之间必须协调发展，最终达到既定目标。按照运行机制的主体、因素、实现的结果等，可以分为多种运行机制，如市场运行机制、投资运行机制、企业运行机制、经济运行机制等。

学术期刊的网络出版运行机制是学术期刊在互联网时代和新媒体时代出

版传播机制的总称。网络出版是一项由出版主体借助互联网渠道和载体进行的文化产品生产和传播行为，其主要组成因素是文化创作者、出版者、出版物、运行方式、技术、制度、运行管理等。网络出版运行机制是以上诸因素功能、作用过程和运行方式的综合机制，目标是完成文化创作的出版、传播和发挥社会影响作用。

学术期刊网络出版运行机制的运行机理如下。

首先，学术期刊出版机构制定明确的出版宗旨和目标，在出版范围内，在主管部门和主管单位的监督指导下，运用组织机构内的资源（人力、物力、技术、管理、资金），征集学术成果（研究成果、学术论文），经过审稿、编辑加工、排版、网络发布等程序，经过订阅者和其他受众获取学术信息资源，实现学术思想和研究成果的发布、传播和社会影响，最终实现推动社会经济发展目标。

其次，运行机制的各个因素及环节都是必不可少的组成部分，它们之间密切协作，合理运行，确保学术期刊网络出版在高效运行中质量、效益不断提高。

最后，各种机制的顺利运行还需要相互之间的密切配合。动力机制为运行机制提供基本动力；制约机制发挥监督管理和保障安全的作用；服务机制发挥网络信息服务的作用；反馈机制发挥信息反馈和改进运行方式的作用。

学术期刊网络出版运行机制的特点在于网络技术和互联网渠道对于学术期刊出版的关键性作用。在传统期刊出版方式下，没有网络技术和互联网渠道的应用和参与出版，因而，很多方面受到限制，比如，离不开纸张的消耗，需要较长的出版周期，很少与受众互动，受众的个性化服务需求得不到满足，学术期刊内容传播速度慢，这些在网络出版运行机制下都不再是难以克服的困难。相反，都将得到了彻底的解决。

学术期刊网络出版运行机制的运行机理如图 7 - 4 所示。

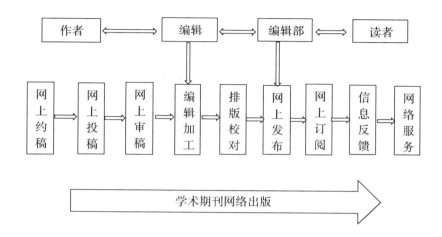

图7-4 学术期刊网络出版运行机制的运行机理

2. 动力机制

网络出版的动力主要来自技术进步、产业升级、市场竞争和政策推动。动力机制是指各种动力发挥作用的机制及其相互作用的关系。从学术期刊网络出版的动力机制看，正是各种动力促进了网络出版，而其途径是通过媒介融合实现传统出版升级和技术进步。

首先，技术进步本身具有强大的促进传媒产业媒介融合的动力，进而推动了学术期刊数字化转型和网络出版。信息技术的创新成果被广泛应用到传媒出版业，使传统的出版方式得到技术改造和提升。数字化出版技术为网络出版提供了技术支持，成为推动网络出版的主要动力。互联网的发展是通信技术创新与进步的结果，同时，为数字信息的全球畅通无阻传播提供了有效的渠道，也为学术期刊网络出版创造了条件。因此，可以说是技术进步从根本上推动了学术期刊网络出版。

其次，产业升级既是产业发展的结果，也是传统出版向网络出版发展的动力。社会经济发展和产业升级之间的关系密切，二者互相促进，共同进步。产业升级的结果为社会经济发展提供了物质和技术基础，并进一步推动了社会经济进步。传媒产业的发展历史表明，伴随着技术创新，传媒产业的技术、结构和组织都产生了新的变革。新媒体的出现和发展使传媒产业进入了媒介融合时代，传统媒体要在新媒体时代生存下去，唯一的途径是与新兴媒体融合发展，在技术上、形态上和方式上适应新媒体时代的市场需求和用户需要。否则，只能被具有强大竞争优势的新媒体所取代。学术期刊在互联网时代与新媒体融合发展的途径主要是利用互联网发展网络出版。

再次，市场竞争给学术期刊生存发展造成巨大压力。如果学术期刊社没有忧患意识，不思进取，仍然保持既定的发展模式，不进行创新和技术进步，忽视新媒体的存在和影响，故步自封，那么结果可想而知，只能日趋消亡。事实上，新媒体的发展给学术期刊传统出版带来了巨大的压力，也给其带来了新的发展机遇。学术期刊出版业界不仅存在国内范围的激烈竞争，例如争取优秀作者，扩大读者数量，提高竞争力和影响力等；而且，也存在与国际社会如发达国家的学术期刊进行激烈竞争，因为高质量的研究论文需要更好更快地公开发表，因此，如果学术期刊的刊发与服务落后于作者的期盼，则作者必将弃之而去，寻找更快更好的发表途径。当前我国一些优秀论文不在国内发表而选择国外的学术期刊，反映了我国学术期刊在世界的影响力还不很高，需要进行技术改进和管理创新。

最后，政策上的推动。国家政策是促进社会经济和文化发展的重要措施，对事物发展具有引导和推动作用，是学术期刊网络出版的重要动力。为了促进学术期刊等传统出版数字出版转型，中央多次发布有关文件指导和促进数字出版和媒介融合。2014 年 8 月 18 日，习近平总书记主持召开中央全面深化改革领导小组第四次会议，通过了《关于推动媒体和新兴媒体融合发展的指导意见》，为推动传统媒体与新兴媒体融合发展指明方向和提供了政策支持。

除了以上动力外，受众需求也是十分重要的因素。传统出版中，受到纸质出版的限制，作者和读者都以纸质学术期刊为媒介，离开纸质媒介，作者无法看见自己的研究成果被公开发表，读者无法阅读所需要的学术资料，编辑与作者和读者难以及时互动。也就是说，虽然受众的需求是存在的，但由于技术原因无法得到满足。这种需求正是学术期刊在技术创新和网络技术获得发展的情况下能够得到满足的，因而，适应受众的客观需求，学术期刊加快与新媒体融合的速度，在出版方式、管理方式和服务方式上进行创新，网络出版就成为其科学的不二选择。

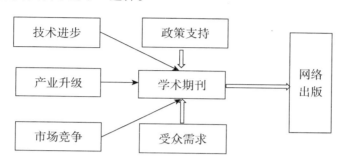

图 7-5 学术期刊网络出版的动力机制

3. 反馈机制

学术期刊网络出版运行中，不仅要通过网络渠道输出信息，即通过网络出版平台出版发布学术思想和学术成果，还需要外界向内输入信息，除了作者投稿和接收投稿外，还需要接收读者发出的信息，例如，读者的评论、读者的订阅信息、读者的需求信息等，这些信息的传递和接受机制，就是网络出版机制中的反馈机制。

反馈机制在学术期刊网络出版运行中发挥其作用。

第一，是网络出版机制的重要组成部分，使网络出版机制体系更加完善，更加合理，有利于其顺利运行。一个系统中，输出系统和输入系统构成事物的完整组织，从而利于系统的物质信息循环流动，减少因物质信息的停滞造成的破坏。正如一个蓄水池，如果只有水流入，没有水流出，那么，蓄水池就容易储满水并发生外溢现象。如果蓄水池安装了排水口，那么，蓄水池就能保持适当的水位而不至于溢出。并且，由于蓄水池的水是流动的，水不易变质；否则，则容易变质发臭。对于学术期刊网络出版机制来说，学术期刊在出版中获得读者及其他受众的信息反馈，然后在网络出版系统中得到响应，并促进网络出版质量的提高，就是实现了学术期刊网络出版机制的输入系统与输出系统的完整循环。

　　第二，反馈机制对于作者和读者来说，也是参与学术期刊网络出版的渠道和途径。对于作者和读者来说，学术期刊出版机构是一个神秘的机构，很想通过互动多了解一些学术期刊是怎样运行的。同时，读者也希望将自己对学术期刊内容的评价和意见通过适当的渠道提供给学术期刊出版机构，以便改进和提高学术期刊质量。反馈机制可以完成这项工作。而且，在大数据工具被使用后，会有更多的对学术期刊质量提高和学术思想影响力扩大的信息被反馈机制接收，成为学术期刊的重要信息资源。

　　学术期刊网络出版反馈机制由构成机制的因素和相互作用关系构成。主要的因素是读者、作者、反馈系统和编辑工作人员。如图 7 - 6 所示。

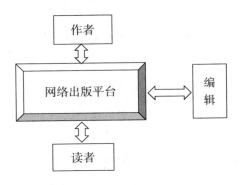

图 7 - 6　学术期刊网络出版平台反馈机制

4. 约束机制

　　学术期刊网络出版的约束机制是一个由管理制度、监督制度、安全制度等组成的保障学术期刊出版质量符合有关规定的制度框架和规范系统。约束机制也可以称作制约机制，对事物的发展具有制约作用，制约的目的是使其按照制度规范有序发展。

　　学术期刊网络出版的管理制度由内部管理制度和外部管理制度组成，其中，外部管理制度主要是国家新闻出版署制定的有关新闻出版管理制度和规章制度，以及有关主管部门制定的规章制度和指导意见；内部管理制度是由学术期刊出版单位内部制定的出版管理和编辑校对等方面的制度。安全制度则是指信息安全制度和版权保护制度等，对于系统的安全起到基本的保障作用。

监督制度是由学术期刊网络出版的主办方及上级主管部门监督学术期刊的出版和传播，主要监督学术期刊网络出版运行，直接对出版和传播进行监督检查，这也是管理体制的体现。在我国，高校学术期刊的出版直接由上级主管部门和主办方进行监督管理，提高了监管效率，起到了保证出版质量和传播质量的作用。

约束机制是学术期刊网络出版中的重要机制，在约束机制作用下，保证学术期刊网络出版的正确方向，特别是做到与党和中央的政策保持一致，没有政治错误和其他方向性错误，同时，在内部管理制度的协同制约下为提高学术期刊的出版传播质量提供制度保证。

5. 服务机制

可以说，整个学术期刊出版传播都是在服务机制的作用下进行的。服务机制说明了学术期刊出版机构在以服务学术研究、服务社会经济发展、服务文化创新的宗旨下，如何通过网络出版活动向社会提供人类精神文化产品服务。

在服务机制中，服务的提供者是学术期刊出版机构或出版单位，具体的执行者是编辑和相关工作者，服务的对象总的说是社会，具体说是作者和读者及其他受众，目标是促进学术理论创新和学术思想传播，以便最终实现社会经济和文化进步。

服务机制的运行由学术期刊网络出版者完成。在向受众提供学术信息服务时，出版机构通过媒介融合，将传统出版与新兴媒体结合起来，以内容为主体，以互联网载体，以信息为形态，以网络终端为途径，本着提高服务质量和效率的原则，为读者、作者和其他受众提供及时、多样、个性和方便的学术服务。

（五）学术期刊网络出版机制的运行原理

在学术期刊网络出版中，各种机制既单独运行，又与其他机制协调合作，共同完成学术期刊媒介融合中利用互联网新媒体进行新型出版。网络出版的技术基础是信息技术和网络技术，动力来自技术创新和市场竞争，也来自受众在互联网背景下对新媒体的需求体验，在创新驱动和需求拉动下，学术期刊向数字化转型发展，在数字出版不断发展的情况下，实现网络出版新型出版方式。

　　学术期刊网络出版的方式是基于互联网的数字出版，是一种不同于传统学术期刊出版的新型出版方式，具有数字化、信息化、网络化、成本低、效率高等特点。由于网络渠道的便捷性，极大地提高了学术期刊的传播能力和影响力。但也给网络出版的学术期刊带来更高的质量要求。如果学术期刊的质量低、有误导性，那么产生的社会影响也会迅速扩大。因此，对于学术期刊来说规制和制约是极为重要的。制约机制是保证学术期刊正确发展方向和质量保障的机制，可以为学术期刊的网络出版的质量保驾护航，只有出版机构或单位增强质量意识，严格按照网络出版的法律法规等政府规制以及有关管理制度要求办事，遵循网络出版的规律，才能够避免网络出版中可能发生的一系列问题和错误。

　　学术期刊网络出版的一个明显优势是服务机制特别发达，借助服务机制，可以为读者等受众提供多方面的信息服务。在新媒体时代，读者等受众既可以通过学术期刊网络平台阅读各期内容，访问期刊页面，查询期刊动态，甚至由学术期刊提供一对一的个性化服务，如向读者集中推送其需要某类资料信息，同时，还可以与编辑进行互动交流，提出建议，促进学术期刊提高质量，扩大学术影响力。服务机制主要有服务主体（编辑部）、服务渠道（网络）、服务内容（信息）、服务对象（受众）、服务方式（定期或不定期）、服务强度（宽度和深度）等方面组成。通过相应的制度安排，实现服务创新。在互联网和新媒体广泛应用的情况下，手机新媒体逐步成为学术期刊内容信息传播的新兴途径，微信公众号的使用提高了学术期刊移动服务的能力，成为读者等用户获得学术期刊服务的新方式，对于学术期刊服务创新产生了巨大影响。

　　综上所述，学术期刊网络出版机制的运行机理是在动力机制的作用下，以运行机制为主体，通过网络渠道进行学术出版和信息传播，在制约机制和服务机制的共同作用下，提高网络出版质量和服务质量，并在反馈机制下实现信息反馈，进一步改进出版和服务。

五、高校学术期刊网络出版的现状

网络期刊是以数字形式在互联网上出版发行的一种连续出版物。常见的网络期刊可以分为两类。一类是由纸质学术期刊通过数字化在互联网传播的电子版学术期刊，可以说是广义上的网络期刊；一类是不依赖于纸质学术期刊的纯数字信息的网络型电子期刊，又称为无纸化学术期刊，可以说是狭义上的网络期刊。按照《互联网出版管理暂行规定》，期刊网络出版的主体应当是具有出版资格的经过审核批准的传统期刊社或者依法成立并注册备案的网络机构。

（一）学术期刊网络出版的类型

根据网络期刊的类型，学术期刊网络出版可以分为两类。

第一类是将印刷版纸质学术期刊数字化，实现由纸质向数字信息的转变，通过技术手段生成传统学术期刊的网络版，并在互联网上传播。这类网络期刊的出版在编辑流程和出版程序上主要是传统出版流程和程序，但在后期制作上，采取了集约型的方式，通过学术期刊数据库，如中国知网和中国数字化期刊群，集中向读者提供网络版学术期刊内容，极大地方便了用户在网上搜索和阅读。

另一类是通过互联网组稿、审稿、编辑、制作和发行学术论文，由于具备了纸质期刊的某些规定和形式，但是以电子信息形态出版和网络传播，是纯网络意义的电子出版物，即网络出版物。

从网络出版的不同途径划分，学术期刊网络出版可以分为两种。一是自主上网出版。出版机构利用本单位的网络，将编辑制作的学术期刊内容上传互联网，自主出版发行和传播。二是利用数据库上网。即由大型数据库平台集中多个门类的学术期刊，形成学术数据库，发挥规模效应，形成具有强大影响力的集约型数据库，集约出版发行。

（二）我国学术期刊网络出版的发展现状

网络出版是传统出版与新兴出版的融合产物，是新媒体在传媒产业的发展和网络技术应用的结果。由于技术的制约和各个学术期刊社资金等方面的制约，我国高校学术期刊普遍借助大型学术期刊网络出版数据库，采取由几家大型数据库在互联网上集约出版和传播期刊内容的方式，进行学术期刊网络传播。单纯电子数字型的网络期刊虽然开始出现，但还有待积极发展。

1. 大型数据库平台学术期刊集约型网络出版发展成果

学术期刊借助的大型数据库主要有三个：中国期刊全文数据库；万方数据库和维普中文科技期刊数据库。目前，由它们提供的中文电子期刊及英文期刊，已经成为国内绝大多数高校、公共图书馆和科研机构的重要组成部分。在国际互联网中，这三大数据库也成为中文学术信息的重要代表和国际学术交流的重要信息来源。

目前，我国几乎全部学术期刊都被三大数据库收录，成为三大数据库学术论文的基本来源。目前，最具影响力的大型学术期刊数字化出版平台是中国知网（CNKI），它是由清华同方知网（北京）技术有限公司（TIKN）、中国学术期刊（光盘版）电子杂志社（CAJPH）和清华同方光盘股份有限公司（TTOD）通过资源整合而成的网络出版网站——中国知网（www. cnki. net）。

中国知网（CNKI）收录了由 CAJPH 编辑出版的由中国大陆生产的大多数期刊、报纸、博硕士学位论文、会议论文、图书、年鉴等文献资源，并与其他数据库整合，建立《中国知识资源总库》，为中国和世界提供一站式数据库超市集成服务。

万方数据库资源系统除了收录我国自然科学和社会科学各领域的硕士、博士及博士后研究生论文信息外，还包括《中国学位论文数据库》《中国会议论文数据库》《中国科技成果数据库》《科技文献数据库》《中外标准数据库》等12类数据库及100多个子库。其数字化期刊包括了哲学、社会科学、经济财政、科教文艺、基础科学、医药卫生、农业科学、工业技术等6000余种期刊。

维普资讯中文科技期刊数据库收录了1989年以来国内出版发行的自然科学、工程技术、农业、医药卫生、经济、教育和图书情报等学科12000多种期刊，港台地区出版的108种期刊，外文期刊6687种。

此外还有龙源期刊网等一些网络出版公司从事学术期刊网络出版传播。

2. 狭义的学术期刊网络出版的积极探索

学术期刊抛开印刷版纸质期刊，完全采取纯电子网络出版形式，这是未来学术期刊的发展方向。目前已经有一些学术期刊开始探索这条道路，但数量很少。典型的纯电子网络出版学术期刊是，大型数据库学术期刊网络平台进行的网络出版和学术期刊优先数字出版。

重庆维普资讯公司旗下的优先出版平台，出版由重庆维普资讯有限公司主办的多种纯电子网络期刊，能够在线投稿、审稿，并通过系统自主完成对已审稿件的排版工作，无须线下的加工流程，即可直接在平台上显示。

中国知网于 2010 年 10 月，正式启动"学术期刊优先数字出版平台"，以"单篇定稿出版"和"整期定稿出版"两种方式进行学术期刊优先数字出版。这一新型出版方式的应用，为国内学术期刊国际化、市场化竞争和实现以"知识服务为导向"的办刊理念及模式提供了先进的运行条件。

学术期刊优先数字出版，也称 On – line – First，是指以互联网、手机等数字出版方式提前出版印刷版期刊的内容。这种方式是针对解决传统出版模式下出版时滞长、周期长、国际竞争力弱等问题采取的快速、灵活、合法、合规的学术论文出版发表方式。其具体要求包括两个方面：第一，出版内容严格进行编审，与印刷版内容完全一致。其出版的内容分为期刊编辑部录用的单篇优先和整期优先。单篇优先是经过期刊编辑部按照编辑流程规范审定的单篇稿件，整期优先与期刊印刷版内容一致，由期刊编辑部确定与印刷版一致的年卷期和页码编号。第二，出版渠道多元化，个性化推送发布。中国知网为每一个优先数字出版的期刊设立一个网络出版平台，专门发布该期刊数字出版内容。个性化推送是指按照读者要求，将增值服务自动推送到有关平台。

第八章　学术期刊网络出版平台：理论与框架

高校学术期刊数字化与网络出版需要相应的网络出版平台做支撑。网络出版平台又称作网络平台，是以互联网为基础，在互联网上借助网络出版系统进行编辑、校对和出版发行并提供网络服务的学术成果出版、发布的系统平台。随着传统出版与新媒体融合不断加速，学术期刊数字出版水平进一步提高，网络出版平台的作用也越来越重要。研究网络出版平台的建设对于加快学术期刊网络出版和数字化转型，具有十分重要的意义。

一、学术期刊网络出版平台研究的回顾

截至目前，国内关于高校学术期刊数字化转型中网络平台建设的研究成果并不丰富。目前的研究主要集中在期刊数字化和网络化等有关问题探讨上，对网络出版和网络平台建设的研究相对较少。

首先，很多研究者认为网络化是数字出版的体现。刘筠、夏光、冯桂欣（2004）等认为，科技期刊网络化，顾名思义，就是一切与科技期刊编辑、出版有关的工作都要网络化，即期刊的组稿、收稿、审稿、编辑加工到发排出版全过程的计算机网络化。多数学者研究认为，期刊数字化与期刊网络化在总体上是一致的，都是利用计算机技术、网络技术和数字信息技术对传统期刊的革命性改造，是传统期刊与新媒体融合的产物。在本质上，二者是一致的。区别在于侧重点有所不同，期刊数字化强调期刊出版过程中对数字技术的高度利用，而期刊网络化强调期刊的网络运行。

其次，研究者认为期刊网络服务是网络化的重要内容。陈月婷（2005）认为，期刊数字化不应该等同于简单的期刊上网，而是一个系统的、由内容到服务的整个出版流程都数字化、网络化的过程，不仅指期刊形态上的网络化，而且指期刊编辑、出版、信息反馈和服务的网络化。贺德方（2006）等也认为，期刊网络化不同于简单的期刊上网，它是一个系统的、全面的、从内容到服务的整个流程通过网络进行的自动化、数字化的加工和提供过程。

再次，学术期刊网络平台建设促进了数字出版。期刊出版社通过网络平台，将期刊数字出版与网络服务融合在一起，为期刊数字出版提供了发展途径。一般意义上，数字化平台又称为数字化网络出版平台，简称网络平台。本文的网络平台就是指数字化网络出版平台。

学术界对此进行了一定的研究。李亚青（2009）认为，建设学术期刊数字化平台是对传统学术期刊的整合与提升，学术期刊数字化平台对传统学术期刊呈现方式的重大变革，对学术信息的交流和传播以及对学术信息的接收方式产生重大影响。他对比分析了中外两个典型的具有代表性的集群建设模式的学术期刊数字化平台，提出了特色化的高校学报数字化学术平台建设思路。张玲（2013）从编辑功能、校对出版流程和数字化盈利模式等三个方面对中华医学会信息管理平台与 Springer Link 学术期刊数字化平台进行了比较，发现我国科技期刊数字化转型进程缓慢，问题很多，难以满足受众的服务需求，需要加快转型发展。高燕红（2011）以中国国家图书馆购买的国际知名产品 Springer Link（德国施普林格电子期刊）网络平台为例，研究了基于数字出版的外文期刊全文数据库服务模式的特点。

最后，很多学者讨论了关于学术期刊网络期刊平台建设途径问题。陈月婷（2005）对科技期刊的研究认为，科技期刊建立网站和多个期刊建立联合的专门网站，是科技期刊网络化的两种实现方式，这两种方式各有千秋，互相补充。建立独立期刊网站，向网络提供数字化内容和服务，有利于期刊纵向发展，有利于期刊网络向个性化发展；建立期刊联合网站，是指多个期刊联合建立专门网站，有利于期刊横向发展，实现期刊规模效应。曾建勋和屈海燕（2003）研究认为，编辑部将刊物的排版数据发送至集中制作上网基地，将印刷版的内容以一定的格式搬到因特网，实现上网传播，这只是期刊数字化进程的第一步。要真正实现数字期刊，还需要业界做出更多的努力。彭玲（2009）提出，对于网络期刊出版中存在的问题，在信息处理技术上应当按照国际技术标准进行处理，把国际性和合作性、适应性与灵活性结合起来，推进我国数字出版的标准化建设。同时，制定一套合理的数字化出版流程，使其适应商业化运作模式，促进期刊数字化出版。

此外，关于我国期刊网络平台建设滞后问题的原因，学者们也进行了广泛的讨论，普遍认为主要原因有几个方面：投入资金不足，缺乏数字技术人才和管理人才，期刊数字化、网络化建设缺乏统一的行业标准和管理政策不确定，以及网络出版版权法律不健全等。对于上述方面的问题，研究者提出了一些相应的对策。冯虹和周小华（2010）提出，期刊经营者需要加大资金投入，重视培养数字出版技术人才，建设数字出版管理系统，实现数字化办公，同时，制定并完善数字化出版标准，按照数字出版规范进行编辑出版。

综合上述研究，可以看出目前，学术界和期刊出版界对于学术期刊数字化平台与网络出版平台的理解还存在差异。

第一，把纸质期刊的内容通过数字信息转化，变为可以在中国知网、维普等网络信息平台上发布的内容，就是学术期刊数字化与网络化。这是目前普遍接受的观点，也是很多学术期刊所能做到的。学术期刊社与大型网络信息开发机构合作，将其编辑出版的学术期刊内容提交给合作机构，在其拥有的数字出版平台上发布，从而实现上网查询。目前，我国有500多种学术期刊实现了上网查询。这种方式是学术期刊在互联网高度发展的新媒体时代，将其内容与网络平台紧密合作，进而融入新媒体的主要途径。

第二，学术期刊社依托所在单位的网站建立出版平台，例如高校网站、研究机构网站、行业网站等，在编辑出版纸质学术期刊的同时，实现上网发布。同时，这些学术期刊还接受大型网络信息机构的合作协议，将学术期刊的内容发布在大型网络机构的信息库，供用户查询使用。这种方式与第一种观点基本是相同的，区别在于这种方式更加重视学术期刊社实现网络发布的及时性、主动性。

笔者认为，这两种平台模式虽然在学术期刊内容上实现了数字化，也在一定程度上实现了网络化，但是，并不能代表学术期刊网络出版平台。因为，学术期刊网络出版平台并不只限于其内容是已经纸质出版内容的数字化与网络化，而是超越学术期刊纸质出版的限制，尤其是其内容的限制和出版方式的限制。

理想的学术期刊网络出版平台，应当是学术内容直接实现网络发表，不需要先进行纸质学术期刊出版，只要被学术期刊社在其网站上发表，就可以被公认为有效的发表，从而被有关部门和机构认可。这个做法必将改变现有的期刊出版方式和管理模式。

从出版方式上看，主要的变化是学术内容网上发布，而不是纸质期刊上发表。在实现了网络发表后，纸质学术期刊只是辅助的形式，是应用户的需要独立制作的内容载体，是适应客户特殊需要生产的产品。它可以是单独的某篇论文，也可以是一些相关内容的论文的文集。期刊的内容编排不再是目前的按照卷、期排列，而是独立的一篇文章，一个作品。每篇发表的文章有自己的"身份证"编号。对此，从管理模式上看，上级主管部门要做相应的变革，从过去对纸质期刊的质量管理，向网络信息管理转变，在管理技术上要求得更高。

二、高校学术期刊网络平台理论

（一）平台理论

1. 平台的含义

平台，根据《现代汉语词典》的解释，它是指在生产和施工过程中，为了操作方便而设置的工作平台，具有能移动和升降的便利。从广义上讲，是一种现实的或者虚拟的空间、场所，用来满足人们实现某种、多种活动的需要，以此提高效率和实现既定目标。

从狭义上讲，平台是用来完成某项活动的实物，具有提供支撑和用来帮助主体进行制作达到完成任务的作用。现代经济学意义上的平台概念也是由此产生的。从更加广泛意义上讲，平台是提供支撑和场所，用来完成某项活动，达到交易和实现目标的所有空间，包括实物的和虚拟的空间场所。

2. 平台的特征

广义上的平台具有以下几个特征。

第一，平台是人们根据生产和生活的需要设立或者自然发展而成的空间场所。场所可以是实物，也可以是虚拟空间，也可以是二者结合而成的"实物＋虚拟"平台。这是现实世界创设的供人们活动的场所。

第二，平台具有便利性。平台的产生是人们追逐便利的结果。网络平台是人们在互联网中利用计算机技术建立的相互联系的平台，可以为人们提供信息沟通和生产活动的便利。高效率和互动性是网络平台的特色优势。

第三，平台具有多样性。根据平台的性质可以把平台分为实物平台、技术平台、网络平台、业务平台等。

与网络平台相反，实物平台是以实物为形态的平台，又称平板平台，是有形的平台。从网络搜索平板平台这个概念，可以找到这样的解释："生产和施工过程中，为操作方便而设置的工作台，有的能移动和升降。"平板平台主支点、辅助支点的设置是影响平板准确度保持性的重要因素。主支点是指平板平台在加工、检定和使用中与安装基面或专用支架接触时，用作主要支承的部分。此时的支承力系是静止状态。辅助支点是指平板平台在使用时，为了防止因负载重心的偏移而发生倾覆或因负载过大而产生有害的变形所增设的支点。辅助支点上的支反力应小于主支点上的支反力。

技术平台是一套完整的、严密的、服务于研制应用软件产品的软件产品及相关文件。真正的技术平台应该是选择合适的技术体系（如 J2EE、NET等）、技术架构（一组设计模式如 MVC 的集合），充分发挥技术体系及技术架构的优势，大大提高应用软件开发速度，指导并规范应用软件分析、设计、编码、测试、部署各阶段工作，提炼用户真正需求，提高代码正确性、可读性、可维护性、可扩展性、伸缩性等的软件工具。优秀的技术平台包括一套高效的底层通用的代码，甚至还包括代码生成器、代码安全漏洞检查工具等。技术平台有效降低了软件公司的开发成本，技术平台的优劣，直接体现了一个软件公司核心竞争力的优劣。没有自己技术平台或技术平台不够先进的软件公司就像没有核心竞争力的公司那样，最终被淘汰出局，因为客户永远追求物美价廉的产品。

业务平台是指快速生成业务逻辑组件，并组织、调度业务逻辑组件应用的软件工具和众多行业经验积累的、成熟的业务组件库。业务平台封装行业知识积累和行业解决方案，能够最大限度地实现知识的复用。业务平台可以不断地自我完善、丰富和发展，随着业务平台的多次客户化应用，平台有机会创造一些行业软件产品。

软件平台是基于软件程序建立的平台，例如操作系统、视频游戏、个人数字助理等，是无形的平台。软件平台一般会涉及"多边"市场，例如硬件、应用软件和用户等各方。

3. 平台的构成

广义的平台由平台的设立者、客户和平台本身三方共同组成。平台客户通常具有不同的目的，这个目的是指一方是提供产品方，另一方是利用产品方。设立者是主办方，为不同的客户提供服务。例如，商场为卖方和买方提供了商品出售的平台，供买方挑选商品，而商场的所有者则从中收取租金或提取利润。信息平台则是提供信息给需要信息的一方，并收取服务费，而信息的内容则是发出信息的一方所希望达到的结果。从这个意义上讲，报纸、杂志、出版社都是平台的提供方，读者和作者则是平台的客户。

（二）高校学术期刊网络出版平台的功能

高校学术期刊网络平台是高校学术期刊数字化和网络出版平台的简称，是由网络投稿系统、网络编辑系统、网络服务系统和网络管理系统组成的系统平台，是期刊实现数字化网络化的场所。

学术期刊网络平台建设有利于促进高校学术期刊数字化转型。网络平台为高校学术期刊数字化出版提供了技术平台和网络平台，使投稿和编辑更加方便，为高校学术期刊实现数字化和网络化创造了条件。数字化出版是高校学术期刊在互联网时代运营数字技术和网络技术，对传统期刊出版的系统改造，是实现数字化和网络化运作的过程。在互联网技术广泛应用之前，高校学术期刊在编辑、出版和发行中采用的方式基本上是手工操作，编辑效率低，出版周期长，实效性差，严重影响了学术期刊的社会效益和经济效益。数字化出版使学术期刊编辑出版出现了颠覆性的变革，极大地提高了编辑效率，缩短了出版周期，减轻了编辑工作压力，扩大了学术影响。

网络平台有利于为作者和读者提供更加全面和先进的服务。网络期刊提供的信息及服务项目已经远远超过了印刷版期刊本身所具有的科技服务功能，不仅可以使用户阅读网络期刊的刊载内容，而且可以获得个性化服务，用户可以通过网络期刊的链接享受包括查询、检索、统计分析等全方位的服务。通过网站，用户可以查阅各期刊的介绍、编辑出版信息，可以进行期刊订阅、论文投稿、文献检索、交流沟通等。提供全面的信息服务是网络期刊一个重要功能，也使网络期刊有别于传统印刷版期刊。

具体地讲，高校学术期刊网络平台具有如下作用。

1. 文献服务

提供文献服务是期刊网站的最主要功能。文献服务的主要方式是提供阅读内容，就是期刊网站把期刊的内容展现给用户。目前，大多数网络期刊提供的文献服务是免费的，这与网络期刊的发展方式和历史有着密切的联系。因为网络期刊是在印刷版期刊的基础上发展来的，其内容大多数是印刷版期刊内容的复制，没有新的变化，已有的用户一般是印刷版期刊的订阅者，未订阅的用户则可以通过互联网搜索到相应的内容。但文献服务的方式和程度有一定的差别。有些网络期刊提供全文阅读，有些只提供摘要、文献目次；有些是免费服务，有些是收费服务。一些权威期刊在网络上提供免费全文服务。

2. 检索服务

检索服务是网站提供给用户的一种搜索服务。通过检索，用户可以获得所需要检索的资料信息。检索服务包括：期刊本身发表文献的检索、文献链接检索、相关文献检索、期刊链接、文献推送服务、引文链接、统计分析服务和其他服务。学术期刊数字化与网络化需要一个科学的数字出版网络平台，便于学术期刊编辑在网络平台上实现数字编辑和内容发布。

3. 采编功能

从编辑的角度看，网络平台为编辑人员提供了一个可供利用的数字编辑系统。通过数字出版网络平台，编辑在网上审稿、编辑校对和排版，并通过网络实现与作者、专家的直接交流，可以大大提高编辑工作效率，提高审稿质量和编辑校对质量，缩短编辑出版时间。网络平台提供编辑出版流程，提供排版系统，实现编辑、审稿专家、编辑室主任和主编终审的一体化，提供相应的编辑排版软件，可以大大方便编辑人员的办公活动。

4. 投稿与查询

从作者的角度看，由于网络平台具有网上投稿系统，作者可以按照一定的程序投稿，在投稿前按照学术期刊社的投稿要求，填写相应的内容，任何一项要求没有填写，都会被告知继续填写，从而实现稿件的规范化和作者、文章信息的规范化。这对提高作者投稿效率具有积极的影响。作者还可以通过网上投稿系统查询所投稿件的进度，及时获得信息。一些学术期刊社的网络平台管理较好，因此，作者比较容易投稿和查询稿件进度。但也有一些学术期刊社的管理工作滞后，作者在查询时遇到种种困难。

5. 下载与阅读

从读者的角度看，网络平台为读者提供了了解学术期刊社情况、查询所需文章和信息的平台。数字出版网络平台是学术期刊社活动的平台，是发表作者文章的平台，是信息链接的平台。它不仅给学术期刊社的编辑工作、管理工作提供便利，还对作者、读者提供便利，特别是读者，可以直接从网站下载需要的论文进行复制阅读。平台的存在强化了对读者的服务功能，因为学术期刊的内容是供读者阅读的，只有提供优秀的内容和良好的服务，学术期刊才能实现良好的社会效益，才能不断地吸引读者，扩大市场。因此，刊发优秀的论文内容是学术期刊社首要的任务。在实现数字化、网络化后，读者或者用户可以获得更多的发表文章的机会，获取更周到的服务。而网络平台则是实现这个目标的基础，从目前已有的大型数据库信息平台看，读者或用户较以前更加容易获取所需信息，获得的服务也更加多样化。中国知网向读者提供了全文查阅、内容链接、影响因子查阅等。2010 年 10 月中国知网还正式启动中国学术期刊优先数字出版，把学术期刊社准备发表的论文优先在中国知网上发布，更早实现论文发表。

三、学术期刊数字出版网络平台比较

学术期刊网络出版离不开数字化网络出版平台。目前，在我国数字化网络出版主要有两种出版模式：一是以纸质期刊为母本期刊上网，即将纸质期刊的数据数字化后送至网上，从而实现期刊网络化；二是真正意义上的网络学术期刊，完全以计算机、网络技术为依托，有固定网址，完全以网络为渠道，以数字信息为载体，开展学术论文网络出版。前者多数建立在大型数据库基础上，通过数据库信息平台实现学术期刊网络出版；后者则主要表现为网络平台优先出版和开放存取等。

大型数据库学术期刊网络出版平台是在出版商和数据公司合作的基础上建立的学术期刊出版平台，其主要方式是把学术期刊的内容从纸质形式转化为数字信息，在网上供用户下载使用。有的大型数据库网络平台转向直接出版学术成果，进行纯网络学术出版，并获得学术界认可。

（一）国外大型学术期刊数据库

国外大型学术期刊数据库建设始于 20 世纪 90 年代，是由大型学术出版集团学术期刊检测平台联合建立的网络出版平台，发展迅速。到目前为止，国外已经形成了三个著名的大型学术期刊数据库。这三个大型学术期刊数据库，即爱思唯尔出版集团的 ScienceDirect、斯普林格出版公司的 SpringerLink 和约翰·威利出版集团的 Interscience，是实施数字化网络出版的平台，成为国外学术期刊网络平台的主要模式。

1. ScienceDirect

ScienceDirect 是全球最大的科学文献出版商 Elsevier 建立的全球最大的科学文献全文数据库，内容包含科学、技术和医学等 24 个学科领域，2500 多种电子期刊的检索和全文下载，拥有经同行评议的世界科技与医学领域 1/4 的电子版文献。在 ScienceDirect 数据库中，用户可以通过互联网全文下载、阅读和打印所需要的期刊论文电子文档。该数据库通过一个简单的界面，收

录了 SCI 论文 1393 种，EI 论文 515 种，检索到索引数据库中 6000 多万篇文章文摘。

2. SpringerLink

SpringerLink 是世界科技出版社斯普林格（Springer – Verlage）推出的数字出版全文数据库，收录 1500 多种学术期刊，是科研人员的重要信息来源。其中大部分论文被 SCI、SSCI、EI 收录。目前，SpringerLink 已经从以卷期为单位传统出版标准过渡到以单篇文章为单位的网络标准，这是它在网络出版中的新发展，已经有 200 多种期刊以电子方式优先出版。

3. Interscience

Interscience 是约翰·威利父子出版公司科技、技术、医学和学术方面的专业出版在线平台。约翰·威利父子出版公司（简称威利公司）成立于 1807 年，是美国最大的出版公司，在从传统出版走向数字出版的变革中，威利公司走在了行业的最前列，所取得的成就十分显著。目前，其公司大约有 70% 的期刊收入来自在线期刊，大约 10% 的图书收入来自在线图书。

公司有 450 种期刊、33 种回溯文档集、3200 种在线图书、83 种参考工具书、13 种数据库和 15 种实验室指南在在线平台上。2006 年，威利公司进行了重大的数字化转型，在收购了布莱克威尔出版公司后，大大增强了学术出版部分的实力，通过把威利公司的 Interscience 和布莱克威尔的 Synergy 整合，使其成为一个统一的在线平台，这个在线平台上提供 1300 种期刊和 5000 多种图书以及各种参考工具书、数据库和实验指南。王志刚在《约翰威利父子出版公司数字出版发展研究》中认为，威利公司数字出版业务的成功，主要得力于其出版理念、内容资源、商业模式和技术支持四个方面。①

（二）国内大型数据库数字网络出版平台

我国学术期刊大型数据库数字信息网络平台的建立始于 20 世纪 80 年代末，是由大型数据库信息公司通过与媒体信息或出版机构合作而成的。经过 30 多年的发展，形成了中国知网、万方、维普三个大型电子期刊数据库，此

---

① 王志刚. 约翰威利父子出版公司数字出版发展研究［J］. 编辑之友，2010（08）.

外，还有一些小型的电子期刊数据库。三大电子数据库几乎占据了我国期刊数据的全部资源，并拥有其他更多的信息数据资源，从事学术期刊网络传播。

1. 中国知网

中国知网即 CNKI，是 1999 年 6 月由清华大学清华同方发起成立，旨在实现全社会知识共享、传播与增值利用的信息化建设项目。中国知网的内容由中国学术期刊（光盘版）电子杂志社承担，技术与服务由清华同方知网技术有限公司提供。

经过多年的努力，CNKI 运用自主开发的具有国际先进技术水平的数字图书馆技术，建成全文信息量最大的"CNKI 数字图书馆"，在此基础上建成了《中国知识资源总库》和"CNKI 网络资源共享平台"。目前，中国知网通过专业化运作，已成为最丰富的知识信息资源和最有效的知识传播与数字化学习平台。

中国知网通过与期刊界、图书出版界及内容提供商合作，发展成为集期刊、博士论文、硕士论文、会议论文、报纸、工具书、年鉴、专利、标准、法规、国学及海外文献为一体的大型网络出版平台。内容涉及政治、经济、文化、法律、农业、医学、科技、教育、历史等全部学科。此外，还有丰富的特色信息资源例如中国年鉴网络出版总库、中国经济社会发展统计数据库、中国经济信息统计数据库、中国科技项目创新成果鉴定意见数据库（知网版）等。可以说，它是一个中国知识信息总库。

中国知网提供的服务主要有中国知识资源总库、数字出版平台、文献数据评价和知识查询四个方面的服务。

首先，从提供数据资源库方面看，中国知网提供 CNKI 源数据库、外文类、工业类、农业类、医学医药卫生类、经济类和教育类多种数据库。中国知网期刊全文数据库是目前世界上最大的连续更新的中国期刊全文数据库，汇集了 800 多万篇全文文献、1500 万条题录、9 大专辑和 126 个专题文献数据库；收录了 1994 年至今 6100 余种核心期刊与专业特色期刊的全部文献，数据完整性达 98%。

其次，中国知网提供数字出版平台服务，优先出版一些优秀论文。在国家新闻出版总署的支持下，中国知网于 2010 年 10 月正式启动中国学术期刊优先数字出版，从而开启了中国期刊数字出版新纪元。

学术期刊优先数字出版，也称 On‐Line-First，是指以互联网、手机等数字出版方式提前出版印刷版期刊内容。这种方式对于解决学术期刊内容出版滞后的问题是一个有效的途径。长期以来，学术期刊内容出版时滞问题一直是一个难以解决的问题，由于印刷版学术期刊的出版需要经过一个比较长的过程，一篇文章的发表需要等待较长时间，多则半年，少则几个月，这种状况不但使作者的研究成果丧失其首创性、前沿性，而且影响了作者评定职称和评奖，还妨碍了读者及时获得最新研究资料、掌握科研进展，不利于学术事业的发展。

中国知网在借鉴国外学术期刊数字出版经验的基础上，及时推出学术期刊优先数字出版，开启了学术期刊数字出版的新途径，对于提高期刊出版能力和学术质量、促进学术期刊数字出版转型，具有重要的意义。

学术期刊优先数字出版采取的方式是，由中国知网与学术期刊签订协议，学术期刊加入中国知网为其设立的优先数字出版平台。该平台专门出版和发表该期刊的数字出版内容，既可以单篇定稿，也可以整期定稿。排版格式可以不同于印刷版期刊，可以根据数字媒体的形式灵活排版。但是有一点需要强调，数字优先出版的学术期刊内容必须与印刷版期刊内容一致。

这种出版方式与以往的数字出版方式相比，就是在期刊印刷之前就上网出版发布。学术期刊编辑部可以在中国知网优先数字出版平台自主编辑论文并即时发布。

最后，中国知网还提供过期期刊数据评价和信息查询服务。读者、用户可以通过中国知网查询论文的引用率，期刊的影响因子、转载率等方面的信息，知网可以提供文献搜索和文献链接服务。

2. 万方数据库

万方数据库是与中国知网齐名的数字信息平台，是由万方数据公司开发的，涵盖期刊、论文、重要会议纪要、学术成果、学术会议论文的大型数据库。它收录了理、工、农、医、人文五大类 70 多个类目 7600 多种期刊全文。

万方数据库在信息资源库建设上，主要有中国数字化期刊全文数据库（1998）、中国学位论文全文数据库（1980）、中国科技论文统计分析数据库（1985）、中国科技论文引文分析数据库、外文资源 NSTL（1985）、中国国家标准库、国际标准库等标准库，此外，还有中国专利全文数据库、中国重大科技成果库、新方志（1949）和专家库等资源。

万方数据库的中国学术会议论文全文数据库是国内唯一的学术会议文献全文数据库，收录了国家级会议、协会、研究会组织的全国学术会议论文，内容覆盖了自然科学、工程技术、农林、医学等领域。

万方数据库具有两个特色。第一，产品具有类型优势，向多元化发展。万方数据库按照信息资源的类别，将数据信息分门别类，单独成库，这种做法符合未来数据库发展方向，能够满足用户快速查询和分类订购。目前，万方数据库的中外专利、中外标准、科技成果、新方志等是具有优势的专门信息库。第二，具有众多服务企业的数据产品，例如中国企业、公司和产品数据库，国家新产品数据库等，可以为企业提供数据信息服务。

3. 维普网

维普资讯网简称维普网，建立于 2000 年，是重庆维普资讯有限公司建立的网站，该公司成立于 1993 年，是中文期刊数据库建设事业的奠基者，从 1989 年起，一直努力对海量的报刊数据进行分析、采集、加工等深层次开发和利用，目前是中国最大的综合文献数据库。维普网所依据建立的中文科技期刊数据库是中国最大的数字期刊数据库，是我国网络数字图书馆建设的核心资源之一，是高校图书馆文献保障系统的重要组成部分，被高校图书馆、科研机构广泛采用。迄今为止，维普网已经收录了中文报纸 400 多种、中文期刊 12000 多种和外文期刊 6000 多种，文献总量约 3000 万篇。

维普期刊资源整合服务平台是维普网提供的中文期刊全文数据库，提供文献检索、科学指标分析、文献引证追踪和期刊引证报告等方面的服务。

（三）国内外网络出版平台比较结论

首先，从国内外大型数字出版信息平台的资源看，国内外平台都力图囊括期刊全文、书报内容、重要会议、企业资料、法律法规等方面的信息，为用户提供所需要的资料信息。这些信息资源具有同质化、分类化和全面化的特点。虽然各个大型信息库在信息资源上有一定的差异，但是都充分利用了各个出版单位的信息资源。国外的三大数据信息库具有更加先进的技术支持，在数字出版方面更加具有创新性。国内的三大数字出版信息库则力争在现有的制度安排下，获得政策支持，进行服务创新。例如中国知网在期刊优先数字出版方面的探索，就是对期刊数字出版与网络出版的最新发展。

其次，从学术期刊数字出版方面看，大部分数字出版平台还停留在对已有的纸质期刊内容的加工和复制阶段。国内外的数字出版信息库，主要的信息资源来源于公开出版的期刊，此外还有一些重要的会议论文和文件等。这些大型数字信息库把纸质期刊的全文经过数字处理，分类集中，进行网络发布，从而构成数字期刊内容。

再次，从提供的信息资源服务来看，国内外大型信息数据库都为用户提供了查询、链接、评价和提供专门的定制服务。通过为用户提供各种服务，这些大型信息数据库获得了优厚的利润。服务的对象不仅有个人用户，还有高校图书馆、研究机构、行会、政府部门和企业等。

最后，国外大型数据库数字出版平台在学术期刊数字方面已经开始了新的出版模式，非常值得国内大型数据库数字出版平台建设借鉴。但由于这种模式需要的各种条件还不完善，发展遇到一定的制约，因此还处于初始阶段。这种新的模式就是打破传统期刊按期出版、整期发表的做法，采取按篇出版、单独发表的网络期刊数字出版模式。

四、学术期刊数字化网络出版平台模式

学术期刊数字化网络平台是指学术期刊以网络为渠道，以数字信息内容为载体，以电子支付为付费方式的新型学术期刊出版平台。从国内外学术期刊数字化网络出版的发展状况看，主要存在两种出版平台模式：学术期刊纸质出版与网络出版共存的网络化出版平台模式和学术期刊数字化网络出版平台模式。

（一）纸质出版与网络出版共存的网络化出版平台模式

这是目前学术期刊普遍采取的网络化出版平台模式，即在平台上以纸质化学术期刊为蓝本，把已经公开出版的学术期刊内容从纸质版转化为数字化网络版。这种模式有两种情况。

1. 集中型数字化网络出版平台

将纸质期刊的内容通过数字信息化转换，实现期刊内容网络传播与阅读，这种模式主要是一些大型数据信息库与期刊社或者出版社合作，以公开出版的学术期刊为基础，通过内容复制和再加工，构成可以在网络上传播的期刊内容，实现网络下载和阅读，为用户提供所需要的各种服务。

这种网络期刊出版模式以纸质学术期刊为基础，以大型数据库为依托，二者合作建立起网络出版平台。该平台起主导作用的是大型信息数据库，但也离不开学术期刊出版机构的通力协助。这种网络平台模式的出现，主要原因是网络技术起到了主导作用，只有大型信息数据库具有这种技术实力和经济实力，一般的学术期刊出版机构不具备相应的经济实力和技术实力，难以承担网络平台建设所需要的资本投入和人力投入。所以，一般情况下单个学术期刊出版机构难以构建自身拥有自主权的数字化网络出版平台，只有与大型信息数据库联合才能实现期刊上网和网络出版。大型信息数据库的主办者具有网络出版技术，拥有雄厚的资本，但是缺乏内容资源，自己不能提供相应的内容材料，只有与学术期刊出版机构联合才能为用户提供相应的期刊内容。而与众多的学术期刊出版机构合作，可以用较低的成本获取大量的学术内容，从而有利于数据库期刊网络平台的建设。

当前我国主要的大型数据库网络出版平台有三个。一是中国知网，由清华大学清华同方承办，目前是集全文期刊、会议论文、博士论文、硕士论文、报纸、工具书、标准、法律法规等海内外文献为一体的大型信息平台，提供期刊全文查询、论文评价、优先学术论文出版和其他定制服务等。其不仅从事纸质期刊内容的网络出版传播服务，而且正在努力开辟网络期刊出版领域。二是万方数据库，由万方数据公司开发的大型信息数据库，提供期刊全文网络发布和重要会议纪要、学术会议论文等查询服务。对信息资源进行分类和提供企业信息是其主要优势。三是维普数据库，是由重庆维普资讯有限公司创建的大型信息数据库平台。维普期刊网建立的中文科技期刊数据库收录的期刊数量齐全，内容丰富，是中国最大的数字期刊数据库。

三大信息数据库数字平台已经收录了几乎我国全部中文期刊全文，包括高校学术期刊，而且高校学术期刊是三大信息数据库学术期刊全文的主要来源。高校学术期刊利用中国知网、万方数据库和维普网，将其出版的期刊全文传输到网络上，读者或者其他用户可以在网络上下载刊发的论文全文或者摘要，获取所需要的信息。这是当前国内大多数学术期刊数字化网络传播时采取的模式。

但是，由于三大信息数据库都是在高校学术期刊出版后才取得期刊内容的，因此，在网络上下载期刊全文还需要等待一段时间，通常滞后1—2个月，有的时间可能更长，这就导致网络传播时间滞后的问题。一些重要的、时间性较为紧迫的学术论文会因为纸质期刊出版的周期比较长而导致出现数据老化，或者一些有创新性观点的学术论文会因为纸质期刊出版周期过长，出现学术理论的发表落后于其他途径的问题。

2. 独立型数字化网络出版平台

一些大型学术期刊社或出版社具有自己的技术力量，也具备相当的资本规模，并且在社会上存在较大影响，能够创办独立的网站平台，因而可以独立实现学术期刊网络出版。这种由出版单位独立创设网络平台并从事期刊网络出版的做法就是独立型数字化网络出版模式。

当前能够独立设立网站并建立数字化网络出版平台的大型期刊社或出版社还比较少，甚至没有比较成功的经验。但是，随着数字化网络出版的发展，在技术条件和经济实力较强的出版单位，必定向独立型数字化网络出版发展。因为在集中型数字化网络出版模式中，期刊出版单位处于被动的地位，在知识产权上和收益分配上会受到较多的限制和困境。

与集中型数字化网络出版模式相比，独立型数字化网络出版模式具有一定的优势。

第一，建立独立数字化网络出版平台的学术期刊，可以按照自己的情况设立有特色的网络平台界面，发挥自身的特长，形成独特的风格，从而实现有特色的数字化网络平台。在独立的网络平台上，学术期刊出版单位具有独立性和自主性，不受更多的外界限制，可取得独立的发展空间，形成自身的品牌和发展自身的品牌。这是在集中型数字化网络出版中难以做到的。因为集中性数字化网络出版要面对所有的学术期刊，为所有的学术期刊提供服务，需更多地考虑共性，其为单个的学术期刊预留的空间十分有限。

第二，在收益权上具有自主性，因而可以获得相应的更多收益。在集中型数字化网络出版情况下，用户为学术期刊提供的服务付费，通常是先向大型信息数据库平台付费，然后再由大型信息数据库向学术期刊社付费，而学术期刊社获得的收益是其中很小的一部分。因而，在利益的分配上存在着不利于学术期刊社的问题。但是，独立设立网络平台的学术期刊社就不存在这个问题。因为设立独立网络平台的学术期刊社可以通过自身的网络出版学术期刊内容并实现收费自主性。

第三，在知识产权上更容易实现产权保护。在集中型数字化网络出版平台模式下，学术期刊社出版的期刊内容必须提交给大型信息数据库，大型信息数据库通过合同使用其出版的学术内容，实现学术内容的再加工和利用，这种情况往往导致学术期刊社的知识产权得不到充分保护，引起一些难以解决的纠纷。学术期刊社作为一个经营文化产品的机构，具有自身的利益，但是由于技术上和经济实力上都无法实现自身利益的有力保护，这也是众多学术期刊社安于现状的主要原因。

建立独立型数字网络出版平台遇到的困境是导致众多学术期刊社不愿意创新网络出版模式的根源。

一是技术困境。学术期刊数字化网络出版平台的建立离不开相关技术的支持，这是建立学术期刊网络出版平台首先具备的技术条件。目前这些技术条件一般是网络信息技术公司开发并运用的。学术期刊社的功能与性质决定了其不具备开发网络信息技术的基础和条件，只能通过采用网络信息技术公司已经开发好的网络信息技术，才能实现建立网络平台的目标。但是，技术难题随着技术进步将被克服，只要市场有需要，一些技术在成熟后被逐步扩散，并被运用到实际中。因此，网络平台技术也会逐步地被大多数学术期刊社掌握和利用。

二是资金困境。这是学术期刊社在创立数字化网络出版平台时遇到的最大的难题。通常，由于学术期刊社特别是高校学术期刊社规模小，势单力薄，受学校财力限制，不可能拥有足够的资金去实现数字化网络出版平台的构建，因此，众多的高校学术期刊社没有实力去做这方面的努力。只有那些种类多、影响大、资金实力充足的高校学术期刊社，才会试图创办独立的数字化网络出版平台。

三是人力困境。高校学术期刊社一般是高校的一个部门组织，负责一种期刊或者几种期刊的编辑出版工作，而且期刊的出版是分期出版，人员编制少，因此，很多环节都是一个人去做，没有专门的技术人员、营销队伍和网络服务人员。这是当前高校学术期刊的一个普遍的现象。因此，对于缺乏技术人员和网络服务人员的高校学术期刊社来说，不去建立独立的数字化网络平台是一个理性的选择。

概括地说，在技术困境、资金困境和人力困境的制约下，除了部分高校具备独立建立网络平台的学术期刊社外，多数高校学术期刊社很难建立独立的数字化网络平台，也不适宜建立独立的网络平台。目前，一些高校学术期刊社或者行业协会正在探索建立联合网络平台，推进数字化网络期刊的发展的做法值得研究。

（二）纯数字型网络期刊出版及平台模式

1. 网络期刊出版模式的含义

网络期刊一般是指纯数字期刊，网络期刊出版模式是指以网络出版为主体的数字化期刊出版模式，也称作网络期刊模式，这是在互联网时代逐步形成的期刊出版模式，它以数字信息的形态存在，以网络传播为主要渠道，通过网络实现期刊内容的编辑出版和发布，并在网络上实现更多的链接服务。

在纯数字型网络期刊出版模式下，学术期刊的编辑出版和发布具有一系列特点，和纸质学术期刊出版相比，出版周期大大缩短，学术思想传播更加迅速，编辑效率得到了提高，可以为读者提供更多的服务，同时也节约了更多的资源。

2. 纯数字型网络期刊出版模式的特点和优势

第一，加快了编辑出版过程，提高了编辑出版效率。在数字化出版环境下，编辑办公可以实现无纸化办公。从编辑审稿，到编辑加工和排版定版，再到出版发布，都是在网络环境下进行的，省去了打印和邮寄等一系列有形环节，从而提高了效率，节约了时间，缩短了流程，促进了出版效率。

第二，出版发布方式更加灵活，因而可以更好地为作者尽快刊发优秀作品。在数字化网络出版模式下，可以对评审通过的优秀作品实行预先发布，有的也可以单独预先发布，优先出版。和纸质学术期刊相比，数字化网络期刊可以摆脱固有的版面限制，只要在质量上符合要求，就可以在数字化网络期刊平台上发布，只要在该网络平台上发布了，就被视作公开发表，可以被检索和引用，成为和纸质学术期刊内容一样具有合法效力的发表行为。

第三，读者或用户可以用较低的成本、较快的时间取得学术期刊的内容资料。学术期刊的作用在于传播先进的思想理论，提供最新的观点和材料，促进学术思想理论的发展。因此，学术期刊出版者应当为读者和用户提供高效率的阅读平台，使读者和用户更加方便地取得所需要的内容材料。在数字化网络出版模式下，由于网络的便利性，读者可以用较低的成本、较快的时间在网络上搜索到所需要的学术资料，进行研究使用。同时，由于网络链接的广泛利用，读者还可以通过网络链接搜寻更多的内容资料。

3. 网络期刊出版平台的构建途径

数字型期刊也被称作网络期刊或者电子期刊，不管用哪种称呼都反映了学术期刊的数字信息特征。在出版平台构建途径上，国内外进行了一些探索，归纳起来主要有三种途径。

（1）集中出版

由于独立出版面临着建立独立网络出版平台的难题，缺乏成熟的单独建立网络出版平台的经验，学术期刊社对建立独立网络出版平台的做法存在异议，缺乏积极性，因此，对于数字期刊的出版主要途径是在大型信息数据库或者大型网络平台上实现合作出版，也就是说，大型信息数据库或者网络平台与学术期刊社建立合作关系，邀请学术期刊社加入其网络平台，为其设立空间，提供学术论文优先出版平台。例如，中国知网等开始实施推广优先出版。

（2）独立出版

一些有实力的规模较大的学术期刊社，有能力建立自身独立的网络出版平台，在符合国家有关规定的前提下，实现学术期刊网络出版，取消纸质版学术期刊，只生产电子版网络期刊。甚至在论文发表方式上不断创新，不再以期为单位，单独成篇，独立出版。这种不依靠大型信息数据库或者大型网络平台的出版方式进行的网络出版行为，是大型学术期刊社采取的模式，有利于发挥自身的优势和建立风格独特的网络出版平台。

（3）联合出版

这是由一些学术期刊社联合起来，或者在学术团体的组织下联合起来的学术期刊，通过建立共同的网络出版平台，实现学术期刊网络出版的数字期刊出版模式。通过合作，克服了建立独立网络出版平台所遇到的难题，例如资金难题、技术难题和人力缺乏的难题等。通过这种方式，在网络出版平台上共同利用资源，联合发展网络期刊，实现优势合作，更好地发挥网络期刊的作用。

第九章　学术期刊网络出版平台
构建途径与策略

　　高校学术期刊网络出版平台是学术期刊实施网上编辑和出版并进行网络传播的场所，在结构上由网站、网上编辑系统、网络平台技术和网络平台管理系统等共同构成。怎样构建一个科学的网络出版平台，是进行学术网络出版应当解决的问题。建设学术期刊网络出版平台需要从网上编审系统、网站及信息管理系统等几个方面着手。

一、构建高校学术期刊网上编审系统

　　网上编审系统是网络期刊的组织机构，负责网络期刊的编辑出版和发行等日常工作，是网络期刊的制作中心，也是期刊其他工作的核心。系统的核心是网上编辑部，因此，组建网上编辑部具有十分重要的意义。本节主要探讨网上编辑部构建、编辑部运作流程和编辑网上审稿等方面的策略。

　　（一）网上编辑部的作用和原则

　　网上编辑部的建立，可以实现从组稿、审稿、编辑、排版等全过程的网络化和自动化；实现作者、编者和专家审稿三方的远程互动交流；为期刊编辑部建立高效的、满足当前业务需要并适应未来发展趋势的综合信息管理平台；实现稿件收稿、编辑、审稿、发稿、排版、校样浏览和发行期刊的全程监控与管理，并进而实现期刊编辑出版的自动化管理。

1. 网上期刊编辑部的作用

（1）缩短论文发表时间

网络期刊在网上发行传播，有利于论文以最快的速度发表，并发挥其社会价值。通过网上编辑部的收稿、审稿和编辑排版，往往可以缩短投稿和审稿周期，减少论文发表的时滞。当网络期刊高度发展后，论文从投稿到发表，时间大大缩短，甚至实现论文评审后即可出现在网络上供读者阅读利用的目标，大大简化了信息发布的过程。

（2）改革传统的审稿模式

在网上期刊编辑部建立后，作者投稿和编辑审稿都可以由网络渠道进行，不需要通过邮局邮递，提高了传递速度，也改变了审稿模式，由审稿人直接在网上办公，审稿周期大大缩短，效率也被提高了很多。作者和审稿专家都可以直接进入编辑部平台查看进展。作者根据编辑部的要求进行相应的修改，审稿专家可以在网上进行审稿活动。

（3）实现了审稿人资源共享和一稿多审

审稿人利用在线审稿系统，由审稿人自己挑选稿件进行审稿，优化了审稿程序，同时方便不同的专家对同一稿件的审阅，提高审稿质量，实现了公平、公开和公正。每个审稿专家的角度不同，通过在线审稿系统，不同的专家可以同时评审同一篇稿件，提供不同的审稿意见，对于公正处理稿件具有重要意义。

（4）实现了对编审过程的有序组织和管理

作者可以直接查看稿件的处理过程，通过网络与编辑沟通，降低了编辑的劳动强度，在线编辑不受固定办公场所限制，提高了工作效率。

2. 建立网上编辑部的原则

（1）方便易用原则

网上编辑部的系统设计遵循方便易用原则，即投稿与审稿都比较方便。在投稿系统和审稿系统中，作者和审稿人都可以利用自己设置的密码进入系统，作者可以直接在网上上传稿件，审稿人可以凭借密码审稿，审理完毕下载审稿单并填写意见后上传到编辑部。

（2）公平原则

这是指作者的稿件受到公平待遇，不受偏见和个人好恶的影响。要做到这一点，所需采取的措施是投稿者将隐匿作者姓名、所在单位与投稿人身份相关的部分，只保留稿件编号，实现匿名审稿，避免因为个人偏好、社会关系而失去公平性。

（3）效率原则

网上投稿与审稿一个重要结果就是提高效率，所以，设计该系统时必须充分考虑如何提高投稿与审稿效率，系统设计应方便简单，快捷迅速，投稿与审稿都非常方便。

（4）资源共享原则

系统是一个开放的系统，只要取得进入系统的密码，就可以直接进入系统进行下一步的工作。每一位审稿人登录系统后，面对稿件库，自由选择符合自己方向和有兴趣的稿件进行审理，充分发挥审稿人的自主性、积极性，还可以一稿多审，择优录用。

（5）易于管理原则

系统的设计要符合易于管理的原则。投稿者在传送稿件前的注册内容包括第一作者姓名、单位、联系电话、邮箱、QQ 号码、微信等，便于稿件入库，待审稿完毕方便编辑与作者联系。

（二）网上编辑部结构框架和编辑流程

网络期刊的编辑部是由各因素和环节组成的有机整体。期刊网络出版不仅包括期刊内容的网上传播发布、期刊网站的建设，而且包含编辑出版的网络化管理，通过网络系统实现网上投稿、审稿、编辑、排版和发布等。网上编辑部依托期刊网络出版平台，作者、主编、编辑、审稿人、系统管理员、读者等相关人员都能在同一平台上密切协作、相互交流。期刊网络出版平台的结构框架如图 9 - 1 所示。

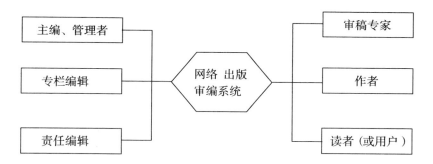

图 9 - 1　期刊网络出版平台的结构

　　网络期刊的编辑流程是指从投稿、审稿到编辑、排版、出版和发行的顺序和一般要经历的过程。编辑流程是学术期刊网络出版的具体过程，每个环节都是不可缺少的，只有每个环节都各负其责、相互衔接和配合，才能够顺利地实现网络期刊的编辑出版。这个流程和传统学术期刊的出版流程相似，不同的是：一个在纸质媒介上进行，一个是在网络媒介上进行；一个效率低，一个效率高。其流程如图 9 - 2 所示。

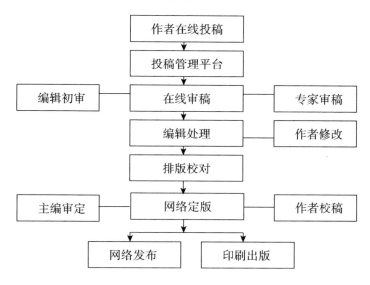

图 9 - 2　网络期刊编辑出版流程

1. 网上编辑部的系统构成

网上编辑部是由各个子系统组成的，这些子系统互相联系，共同完成学术期刊网络出版，为期刊网络出版的实现创造环境和条件。网上编辑部的系统构成如图 9 – 3 所示。

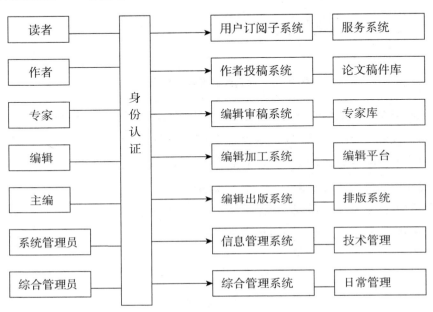

图 9 – 3　网上编辑部的系统构成

（1）作者投稿系统

投稿系统的作用在于为作者提供网上投稿的渠道，同时还可以在线查询稿件处理情况。投稿前，作者要在期刊网站注册，填写个人信息；投稿时，要填写稿件信息，并上传电子文档，稿件的格式要符合规范。作者注册后即获得唯一的注册账号，并利用此账号上网查询稿件的处理状态。审稿完毕后，作者可以看到有关该稿件的评审意见。系统对稿件的投稿时间、作者单位等信息进行记录。为投稿网络的安全性，对稿件文件类型和大小进行限制。

（2）编辑审稿系统

系统提供网上审稿专家库，责任编辑可以从审稿专家中选取审稿人，并自动显示审稿人在审稿件数量，如果审稿人在审的稿件数量超过了规定数量，则系统提示该审稿人不应再送审稿件。审稿人凭借口令或者密码，登录系统，查阅稿件，下载审稿意见表，填写完毕后上传意见书。审稿人还可以凭此登录修改自己的相关资料。在线直接审稿避免了送审稿件和返回审稿意见的丢失，投稿电子版本和评审意见均存放在服务器上，审稿人可以随时上网下载电子文档，编辑部可以及时处理查阅审稿人的意见书。

（3）编辑加工系统

该系统主要用来供编辑在线处理和加工稿件使用。编辑对投递的稿件进行初审，给稿件编号，按主题和类别处理，按不同的类别将稿件分发给相关的编委或审稿人，处理审稿人返回的意见，在线通知作者审稿情况。审稿结束后，审稿人将通过的文章分发给各个栏目编辑继续加工和编排，并导入期刊发稿库中，提供刊物按年期和栏目的管理方式，编排当期目录，修改文章的链接属性等，以便上传服务器准备发布期刊。

（4）编辑出版系统

该系统用于对经过编辑加工和校对后的学术论文进行排版定版，以便符合网络出版的格式，为学术期刊的发布和论文的刊发做准备。这是一个十分关键的环节，需要相应的技术和严格的管理程序。经过编辑排版定版，才能在网络平台发布期刊论文。

（5）信息管理系统

该系统用来系统维护。系统有三个方面的内容：第一，进行邮件管理：提供自动发送邮件的功能；系统自动向作者、审稿人发送相应的邮件；提供自动催审功能，可以方便地进行稿件的催审工作，不需要人工催审。第二，进行数据管理：提供退稿提示信息、IP 设置的维护功能，方便编辑部随时修改有关信息。第三，维护系统的安全性和多方位远程实时交互管理系统。

（6）综合管理系统

该系统的功能很复杂，主要用来管理期刊编辑部的日常事务，包括编辑部工作分配、人员职责、制度规范、绩效考勤、工作量统计、业务培训、财务统计；稿件审理、编辑加工状态、编排情况、出版效果等；期刊年载文数量、稿件作者单位地区分布、专业分布、课题分类、基金项目分类发表数量统计；相关费用管理，如稿费、版面费、审查费用等；服务管理，如信件往来、读者意见反馈等。

此外，还有用户订阅系统。该系统提供编辑部相关的信息与全文内容的发布功能，并实现对各类型用户的权限管理。通过该子系统，向用户提供订阅服务，对期刊征订情况进行管理，为期刊编辑部存储详细的订户资料，包括姓名、电话、E－mail、通信地址、邮政编码等。

（三）网上编辑部的构建策略

网上办公是网络技术被应用到办公系统的结果，是编辑部未来的发展方向，对于提高期刊的出版效率、扩大期刊的社会影响、实现公平审稿等具有积极的作用。随着更多的人熟练地掌握了计算机信息技术和网络技术，网络通信和网上办公更加方便。网上编辑部要求编辑和作者都对网络技术的应用比较熟悉，习惯于通过网上传递信息。只有作者和评审人和编辑一样习惯于通过网络传递信息时，期刊编辑部采用网上办公才可行。因此，建立网上编辑部要量力而行，循序渐进，逐步实施网上办公。如果不顾客观条件，盲目采用网上办公，就可能造成期刊运行不正常的问题，对进一步开展网上办公造成困难。例如，由于编辑部网上办公条件不充分，技术不熟练，造成投稿不能进行，没有及时处理稿件，信息传递困难，会造成作者、审稿人和编辑之间的不信任和误解。

二、高校学术期刊网站建设

高校学术期刊网站是网络出版平台的具体场所，作为一个系统工程，需要科学规划、科学设计。期刊网站的内容有编辑部介绍、期刊介绍、组织机构介绍、投稿须知等，网站还要具有浏览、查询、投稿、信息反馈、统计、链接等功能。建设期刊网站页面，需要全面考虑，要动静结合，对页面的规划、色彩搭配、字体大小、内容排列和模块安排等，都要科学设计。通常，一个结构科学、布局合理、美观大方、灵活整洁的网页，能够给网站带来较多的用户，产生巨大的粘力吸引读者，进而提高学术期刊的点击量，扩大知名度和社会影响力。因此，在建立学术期刊网络出版平台时，需要做出精心设计，并加以认真维护。

（一）学术期刊网站建设中的网页设计原则

为了使学术期刊网站建设得简便、美观、布局合理，建设学术期刊网站时，要遵循如下原则。

第一，简单易用。网站主要用来反映期刊内容和为用户服务的，因此，要遵循简单易用原则。任何人只要点击栏目按钮，就可以进入相应的环节，通过链接，以最快的方式找到需要的内容。网站首页不需要复杂的设计，越简单明了越易于操作。过于复杂的设计不利于网站的推广使用，妨碍其发挥作用。通常，网站的首页上要把期刊的基本情况、主要内容和使用方法介绍给用户，以便用户迅速了解网站的宗旨、主题和使用方法。有人把网站设计的这个原则称为 KISS 原则，是英文 Keep It Simple and Stupid 的缩写，意思是保持简单和朴实。该原则的一般要求是，网页下载不超过 10 秒钟，尽量使用文本链接，减少大幅图片和动画的使用，操作尽量简单，并有明确的操作提示；网站的所有内容和服务都在显眼的位置向用户展示说明。

第二，结构合理，重点明确，方便链接。做好栏目结构的规划，方便用户查询。栏目结构使用最多的是树状结构。从主页的一级结构逐渐分支，分别进入下级结构，并可以逐步细分，直到进入实际内容页面。设计时采用树状结构和星状结构结合使用，每个页面和相互之间都建立有链接，随时都可达到需要的页面，使得查询更方便、快捷，给人以整洁、方便的感觉，同时也便于日后维护。网站页面布局科学，布控得当。如果把大量的信息堆积在页面上，就会干扰浏览者阅读。栏目下通常以标题的形式显示栏目内容。设计网站结构需要符合心理学家 George A. Miller 提出的原理，即人一次性接受的信息量在 7 个比特左右。按照这个原理，网站建设中网页的栏目选择最佳在5~9个比特之间，如果网站所提供的内容链接超过了这个区间，人在心理上就会感到压抑、烦躁、劳累，会放弃继续浏览。

第三，视觉平衡。页面的各种元素都有视觉作用。根据视觉原理，图形与文字相比，图形的视觉作用要大一些。因此，为了达到视觉平衡，在设计网页时需要以更多的文字平衡一幅图片。同时，要注意中国人的阅读习惯，即从左到右边、从上到下，注意页面的简洁，不能过于密集。通过对网站各元素（颜色、字体、图形、空白等）的搭配，使设计的网页看起来非常和谐。同时，网页的设计要保持一致性，即风格一致、导航设计一致、操作设计一致。这些都要便于用户操作使用网站。

第四，用户导向。网站设计要明确用户是谁，要站在用户的立场和观点上来设计网站。网站设计者要了解用户的需求、目标、期望和偏好等。网页的设计者要清楚用户的能力差异，要考虑到他们之间的差异，并做出相应的安排。另外，用户使用的计算机配置也是千差万别，包括显卡、声卡、内存、网速、操作系统等都会有所不同。忽视了这些，设计出的网页在不同的设备终端上显示就会造成混乱。

第五，个性化。网站的设计要符合网络文化的要求。首先，网络期刊是科研人员或者其他人员信息交流的平台。其次，网络信息是在电脑等终端屏幕上显示出来才能阅读的。这是一种非正式的、轻松愉快的文化，网站上可以通过使用一些网络语言，创造一种轻松愉快的氛围。因此，可以根据网站的实际，设计符合自身情况的具有一定特色的网页，以便使网站网页体现出平易近人、以人为本和服务周到的理念。

（二）网站建设的方案选择

期刊网站建设有多种方案可供选择。是独立建站还是租用虚拟主机、服务器托管，要根据期刊的具体情况决定。一般说来，规模小、资金和人力不足的期刊社宜采取租用虚拟主机或服务器托管的方案。资金雄厚、规模大的期刊社则宜选择独立建站的方案。

1. 建站方案的划分

（1）独立网站方案

独立网站就是网站建设方具有对网站独立的控制权。期刊编辑部建立独立网站意味着自己建立一个机房，配备专业人员，购买服务器、路由器、网管软件，向邮局申请专线，并在服务器上安装相应的网络操作系统，开发 Web 服务程序，设定各种 Internet 服务功能，包括 DNS 域名解析系统服务器以及 WWW、FTP（文件传输协议）服务装置，远程访问测试和远程 HTML（超文本标记语言）方式管理，建立自己的数据库查询系统等。

（2）ISP 提供的服务建站方案

一是租用虚拟主机。租用虚拟主机方案是指客户租用 ISP 网络服务器的一部分硬盘空间，建立相应的网站。ISP 通常有几十台甚至上百台网络服务器，每台服务器都安装了大容量硬盘。这些硬盘用特殊的技术分割为许多不同容量的空间，供客户租用，以便建立网站。这些硬盘空间，被称为虚拟主机。虚拟主机之间完全独立，每台虚拟主机都有自己的独立域名和 IP 地址，具有完整的 Internet 功能，可以说，每一台虚拟主机就是一台 Internet 服务器。二是服务器托管方案。这种方案就是将自己制作完成的网络服务器放在 ISP 网络中心机房中，借用 ISP 的网络通信系统接入 Internet 服务器。三是专线接入方案。即将网络服务器设置本地机房，然后通过 DDN 专线与 Internet 的网络中心的路由器端口连接起来，成为一台服务器。

2. 方案比较

建立独立网站的优点是：独立网站是可以由自己完全控制的网站，由于自己独立建站，可以最大限度地发挥网络技术，使网站功能发挥得尽善尽美。但也有缺点，即建站成本高，运营费用高，需要专门的网络技术人才，否则维护十分困难。这是很多期刊编辑部无法承担的。服务器托管和 DDN 专线接入方案也比较复杂。

租用虚拟主机的优点十分明显，投资少，不需要过多的专业技术，容易操作。但是，缺点也有，就是网站功能受到一定限制。

通过比较可以发现，目前我国大多数期刊编辑部应当采用租用虚拟主机的建站方案。因为大多数期刊编辑部在经济实力上和技术人才上都比较短缺，没有足够的资金和人力建立独立网站。

（三）网站建设的基本步骤

学术期刊建立网站一般要经过如下步骤。

1. 分析阶段

这是建设期刊网站的准备阶段。在设计网站之前，要分析用户（作者、读者和编辑）的需求、年龄、性别、知识背景、查询目的和使用能力；分析网络期刊的出版目标，考虑更多的信息内容、交互性、便利性；明确目标用户和读者的情况；考虑使用的软件环境和硬件环境。

2. 设计阶段

设计阶段即网站策划，根据用户的需要进行网站结构规划、界面设计、内容设计和功能实现。在设计中，网站分为两个部分：一是网站出版设计；二是网站的建设步骤设计和运营设计。网站设计时，要考虑网络出版的内容来源，评估网络的宽带，提交设计原型以及完成项目规划。网络出版的设计应当明确界面、内容、功能及效益四个方面的设计原则。具体可以提交类似网站框架、栏目安排、页面设计说明；网站内容的超文本链接关系，数据库功能设计。同时，还要制定网站开放时间进度表、网站制作费用预算、网站宣传推广方案等。

3. 网站的制作

网站的制作需要利用网站制作软件和技术实现。在根据设计规划完成网站的硬件配置和服务器安装后，网络出版商将获取的内容数字化，然后通过媒体编辑和处理实现内容的设计。同时完成各功能模块的任务，设计制作相应的数据库系统和软件系统，并按照软件工程的管理模式完成系统的集成和内部测试。

网站的最终实现需要对网络出版物或相应的数字内容进行产品测试，并经历提供技术支持、安全保护方案、系统运营维护、提交网络出版物等过程。同时还要利用各种网络宣传手段进行网站宣传推广。

4. 域名的选择

域名是网站的名字。选择了域名并注册后，全球的读者可以通过浏览器很容易在因特网上找到编辑部的网站，浏览编辑部网站上的内容。选择域名需要遵守两个原则：一个是简短易记；二是与编辑部密切相关。目前，按网站的性质，域名代码的分类是：商业机构——com；教育机构——edu；政府机构——gov；国际机构——int；网络机构——net；军事机构——mil；非营利组织——org。

域名分为国际域名和国内域名。域名没有国家的限制，任何国家的网站都可以注册。一个网站既可以注册国内域名，也可以注册国际域名。在国际域名后面加上不同国家的域名后缀，就成为国内域名。

网络期刊的网站主要目的是通过因特网向世界传播知识和信息，因此，选择域名时需要用容易被外国人理解、符合网站域名编辑化要求的字母。

5. 域名的注册

域名注册分为国内域名注册和国际域名注册。国内域名注册由中国互联网络信息中心统一管理。国际域名注册可以由个人或法人申请，国内域名注册只能由法人申请。可以在网上进行国内域名注册，注册的方式有两种：一种是 Web 方式，即在 CNNIC 网站上直接联机填写域名注册表递交；另一种是 E－mail 方式，通过电子函件，将注册申请表（由 CNNIC 网站下载）寄往 CNNIC 指定地址进行注册。

6. 租用虚拟主机

目前，为方便客户建立网站，几乎所有的 ISP 都将域名注册和租用虚拟机合二为一，即在注册域名的同时填写《虚拟主机租用协议书》，递交给 ISP。租用虚拟主机时要注意几个问题：第一，价格问题；第二，选择信誉度高、服务质量最好的 ISP，保证网站运行的可靠性；第三，要能够提供我们所需要的所有功能的 ISP，如 CGI、ASP、数据库等的支持，因为有些 ISP 不能提供这些功能，所以要在协议书中特别说明。

7. 建立网站平台

任何网站都要建设在一定的平台上。平台的选择，决定了网站的可靠性、对客户的服务能力以及为维护网站运行所需付出的代价。而且，网页建设中的 CGI 程序或后台数据库支持也有赖于平台的选择。

（1）网站平台的限制

一般地说，Windows2000 是首选的网站平台。因为该网站平台自带了ⅡS5.0 模块，功能十分强大，可以建立及管理 Web 站点，管理 FTP 站点，有邮件及新闻服务器、Web 数据库、网站安全管理等，并且容易维护。

（2）网页的制作

网页制作通常由两种方法：一是用 HTML 语言编写网页；二是用网页编辑工具，如 Frontpage2000 等。HTML 是最常用的语言，但该语言语法较为复杂烦琐，不易使用；而 Frontpage2000 是微软推出的 HTML 编辑工具，制作网页的人员无须掌握复杂的 HTML 语言，可以设计并制作出比较专业的网页。网页制作前还要考虑网页构成，要采用动态的网页设计技术随时更新。

（3）建立 Web 服务器

建立 Web 服务器的目的是：第一，调试 ASP 程序；第二，上载网站文件到虚拟主机；第三，网站的发布；第四，网站的管理。目前，构成 Web 服务器的软件有两个：PWA 和ⅡS。一般选择后者，因为前者的功能较少，后者较多。

（4）建立数据库

网页只能显示信息数据，不能存储数据。数据的存储需要使用数据库。网络期刊网站的主要功能是向读者提供检索并阅读科学论文，这就需要把大量的论文数据存在计算机中，然后通过网页启动 CGI 程序调用这些数据，并下载或浏览。将有关信息和数据存储在计算机中的途径是用数据库技术建立数据库，将论文的有关信息录入数据库中。

（5）CGI 程序编写

数据库建好后，其中就存储了大量的论文数据，读者通过浏览器对数据库中的论文进行检索、查询等操作，执行某些程序，这些程序是编程人员事先编好的，存放在网络服务器上，完成不同的任务。这样的程序被称作 CGI（通用网关接口）程序。

（6）上载网站文件

利用 FIP 软件将制作好的网页文件、数据文件及应用程序文件等传送到编辑部租用的虚拟主机上，准备开通网站。

（7）网页内容更新维护

网站开始使用后，需要进行经常维护，以便确保网站内容的及时更新和网站安全。可在网站主页上设立动态信息公共板，发布最新信息。网站主页的内容在框架基本不变的情况下，其部分内容需要经常调整，要有新的内容信息，才能吸引访问者不断点击，否则就不会有访问者光顾了。所以，要定期对主页进行改版，保持网站主页的新鲜性。网站的安全维护主要是对服务器性能管理、服务器安全管理、日志管理等。同时，网站的内容要做好备份，以免系统出现故障，导致网站不能运行。

（8）网站宣传

编辑部网站建好后，还需要进行宣传，让更多的人知道网站的存在。宣传方式可以是在印刷版期刊上明显位置登载网站信息，如网址、内容、资讯等，或者通过信箱邮寄网址，或者登载广告信息，到大型网站的搜索引擎中注册登记，等等。

三、网络平台的技术支持

学术期刊网络出版需要一些技术方面的大力支持，离开这些技术支持，期刊网站就不能正常运行。

1. 技术基础

技术基础包括：①客户端浏览器，通常采用 Web 浏览器，IE5.0 以上。②局域网网站，由 Web 服务器、搜索引擎、网上在线投稿、网上审阅、网上论坛和后台管理等几部分组成，采用 HP LS6000 高性能服务器。安装 Windows2000 Server 和ⅡS5.0。③数据库管理平台，平台主要由学校上传、数据管理、双向交流和信息发布等组成。④开发工具，主要是 Dreamweaver4.0、FrontPage2000、Photoshop7.0、Flash MX。⑤开发语言，即 VBScript、HTML、ASP、Delphi6.0。

2. 文档转换技术

期刊全文上网是在完成印刷型出版任务后，以印刷型期刊的内容为主要信息来源，利用计算机技术建立网上期刊数据库，通过提供网页链接点，完成期刊网上出版服务系统的构建。然而，多数排版系统为方正系统或者 CCT 排版系统，为了完成排版，需要在汉字的录入中加入很多控制符号，所形成的输出小样文件格式与网络版的 HTML 文件格式不能完全兼容，需要进行转化才能上网。目前，对于采用方正排版系统的编辑部，已经有了小样文件向 HTML 文件转换的工具。它对文本提取和表格的支持已经十分完善，对一般的数学公式、化学方程式等可以进行转换，但对复制的数学公式、化学分子式的转换还存在困难，因此需要以扫描图形的方式进行转换。

3. 网页制作工具

网页制作一般有两种方法：一是用 HTML 语言编写网页，二是运用网页编辑工具如 FrontPage2000 等。FrontPage2000 是微软推出的 HTML 编辑工具，它为用户提供一种不用编程就可以创建和管理具有专业水平的 Internet/Intranet 网站的快捷有效的方法，是最好的入门级网页编辑工具。具有使用方便、可插入 Lavasct 程序、功能先进等优点。

4. 版权保护技术

加密是数字内容版权保护的手段之一，但密码仅能在数据从发送者到接收者传输过程中进行数据保密。在加密信息被接收并进行解密后，所有加密的文档就与普通文档一样，将不再受到保护，无法防止被盗。所以，仅仅使用加密技术还不能完全解决版权保护的问题。

数字水印是数字产品著作权保护的另一个手段。数字水印是将著作权人身份的特定信息（数字水印），按照某种方式植入电子出版物中，在产生版权纠纷时，通过合法的发行者、运营商相应的算法提取出该数字水印，从而验证版权归属，确定泄漏渠道，确保著作权人的合法权益，避免非法盗版的威胁。网络数字产品内嵌数字水印应具有以下基本特征：不易察觉性、关联性、继承性和抗冲击性。

5. 标准化技术

标准化是指按照统一的要求进行出版，以便保证数据来源期刊的数据完整和及时、同类信息在表达形式上规范和一致等。网络期刊标准的制定需要结合现行的期刊编辑出版标准与规范，同时要适应网络期刊的特点。在海量信息的数据库中，只有提供多样的检索途径、规范的检索词的文献信息，才能被查到。网络期刊中用于控制版式的注解、用于检索的数据、用于统计的信息以及为了适应特定的操作平台所需要的信息等都应具有独立的规范。

网络期刊的标准化要求：第一，标准和规范具有科学性。既能反映电子期刊出版的特点，也能反映计算机数据处理和读者进行文献检索的要求。第二，规范和标准具有普适性。能够适应每个电子期刊，可以制定出具有通用性质的共享标准。第三，具有权威性。我国网络期刊的出版标准应当由国家标准制定机构主持制定并颁布实施，以此确保标准或规范具有稳定性。

四、学术期刊网络出版平台信息管理系统的建设

（一）学术期刊网络出版平台信息管理系统的含义

1. 信息管理系统

信息管理系统（Information Management System，IMS）是一个由人、计算机组成，以人为主导，以计算机软件、硬件、网络通信设备及其他办公设备为基础，进行信息收集、传递、加工、储存、维护和使用的系统。其作用在于能够管理系统的各种运行，利用数据预测未来，为使用系统的人或管理者提高效率，支持决策，组织管理和控制，以实现组织的目标。

通常认为，信息管理系统是组织理论、统计学、数学模型及经济学结合的产物，由于它全面使用计算机技术、网络通信技术、数据库技术，是多学科交叉的边缘技术，因此是技术系统。但是，信息管理系统对于组织结构和绩效影响巨大，它的设计、引进和应用成功与否对组织产生重要影响，对于组织环境、组织战略、组织目标、组织结构、组织过程和组织文化都有重要作用。因此，信息管理系统也是一个社会系统。

信息管理系统的构成一般是办公自动化系统、通信系统、交易处理系

统、储存信息系统、管理信息系统和执行信息系统、决策支持系统和企业系统等。

办公自动化系统用来提供有效的方式处理个人和组织的业务数据，进行计算机生成文件。通信系统帮助人们协调工作，以多种不同形式交流并进行信息共享。交易处理系统用来收集和存储交易信息，并对交易过程进行控制。管理信息系统和执行信息系统将数据转换成信息以监控绩效和管理组织，以可接收的形式向执行者提供信息。决策支持系统通过提供信息、模型和分析工具来帮助管理者制定决策。企业系统产生并维持一致的数据处理方法。

2. 学术期刊网络出版信息管理系统

学术期刊网络出版平台是一个以信息管理系统为基础的平台。其信息管理系统由学术期刊编辑人员、管理人员和计算机系统组成，是一个人机组合的有机系统。其作用和功能在于通过该信息管理系统达到利用计算机信息技术和网络通信技术实现学术期刊网络出版和传播，提高网络出版效率，增强学术期刊的影响力。

学术期刊网络出版平台的构建需要信息管理系统的技术支持，选择和建立信息管理系统需要达到实用性和安全性。为了适应期刊编辑现代化的需要，各种编辑出版信息管理系统被开发设计。例如，北京玛格泰克科技有限公司开发的稿件处理系统，勤云科技公司开发的期刊远程办公系统，中华医学会杂志社、中国科学杂志社开发的管理系统，都是比较有名的编辑传播管理信息系统。此外，还有针对个别期刊的特点及编辑出版工作需要开发的编辑传播信息管理系统。

（二）学术期刊网络出版信息管理系统的选择

并不是所有的编辑传播管理信息系统都适合编辑部采用。这是因为一些科技公司虽然具有较强的计算机开发技术，但对期刊的运作缺乏实际操作经验，开发的信息管理系统存在一些不适合编辑部实际需要的现象经常发生。随着数据库管理系统开发平台的完善，编辑传播管理信息系统在技术上已经不成问题，关键是怎样与编辑部的实际需要相结合，尽量符合期刊运作的特点，方便编辑部应用，充分利用编辑部现有的软硬件环境，采用目前实用的信息管理系统，达到优化系统和提高效率的目的。

编辑部选用或者联合开发的编辑管理软件系统，应当既便于系统功能的发挥，又便于系统的维护，达到便于操作、实用安全的要求。提供的数字化信息服务，必须确保网络的稳定性、可靠性、安全性和保密性。为此，网上编辑办公系统需要建立独立于操作系统的用户管理、身份验证机制。将安全访问控制和系统的访问控制结合起来，实现多层安全机制，提高文档数据的安全性。例如，建立用户使用信息资源的授权机制、数据库文献密级控制和用户存取数量控制机制，设计故障分析工具，进行服务器自动备份，编辑部定期进行数据备份等。

（三）加强网络化信息管理平台建设

期刊网络化信息管理平台是网上编辑部的技术平台，对于实现投稿、审稿、编校、排版、发布和读者查阅浏览，具有至关重要的作用。网上编辑部的构建与网络化信息管理平台密切相关。根据学术期刊的实际工作需要，管理平台的建设应当满足以下方面的需要：作者网上投稿与查询、审稿专家上网审稿、编辑在线办公、主编终审定版、网络管理员信息管理、编辑部统计分析和读者在线浏览及信息反馈等。

平台总体结构一般由期刊采编系统、期刊在线发布系统、期刊网站管理系统、期刊发行系统、期刊质量评估系统和期刊网上交流系统组成。其中，期刊采编系统由作者投稿子系统、专家审稿子系统、采编管理子系统、编委办公子系统、编辑办公子系统和主编办公子系统组成。网络化信息管理系统的建立和完善，对实现期刊内容信息化、管理系统化、流程网络化、出版高效化和质量一流化，对于完善编辑部各项管理和提高期刊质量具有重要意义。①

网上交流可以达到直接、便捷、迅速和互动的效果。编辑部建立网上交

---

① 向飚. 基于 B/S/S 构架的学术期刊网络化信息管理平台的构建 [J]. 郑州大学学报：工学版，2009（2）：116 - 119.

流系统，可以采取多种方式。一种方式是电子邮件，即通过电子邮件与作者、审稿人以及读者进行廉价而且迅速地跨时空联系，并保留交流对象的书面信息。另一种方式是网上论坛。通过 BBS，用户除了可以进入各个讨论区获取各种信息外，还可以将自己要发布的信息或参加讨论的观点"张贴"到公告板上，与其他用户讨论。网上论坛可以做到浏览、发文与回帖。实践表明，BBS 的优点是使用方便，传输速度快，目前已经有一些科普类期刊如《中国国家地理》等使用了 BBS，取得的效果非常好。一些学术类期刊和技术类期刊也应当在网上编辑部的构建中使用 BBS 功能，加强网上交流。

第十章　制度创新与规制改革

在学术期刊传统出版与新媒体融合过程中，不仅需要自身加强对新技术应用和加快技术变革，提高融合的技术水平，而且需要相应的制度建设和制度创新，从政策上支持学术期刊媒介融合，从制度上为学术期刊媒介融合提供宽松的环境。

一、高校学术期刊出版的管理制度

我国学术期刊出版具有严格的管理制度。学术期刊既遵循国际通用的准则，又适用我国具体的出版管理规定。

根据有关规定，所谓期刊，"是指由固定名称，用卷、期或者年、季、月顺序编号，按照一定周期出版的成册连续出版物"。期刊又称杂志。国际标准化组织公布的 ISO 4 – 1972（E）《文献工作——期刊的刊名缩写的国际规则》对期刊做的定义是："定期地或以宣布的期限出版或准备无限期地出版下去的一种连续出版物，通常比年度出版物频繁。每期通常刊登单独的论文、记事或其他著作。报道一般新闻的报纸、会议录、论文或者主要与会议有关的团体的其他出版物都不属于期刊范围。"这里也规定了期刊与非期刊的出版物、记录或者论文的区别。这个定义表明，期刊具有固定刊名，连续出版、按期、卷或者年、月依次编号。期刊的内容有相对集中的主题和范围，由众多的作者的文章集合而成，价格、开本和装帧都相对固定。

高校学术期刊是期刊出版的一个特殊领域，是期刊出版的一个特殊部分。它由高校主办，专门出版学术研究成果，用于展示高校学术研究水平和进行学术交流，它的出版工作受到各级相应主管部门的统一管理，例如，目前由各级新闻出版与广电局主管，接受其统一的出版管理。我国新闻出版署在 2007 年 1 月 17 日制定发布的《期刊出版管理规定》是我国期刊出版统一遵守的管理制度。《期刊出版管理规定》第二条是"在中华人民共和国境内从事期刊出版活动，适用本规定"。

《期刊出版管理规定》要求，期刊由依法设立的期刊出版单位出版。期刊单位出版期刊，必须经过新闻出版署批准，持有国内统一连续出版物号，领取《期刊出版许可证》。所谓期刊出版单位，是指依照国家有关规定设立，经新闻出版总署批准并履行登记注册手续的期刊社。法人出版单位不设期刊社的，其设立的期刊编辑部为期刊出版单位。

期刊发行分为公开发行和内部发行。内部发行的期刊只能在境内指定范围发行，不得在社会上公开发行、陈列。

因此，按照以上这些规定，通常认为，只有在期刊上刊载和公开发布学术研究成果的行为，才能被视为论文或者研究成果公开发表。没有连续刊号，没有领取《期刊出版许可证》，不在期刊上刊载，即使拥有相当数量的读者，也不能公开发表论文或研究成果。

对于我国关于期刊的规定和制度，需要期刊工作者尤其是学术期刊工作者认真把握和遵守。具体地讲，应当是：

首先，我国学术期刊的出版发行和传播，是在正确的方针政策和党的思想路线指导下发展起来的，既要发挥学术交流和文化积累的作用，又要符合党的路线方针和政策。根据我国的有关制度和规定，学术期刊在出版传播先进的正确的文化思想的前提下，要积极促进学术交流和学术思想传播。高校学术期刊更要坚持党的思想路线和方针政策，严格把握政治底线，不得出版发表违反党的路线和方针政策的内容。这也为高校学术期刊的发展指明了方向。

其次，我国高校学术期刊受到行业系统的纵向统一管理，同时还受到相关部门的横向管理的制约。国家新闻出版署统一管理期刊出版工作，同时各个省市的新闻出版局也负有管理责任和负责具体的管理工作。高校学术期刊出版工作还受到所属高校本身的具体管理和指导。因此，学术期刊的出版管理是非常系统和严格的。

再次，学术期刊出版具有固定的出版号和基本稳定的期数、页码，必须按时连续成册出版。否则，就是违反期刊出版管理规定，必将受到惩罚。

二、媒介融合对于高校学术期刊出版管理制度的创新诉求

学术期刊的数字化、网络化、手机等终端的应用和其他新媒体传播等，是当代出版传媒业进入媒介融合时代的一个重要标志，也是学术期刊出版创新的体现。它给学术期刊出版与传播带来的影响，不仅体现在学术期刊的出版方式、存在形态和传播手段的变化上，而且体现在学术论文的发表方式、存在形态、评价体系以及管理制度的变革上。

随着学术期刊媒介融合的不断深入发展，学术论文的发表方式、存在形态、传播方式的创新不断出现，面对这些创新发展，学术期刊的管理者决不能视而不见、袖手旁观，而是积极研究和应对这种创新与变革，适应学术期刊媒介融合的需要，科学制定出促进学术期刊在新媒体时代媒介融合发展的政策措施，其中包括管理体制和规章制度。

一些学者已经注意到这种变化并对这种变化进行了研究。黄先蓉和刘菡（2011）认为，在转型过程中，对于什么是数字出版、数字出版标准化、版权保护及管理体制等方面存在外部政策、制度等方面的需求，应在版权保护、盈利模式、管理科体制等方面进行创新并在法律法规等方面加强制度建设，以推动数字产业的发展。①

虽然媒介融合的趋势已经不可逆转，很多学术期刊的出版者和管理者也认识到了这种变化趋势和其带来的紧迫感，但是，学术期刊在数字化和网络出版上并没有得到足够的重视和支持，因此，学术期刊的网络出版发展并不迅速，而是缓慢地在探索和实验中进步。究其原因，既有实际工作中的技术

---

① 黄先蓉，刘菡. 传统出版业数字化转型的政策需求与制度、模式创新［J］. 中国编
　辑，2011（1）：13－18.

和人才等因素，也有出版规定与管理制度滞后的问题。在数字出版和媒介融合中，主要存在以下几个方面的制度滞后。

（一）对学术论文的网络出版缺乏认定标准

到目前为止，网络出版的学术论文还没有得到社会广泛认可。学术评价机构和管理者一般只承认纸质学术期刊刊发的论文，对网络出版的学术论文持怀疑和偏见。在这种学术环境下，学术研究者只好先以纸质学术期刊出版发表，再由中国知网、维普网等数据库出版平台加以网络传播。由于对于网络出版的论文的偏见，很少有作者将自己的研究成果交给网络期刊出版机构以网络出版的方式发表。

造成学术论文网络发表不被承认和重视的主要原因在于管理制度滞后，学术环境制约。由于缺乏对网络出版的科学认识，学术期刊网络出版的机制还没有建立，相关的管理制度也就无法建立，数字出版和网络期刊的界定也就缺乏制度规范，缺乏具体的统一标准。在缺乏明确的制度规范情况下，网络出版者就无法向学术研究人员提供其论文公开发表的法律依据。学术研究人员担心网络期刊不具备公开刊发论文的资格，不愿意将其论文投到网络期刊出版机构发表。这就是目前学术论文在网络期刊发表中面临的最大难题。

因此，尽快制定学术论文网络发表的标准和管理制度，是学术期刊数字出版转型和网络出版的关键措施。

（二）数字出版中的版权保护缺乏完备的法律依据

在数字出版和网络传播中，版权保护是一个亟待解决的问题。在数字出版中，著作权益的保护遇到困难。由于网络传播信息在技术上很容易被复制，甚至被删减、增加或者移植，因此，著作权人的权益往往受到侵害。学术期刊网络出版的内容也很容易被复制、扫描、转载。虽然一些学术期刊具有纸质出版和使用权，但在著作权人无法保证著作权使用方式的情况下，通常把数字出版和网络传播的权利无偿转让给出版者，而学术期刊出版机构为了能够使刊发的论文在网络上传播，几乎以免费的方式将刊发的论文出让给一些具有网络出版传播技术的大型数字网络平台运营商。

在数字出版的版权保护问题上，黄先蓉和刘茜（2011）认为，"数字出版是以技术开发与版权增值为核心的产业，版权保护是其发展的核心问题。由于缺乏法律的有效保护和畅通的版权授权途径，初期培育市场的技术提供商的地位日益尴尬，一定程度上制约了整个产业的快速发展。如何妥善处理这个问题成为数字出版产业良性发展的关键点。"①

因此，新闻出版管理者应当根据学术期刊数字出版转型和媒介融合的需要，制定出符合学术期刊新媒体和网络出版需要的版权保护法律法规，为学术期刊在新媒体时代的媒介融合及网络出版保驾护航。

（三）学术期刊数字出版与媒介融合要求管理体制变革

我国现在的出版管理体制是按照出版事业发展的需要设立的，具有分类管理、分级管理和多部门负责的特点。在互联网技术和网络出版出现以来，出版物已经从传统的出版物发展为今天的音像出版物、电子出版物和网络出版物，出版物的内容传播形态由以纸介形态为主转变为以数字信息形态为主，传播渠道和方式也开始以网络和电子传播的方式为主。学术期刊同样开始了这种网络出版和网络传播，并以不断加速创新的方式与新媒体进行媒介融合，数字出版、网络出版和移动终端阅读等，极大地改变了传统的学术期刊出版传播方式。这种不断以数字信息和网络出版的形式发展的学术期刊，客观上要求在管理体制上进行变革。

学术期刊数字出版转型的目标是"数字出版＋按需印刷出版"，甚至是纯数字出版即网络出版。在数字出版中，通过互联网到达手机、平板电脑等移动终端，实现网络出版和传播。这种出版方式和形态的变化给学术期刊管理提出了新的要求。特别是在优先出版、开放存取出版等出版模式出现后，怎样对待单篇论文网络发表这个问题，亟待管理部门进行规范和指导。适应这种变化，学术期刊管理体制也要做出适当变革。

三、学术期刊数字出版转型中制度创新的社会背景

在新媒体时代，也可以说在网络技术广泛引用的时代，学术期刊的发展

---

① 黄先蓉，刘蒗. 传统出版业数字化转型的政策需求与制度、模式创新［J］. 中国编辑，2011（1）：13－18.

方向只能是加快媒介融合步伐，利用数字技术、网络技术和新媒体技术，实现出版技术升级，更好地适应新媒体时代出版产业发展的趋势。高校学术期刊由传统出版向数字出版转型，必然引发出版方式的创新，并导致管理体制和相关制度的变革。很显然，高校学术期刊的管理体制和制度应当随着数字出版的发展进行相应的变革与创新。

（一）学术期刊出版方式的变革

按照目前的出版方式，学术期刊的出版途径是，作者向期刊社或者编辑部投稿，编辑审稿，然后对通过审稿后的论文进行编辑加工、排版校对，最后以纸质期刊的形式按照一定的连续期数出版发布，即可完成学术期刊出版和论文的发表。

这种公认的学术期刊出版和论文发表方式，自出现以来在学术论文的交流中发挥了积极的作用。15 世纪中后期，人们借助信函进行交流，把研究的成果用信函的方式，传给另外的研究者。为了提高信函的流传广度，人们把信函印刷成小册子供人们阅读，进而发展到按期发布一些研究成果，这就是期刊的最初形态。经过长期的发展，成为今天人们公认的期刊出版方式。

经过数百年的发展，期刊一直保留了这种纸质的定期的连续出版方式。这种出版方式方便了研究者在研究中进行交流，促进了学术研究，积累了人类的文化成果，从而推动了社会进步。

但是，随着经济的发展和社会进步，这种出版方式的弊端也明显地体现出来。

首先，社会经济的发展和科技的进步，使研究者面临的问题和研究的内容更加丰富，在研究成果的发布时间上更加需要快速及时。传统的学术期刊出版，从收取论文，经过初审、终审，排版校对，出版发布，运输分发，需要花费很多时间才能达到使用者手中，这种方式越来越不适宜当前快速变化的社会经济和科技发展形势。一般情况下，一篇论文从投稿到出版的周期为3~6 个月，还有超过 10 个月甚至 1 年的，这样的出版周期使得一些研究成果在发表后成为过期的成果，严重影响了作者的利益，也不利于学术研究的交流和发展。由于国内一些学术期刊出版周期过长，很多优秀的研究成果放弃在国内期刊出版发表，纷纷投向国外一些著名期刊，导致国内优秀研究成果外流。

其次，传统期刊出版方式需要消耗大量的纸张，从而对木材消耗巨大，并给环境保护带来巨大的压力，不利于环境保护。传统出版方式要消耗大量的纸张，制造纸张不仅需要大量的木材，还需要消耗水资源和污染环境，这些都对环境产生不利的影响。

再次，与网络媒体相比，传统期刊出版方式具有较多劣势。在传统出版方式下，网络媒体时代又被称为新媒体时代，是以数字化、信息化和多媒体为特征的传媒时代。新媒体由于具有传播快、及时、直接、多渠道等优点，被人们广泛接受和应用，逐步取代了传统媒体的信息传播功能，成为信息媒介的主流渠道。在新媒体时代，曾经作为信息传播主要渠道的传统媒介例如报纸、图书、杂志等，其发行量大大减少，影响面大幅度缩减，前景变得日益黯淡，面临着数字化转型和媒介融合的现实问题。这些都源于传统媒介的形态单一、不便于直接交流和及时传播等问题。

（二）高校学术期刊出版与网络技术的结合

数字化是高校学术期刊出版的大方向，与新媒体融合发展，利用数字化、网络化实现学术期刊出版转型，是高校学术期刊在网络社会和新媒体时代的必然选择。但是，学术期刊的数字化转型还没有统一的途径，是在探索中进行的。

当前的主要做法是，由专门的网络技术公司，将高校学术期刊出版的内容，借助信息技术和网络技术，转化为数字信息内容，在网络上进行传播。目前，我国有三大网络运营商在从事学术期刊内容网络出版活动，即中国知网、维普网和万方数据库。三大运营商建立了独立的数据库，与各个学术期刊社或者编辑部合作，将其已经出版发行的期刊内容经过数字化和网络技术处理，实现网络出版传播。用户在付费后可以在网络上查询和搜索到有关期刊及其刊发的论文。

学术期刊社的做法通常是，借助主办单位的网站或者独立建立网站，利用有关软件系统，建立自己的投稿、审稿和期刊信息发布系统，在纸质期刊出版的同时或者过一段时间，发布出版刊发的内容。高校学术期刊网络出版的方式还没有统一的模式。目前的网络投稿系统是利用了网络技术，实现了投稿网络化、审稿网络化，甚至网上编辑加工、网上信息发布等，但一般没有脱离出版纸质学术期刊的窠臼。

高校学术期刊出版数字化及网络期刊的出版已经成为学术界和期刊出版者共同关心的问题。传统学术期刊的出版方式经过了数百年的发展，基本上完成了其历史使命。顺应科技发展的需要，学术期刊的出版方式和外在形式，必将呈现新的态势，这种新的态势就是网络学术期刊的形成和完善。

（三）学术期刊的网络出版方式和基本形态创新

网络期刊是借助信息技术和网络技术实现出版的期刊，具有期刊的一般特征，但是，网络期刊不再以纸质期刊出版为途径，而是以网络发布为出版途径。网络发布的内容必须真实、完整、具体。学术期刊社可以通过网络预告即将刊发的内容，但是，要以实际刊发完整内容的时间为正式出版的时间。

以刊发学术研究成果为内容的高校学术期刊，在遵守国家有关规定的前提下，按照有关程序对作者的论文进行审核，对符合内容质量要求的论文，可以先行预告刊发，然后进行编辑加工和排版校对，经过质量检查后，即可上网发布。一经发布，论文即视为公开发表。

这种在网络上直接发布出版的学术期刊论文，就是未来学术期刊的出版方式。它省去了制作纸质学术期刊的环节，以电子信息的形式存在。这种以电子信息形态存在的学术期刊，按照一定的时间公开发布，可以是单篇论文被发布，也可以是几篇论文一起发布，只要是在该期刊网站发布的，都视为公开发表。纸质版的期刊是在用户的订制下制作的特殊形式。既可以是数篇论文的汇集本，也可以是一篇论文单独纸质本。

四、数字化出版中高校学术期刊的规制改革

学术期刊的管理制度要适应网络时代网络期刊出版需要进行变革。在网络期刊出版中，谁是网络期刊出版的主体，谁就要对出版质量负责，因此要加强对出版主体的管理。加强对出版质量的监督，才能保证网络期刊具有生命力和发展前景。因此，对网络期刊的内容进行定期检查，对从业人员进行资格认定，对出版单位进行资质审核，都是必不可少的环节。

网络期刊的内容由发布的论文构成。对于每篇论文，必须给一个固定的编号，文章的编号是由期刊社按照发布的时间和论文的序号确定的，正如图书的出版，每个图书都有自己的书号，而每篇论文都有自己的编号，可以称作刊号，是该篇论文在刊发时及以后的唯一编号。编号的内容包括该期刊的ISSN号码、年份、中图分类号、文献标识码、论文编号及页码。在网络上，根据文章编号可以很容易地查到该篇论文。

对网络期刊加强管理的同时，应进行相应的制度创新。在期刊刊发论文的认定上，承认单篇发布的论文为公开发表的论文。这种方式已经在国外很多期刊被采用。只要是经过同行评审，期刊社认定质量，公开发布的论文，都是公开发表的。在期刊刊发论文的数量上，不再规定每期固定刊发数量，符合同行评审要求，符合期刊社质量要求的，即使一篇论文，也可以在网上发布。

网络学术期刊的出版有许多问题需要探讨和解决，不可能一蹴而就。作为学术期刊的出版者和学术研究的传播者，需要顺应时代而变革，不应抱残守缺，墨守成规。当然也应当循序渐进，逐步发展。

适应学术期刊网络出版的需要，可以从以下方面进行制度完善和创新。

（一）完善学术期刊出版法律法规

对我国现有的期刊出版管理法律规定进行完善和补充，使已有的出版制度和规定更加适合传媒产业媒介融合发展的需要，适应新媒体时代的变革。我国出版管理方面的法律法规主要是《著作权法》《出版管理条例》《印刷业管理条例》《音像制品管理条例》《期刊出版管理规定》《计算机软件保护条例》等。适应互联网的发展和数字出版的需要，应当及时地对这些法律法规进行修改补充，增加网络出版、数字出版、手机出版等相关内容，加强数字版权保护。

为促进学术期刊数字出版转型和网络出版的发展，适应媒介融合的要求，尽快制定数字出版标准，制定《数字出版管理规定》，对网络出版的学术期刊进行科学规范，对学术论文网络出版的版权进行保护，完成数字出版标准体系建设。

（二）建立学术期刊数字出版准入制度

对学术期刊数字出版行为进行规范，建立数字出版准入制度。首先给予已有的学术期刊数字出版和出版网络期刊的权利，允许现有的学术期刊按照数字出版和网络期刊的规定在网络上出版发布学术论文。对于参与数字出版和传播的企业采取分类管理的办法，授予具有学术发表资格的出版机构数字出版和网络发表论文的权利。对于数字出版实施准入制度，加强资质审核行业门槛，将有利于数字出版产业的规范，有利于网络期刊的发展。

（三）修改和完善学术期刊的评价体系和评价制度

目前的学术论文评价是基于传统期刊的出版形态进行的，不仅不完善，而且还存在一定的弊端。随着数字出版和网络期刊的发展，特别是学术论文网络发表的新形式新途径的出现，传统的学术论文评价体系已经难以适应这种变化，改进和完善学术论文的评价方法成为媒介融合中的学术期刊发展的客观需要。

当前学术期刊评价没有统一的标准，但是存在着非正式的制度，这种非正式的制度被众多的学术机构、高等学校和个人用来指导学术期刊和论文的评价，进而影响到对于学术期刊和学术论文的评价。

目前学术领域影响较大的学术期刊评价机构和发布的学术期刊评价报告主要有南京大学中国社会科学研究评价中心制定发布的《中文社会科学引文索引（CSSCI）来源期刊》、北京大学图书馆制定和发布的《中文核心期刊要目总览》、中国社会科学院文献信息中心发布的《中国人文社会科学核心期刊》、中国科学院文献情报中心发布的《中国科学引文数据库（CSCD）来源期刊》、中国科学技术信息研究所发布的《中国科技论文统计源期刊》（又称《中国科技核心期刊》）和万方数据股份有限公司发布的《中国核心期刊遴选数据库》。

以上这些主要的学术期刊评价机构发布的报告已经成为我国学术期刊评

价的基本依据和标准。一些学术机构、高效和个人在对期刊进行评价时，多数采用和依据这些机构发布的学术期刊评价报告。

其中影响最大和最广泛的是南京大学中国社会科学研究评价中心制定和发布的《中文社会科学引文索引（CSSCI）来源期刊》、北京大学图书馆制定和发布的《中文核心期刊要目总览》。

可以说，这些评价机构和发布的报告在学术期刊评价中起到了积极的作用，为使用者提供了可以参考的依据。方便了使用者在学术论文评价、学术期刊评价，促进学术研究的发展。但是，随着网络出版的发展和媒介融合的深入，对于学术论文的影响力评价，现有的评价方法和指标体系难以做出科学的结论。例如，现有的评价体系没有对学术论文的网络评价进行科学的反映，而网络评价已经客观广泛地存在于现实中。对于单篇论文的发表及其影响，也是现有评价方法和体系没有顾及的。因此，媒介融合中的学术期刊评价亟待完善。

改进的具体办法是制定出与媒介融合和网络出版相适应的网络期刊和网络论文的学术评价办法及相关规制，把网络评价科学地纳入学术论文的影响力评价中。

（四）对网络出版学术论文的评价制度创新

学术论文的评价历来受到关注。在当前学术期刊评价模式下，以刊论文是学术论文的主要评价依据。由于把学术期刊分为核心期刊、CSSCI来源期刊等不同的级别，因此就自然形成了依据所在期刊来评价论文的质量。然而，学术界普遍认为这是不科学的，原因在于一篇学术论文的价值不是所在期刊的级别能够反映出来的，尤其是具有深远价值的学术论文其价值可能在未来数年之后才能体现出来，为社会实践所证实，因而不是发表在核心期刊或者某个数据来源期刊的论文都是质量高的论文。因此，仅仅依照评价期刊的指标来评价学术论文的价值是不科学的，至少是不完善的、有缺陷的。如果一篇论文得到了实践应用，或者对政策的制定起到了积极的作用，那么，即便是刊发在一般的学术期刊上，也应当给予较高的学术价值评价。因此，在学术论文的评价时，更应当注重论文的社会影响和实际应用价值。针对论文的评价而不是针对期刊的评价，这是未来的学术期刊评价应当发展的重点。从当前的实践看，学术界改变当前以刊论文评价方法的呼声日趋高涨，将可能改变目前对于学术期刊的评价方法和标准。

（五）高校学术期刊内容表达形式的规制创新

在保留学术期刊按期出版的同时，允许有条件的学术交流平台以单篇方式实现论文发表。媒介融合给学术论文发表提供了新的可以利用的网络交流平台。学术交流平台不仅是目前的学术期刊出版单位，还可以是以学术交流为宗旨的学术团体所建立的机构，而其所建立的网站就是一个学术思想交流平台。对于这样的平台，如果具备了一定的条件，达到了规定的标准，其所发布的学术论文也就具有公开发表的性质。

因此，在利用学术期刊发表论文的同时，可以利用学术机构建立的交流平台来发表论文。需要做的事情是，制定标准规范学术交流平台，使其具备科学的程序和管理制度。当前学术期刊媒介融合进展缓慢，学术论文发表周期过长，数字出版发展缓慢，不仅存在技术方面的因素，还有更多的管理体制等方面的原因。

第十一章 高校学术期刊媒介融合
深化发展的路径

在互联网和新媒体不断发展的新时代，高校学术期刊由传统出版方式向新型出版方式转变，进行媒介融合，由内容为王向内容提供与传播新方式、新途径、新手段相结合，充分利用发达的信息技术和网络技术，实现学术思想的有效传播。如何加快和深化学术期刊媒介融合，这是需要学术界给出正确答案的问题。为此，在前面分析的基础上，笔者提出深化高校学术期刊媒介融合的策略和建议，以便作为决策参考。

一、积极推进高校学术期刊数字出版

作为传统媒体中具有特殊优势的传播媒介，期刊的数字化转型已经在业界不断加速。但是，尽管网络技术和新媒体技术给期刊业带来严峻的挑战，纸质期刊仍将在较长时间内得以生存。人们关心的是，期刊发展转型的方式是什么以及最终会达到什么结果。作为平面媒体的一个组成部分，期刊经营者必须坚定地改变思维观念，适应网络经济和新媒体时代的需要，在保留传统媒介优势的基础上，开拓创新，积极探索数字化发展道路。

（一）以网络期刊为方向，积极探索媒介融合的模式，向数字化发展转型

在新媒体的发展加快和影响不断扩大的过程中，纸质媒体必须选择相应的对策适应这种历史巨变，进行自身的变革和发展。媒介融合是大势所趋。媒介融合是由美国马萨诸塞州理工大学浦尔教授在 20 世纪末首先提出的概

念。他认为，传统媒体和新媒体将在竞争中共生共存，新媒体的诞生并不意味着传统媒体的消亡，而是各自发挥自身的优势，并且在相互竞争中吸收对方的优点，相互融合发展。二者之间的融合表现为技术融合、内容融合和产业融合三个层面。纸媒在新媒体的冲击下，能否拓展自身的领域，是纸媒获得生存机会的关键。

期刊是纸媒的一种，在媒介融合中，完全可以利用新媒体技术，发挥自身的某些优势。目前，在出版纸质期刊的同时，网络期刊得到较快发展。期刊不仅拥有纸版，还通过建立网站或者参与大型数据库集中上网，实现网络出版发行。这是期刊在数字化出版道路上迈出的重要步伐。期刊借助网络，特别是通过网站主页，及时刊发期刊内容，提供丰富的服务，可以发挥自身更大的价值。多样化的信息发布渠道，方便了读者查阅，还可以实现期刊与读者的互动，及时获得读者反馈意见，改进内容和服务质量。

但是，期刊上网只是期刊数字化发展转型的初步形式，还存在一系列问题需要改进和解决。目前的期刊上网主要是采取复制内容的方式，网络期刊的内容和纸版期刊重复，缺乏创新，影响了期刊数字化的效应。期刊应当改变这种状况，不仅仅是把内容复制到网络期刊上，还要充分契合公众的消费需求，开辟互动平台，优化网络建设，实行全媒体模式，为受众提供更加人性化的服务，才能真正发挥数字化的作用。

（二）建立期刊数字化信息平台，优化数字信息服务

数字信息平台是期刊为用户提供数字信息服务、满足读者信息搜寻需要的场所。新媒体时代，媒体市场正由过去的供方市场转变为需方市场，传统媒体"渠道为王""内容为王"进入"价值为王"时代，读者的需要呈个性化、碎片化、多元化特征，因此，期刊必须适应这种变化，主动地利用网络技术和数字技术改造自身，及时地向数字化出版转变，积极开发数字信息平台，向网络和数字媒体领域拓展。在新媒体技术广泛应用的时代，任何媒介都无法抓住用户的全部注意力，只能做到部分吸引，关键的因素是关注受众的体验和需求，这是媒介竞争的核心。为此，期刊数字信息平台应当在重视技术应用和传播手段变革的同时，更加重视读者的消费需求和方式的变化。

网络期刊是大多数期刊采用的数字出版形态。它以信息量大、查询方便、即时性等优点，满足了读者个性化的需要。但是，目前的网络期刊还远远没有实现为读者提供多样化服务的目标，与数字出版的要求相去甚远。期刊经营者需要进一步研究数字出版的方式和途径，研究读者在新媒体时代需求的多样性、即时性等特点，通过完善数字信息平台，为读者提供更加周到的服务。

（三）完善收费模式，探索科学的赢利渠道

数字化出版的期刊，需要改变原来纸质期刊的赢利模式，在网络时代找到与新媒体运营方式相适应的盈利渠道和收费模式。传统媒体的收费模式是订阅收费和广告收费，这种方式在数字出版的媒介中还存在自身的合理性，因此还将继续存在于一些领域。但在未来发展中，需要进行盈利模式创新。对于大多数学术期刊而言，在原来的经营模式下，由于读者市场较小，订阅量小，基本处于亏损状态，只是在主办单位的财力支持下勉强维持生存。能否在数字出版的情况下找到赢利模式，这是许多学术期刊获得生存与发展的关键问题。目前的学术网络期刊收费主要由大型数据库控制，用户主要是一些图书馆数字信息库，以及部分读者，图书馆和部分读者通过缴费，获得信息查询权利。

网络期刊在收费上可以探索新的模式。当前主要的模式有以下几种。①把数字信息内容与电子阅读器捆绑，通过销售阅读器实现数字内容的价值增值。电子阅读器是打开数字信息资源库的设备。最新电子阅读器终端技术获得较高的发展，为用户提供了丰富的阅读体验，是广告商吸引用户、向用户收费的一种手段。②开发付费应用程序，方便用户付费使用信息资源。由苹果公司开创的付费应用程序，为传统纸媒推广及其电子版付费阅读带来了便利。这种付费阅读模式在数字出版中将继续推广和创新，并成为网络期刊实现赢利的主要渠道。③拓宽与大型数据库运营商的合作渠道，在与运营商的合作中争取更多的利益。网络期刊在与运营商合作中，由于自身没有技术基础，是大型数据库的信息制作工厂，因而处于不利地位，其所得到的利益是很小的一部分，因此，期刊经营者不应当满足于在与大型数据运营商合作中分得一杯羹的状况，而应当创新合作模式，充分挖掘数字化出版的商业价值。

（四）加强版权保护，争取政策支持

版权保护历来是文化出版领域备受关注的问题。在网络技术和信息技术高度发展的时代，由于网络信息传播速度快，技术手段高级，文化产品更加容易被侵权，这也给版权保护提出了新的课题。正如周琼等研究者得出的观点，即"数字出版使接收资讯者很容易就可以对作品进行任意复制和非法再传播"，因此版权保护中应当"追加在新技术下版权的保护，增加规避技术措施的禁止性规定"。

为了加强数字出版物的版权保护，需要从以下几个方面着手。第一，制定数字出版物管理制度体系，给予数字出版物政策上的支持，确保优秀的期刊在数字出版上的合法合规性。完善版权登记制度，加强数字出版工作监督，制定相关的数字期刊出版标准体系，对数字出版统一管理。第二，在数字出版过程中理顺出版者、作者和使用者的关系，平衡各个方面的利益，加强对各方的利益保护，实现各方的利益合理分配。第三，根据网络期刊的特点创新版权保护制度。网络期刊具有容易在网上搜索、使用和复制的特点，版权保护的重点是非法复制和使用，所以，管理者应当加强研究网络期刊内容的使用界限，对非法使用者进行相应的处罚。

（五）借力大型期刊数据库，深化发展学术期刊数字出版

当前学术期刊普遍采取的数字出版模式，主要是与中国知网（CNKI）等大型学术期刊数据库数字出版平台联合，把纸本内容以一定的存储格式（PDF 格式、htm 格式等）保存为数字信息，在互联网上进行传播。这是高校学术期刊数字出版的基本途径，也是进行媒介融合的主要形式。《中国学术期刊（光盘版）》电子杂志社有限公司总编辑陆达和副总经理黄丽洋指出："纸本出版物原版内容以全文数字化（Full - text）形式发布、全文数据库方式管理和使用，是 20 年前《中国学术期刊（光盘版）》创刊至今国内外普遍采用的数字出版模式。"①

以中国知网（CNKI）为代表的学术期刊大型数据库出版平台，通过平台实现了大多数过往期刊文献与现刊优先数字出版文献（Online first）的碎片化和 XML 化、基于原生 XML 数据库（Kbase - NXD）管理，以及在知识层面的内容检索与聚合，为支持基于海量学术文献资源的大数据分析与利用奠定了全新的数据和数据库基础。

学术期刊数字出版除了来自期刊社自身利用数字信息系统特别是网络编辑系统，进行网络投稿、审稿和编辑等工作外，更多的是来自中国知网（CNKI）等大型学术期刊数据库所进行的数字出版和网络传播。

中国知网（CNKI）基于已有的大数据及其分析、互联网协同研究平台等优势，特别是考虑到我国学术期刊应对国际竞争的需要，设计并研发了传统论文、增强论文、全过程论文、简要论文、数据文献 5 种新型数字出版物形态及其出版系统。

虽然这些学术期刊大型数据库出版平台利用数字信息技术，将各类文献碎片内容的各种相关知识动态重组为体系化的碎片知识模块，并且研发了支持个人和群体深度研读、协同探究原创学术文献的大数据平台，但是，由于其所提供的数据服务仍然限于各学术期刊印刷出版的内容，这些内容既不能全面详尽地注册和反映作者的研究成果，也不能满足社会知识充分共享、成果充分利用的要求，更不能满足"问题导向、应用导向、结果导向"下"数据 + 协同"研究范式的需要，因此，以往基于印刷版出版物内容的数字出版模式必须改变，向真正的数字出版模式转型，否则学术期刊将因脱离时代要求而无法生存和发展。

二、促进和完善学术期刊网络出版

期刊网络出版需要资金和技术的支持，因此，只有一些在资金和技术上

---

① 陆达，黄丽洋. 中国知网学术期刊新型数字出版模式——打造创新成果注册、学术交流、知识共享、数据研究、协同研究的新范式［EB/OL］. 中国新闻出版广电网，2016 - 12 - 29.

都不存在困难的学术期刊社，才能顺利实现网络出版，而政策支持也是必不可少的外部条件。我国学术期刊网络出版可以借鉴国内外网络期刊的做法，从数字化转型和建立网站等方面着手。在我国，虽然网络期刊的有关政策规定还没有制定，但是在现有的条件下，许多学术期刊网络出版可以采取以下两种方式和途径。

1. 独立建立网站——期刊纵向网络化

独立建立网站（即独立建站）就是期刊建立自己专属的网站，拥有独立的域名。独立建站的期刊可以根据自身的特点进行个性化设计和建设有一定特色的网站，比较灵活，容易体现出期刊的特色，可以根据自身的需要和情况自主设计网页；可以根据读者的需要进行单独设计，针对性强，服务到位；易于保护期刊版权，无论网站是否提供期刊的全文下载，期刊都拥有印刷版期刊版权和电子版完整版权。

建立独立网站需要一定的资金、技术投入，门槛较高，需要相应的技术人员进行维护、管理，不是任何一个期刊都具备资金和技术条件。因而，在目前大多数学术期刊发展经费较为紧张的情况下所有的期刊建立自己的独立网站是不现实的。对于具有一定的学术影响力的学术期刊或者受大众欢迎的经济效益较好的其他期刊，如果具备了相应的资金和技术实力，可以采取独立的方式建立网站，以此扩大社会影响力和读者市场。对于一般的中小型期刊，存在着资金、技术和人力上的困难，则不需要独立建站，可以采取另一种方式实现网络期刊即参加集群网站。

2. 建立集群网站——期刊横向网络化

建立期刊集群网站就是众多学术期刊联合起来建立集群网站，按照一定的方式将众多性质相同或接近的学术期刊集中起来，经过统一的规划在一个联合建立的网站上上网发布学术期刊的内容，从而节省了投资成本，提高了经济效益，扩大了社会影响。

目前已经出现的集群建站模式有以下几种：

一是大型出版商数字化网络出版平台。这种方式在国外比较普遍，如全球最大的出版商 Elsevier Science 建立的网站 Elsevier Science Direct，该网站地

址为 "http：//www. sciencedirect. com"，提供了 1998 年以来公司收录的 1800
余种电子期刊，其中全文期刊 1500 余种，只有文摘的有 200 余种。又如 John
Wiley&Sons 出版公司的 Wiley InterScience 网站，收录了 360 多种能源科学、
技术、医疗及相关领域的专业期刊。

二是专业型集群网站。由某一学科领域学会、协会或其他专业机构将该
学科领域内的专业期刊联合起来，统一建立一个期刊网站，这种方式在比较
发达国家的专业学会、协会较为普遍。如 Scitation（http：//scitation. aip.
org）在同一网站下集中了 AIP（美国物理学会）、APS（美国物理协会）、
ASCE（美国土木工程师协会）、ASME（美国机械工程师协会）、SPIE（国际
光学工程协会）以及其他优秀工程协会的一百多种期刊。

三是大型数据库网络出版平台。这是由商业化数据开发公司建立的网络
期刊数据库，同时提供期刊主页及其他服务。如万方数据公司的中国数字化
期刊群（http：//www. periodicals. net. cn），不仅为每个入网期刊提供一个主
页，同时还免费开通上网期刊虚拟主机服务。期刊编辑部向域名管理机构申
请一个独立的域名，万方数据公司为各个期刊免费编制网页，并提供虚拟主
机，每一台虚拟主机都具有独立的域名和 IP 地址（或者共享 IP 地址），具有
完整的 Internet 服务器功能，编辑部可通过因特网远程更新网页动态信息。

四是地区联合或专业机构集群建站。集群建站的方式易于形成规模，技
术门槛低，还可以充分利用某些优势，发挥集体的规模优势，比较适宜资金
和技术上都比较弱的中小型期刊，是大规模网络化的一个快速可行的横向发
展方法。它一般采取商业化方式运作，在建站成本上较独立建站经济节约，
易于形成规模效应，同时方便期刊论文的综合利用，可提供综合的统计分析
等。但对于读者来说，存在一定的进入门槛（如数据库使用权限，期刊的检
索深度等）。模式化的建站方式容易造成千篇一律、千刊一面的单调现象，
难以体现期刊的特色。

值得说明的是，仅仅加入期刊网络数据库只是实现了期刊内容数字化供
给，并不能说就是实现了期刊网络出版。各种期刊只有充分利用网络数据库
提供的各项服务，最大限度地在互联网平台上宣传期刊并提供全面的网络服

务，才能进入期刊网络出版的阶段。

除了以上两种方式和途径外，很多期刊采取了以上两种方式相结合的途径发展网络期刊。许多学术期刊既在所属主管单位或者主办单位的网站下建立网页，也加入大型期刊数据库，共同实现期刊上网。其中，在主管单位或主办单位网站下建立的主页，一般是由网络技术公司帮助建立的，网页内容包括期刊介绍、组织结构、编委介绍、投稿系统、编辑流程、规章制度和友情链接等。一些期刊的内容在印刷版期刊出版后发布到网站上，可以全文下载，一些期刊只列出目录，发布本期的刊发情况。主要问题是，缺乏与作者、读者的互动，缺乏个性化服务，体现出了市场竞争意识不强，管理还不够科学细致等。

三、完善学术期刊网络出版的功能

借助网络出版平台，通过网络出版，学术期刊可以提高对用户的服务水平，为读者提供其所需要的尽可能多的服务项目。完善学术期刊网络出版服务功能的主要途径有以下几个方面。

（一）提供文献服务

提供文献服务是期刊网站的最主要功能。文献服务的主要方式是提供文献内容，就是期刊网站把期刊的内容展现给用户。目前，大多数网络期刊提供的文献服务是免费的，这与网络期刊的发展方式和历史有着密切的联系。因为网络期刊是在印刷版期刊的基础上发展来的，其内容是印刷版期刊内容的复制，没有新的变化，已有的用户一般是印刷版期刊的订阅者，未订阅的用户则可以通过互联网搜索到相应的内容。但提供服务的方式和程度可能有一定的差别。有些网络期刊提供全文阅读，有些只提供摘要、文献目次；有些是免费服务，有些是收费服务。此外还有一些权威期刊在网络上提供免费全文服务。

首先，全文免费阅读服务。一些期刊的网络版向所有用户免费提供全文文献服务，用户可以自由搜索、下载和阅读，不受任何限制。一些网络期刊向世界上低收入及中低收入国家（包括中国）的网络用户免费提供文献全文阅读服务。还有一些只是向低收入国家的网络期刊用户提供免费文献全文。

其次，部分文献免费阅读服务。将期刊发表的部分文献提供免费全文服务，其余文献需订购期刊或单篇订购后才能阅读全文。很多期刊将其发表的大部分文献通过其网站向普通用户提供免费全文服务，但需要注册。网站提供该刊发表的编者述评、读者来信和消息等文献的免费全文阅读服务。有些网站将一些重要的论文在正式出版印刷之前在网站上提前发表，并向网络用户免费提供全文阅读。

再次，提供期刊出版一段时间后的免费阅读服务。期刊只向其订户阅用提供文献全文网上阅读服务，而普通用户只可免费阅读文献摘要。但这类期刊在出版一段时间后向普通网络用户开放，用户可在网上免费阅读一定时间以前发表的文献全文。通过免费注册后，普通用户只能阅读半年或某段时间以前的原始论文或特色论文类文献全文。

最后，期刊订阅或单篇付费服务。用户可以通过网上支付阅读单篇文献或者期刊全部文献。付费方式可以是按年订阅或者按检索浏览全文内容的篇数计费，也可以采用用户注册，登录次数计费。付费渠道可以通过现金支付，也可以网上支付。

（二）提供文献检索服务

文献检索服务是网站提供给用户的一种搜寻和检索文献信息的服务。通过检索，用户可以获得所需要检索的文献信息。其中包括以下几个方面。

第一，期刊本身发表文献的检索。主要是用来检索本刊发表的文献。系统采用布尔检索的方式对期刊进行精确的查询，检索可按照刊名、标题、作者姓名、单位、摘要和关键词等进行检索，也可以在指定的时间段内进行检索。有的还提供了作者单位、参考文献及栏目名称等特殊的文献检索途径。

第二，文献链接检索。通过网站，可以检索多种同类别、同出版机构出版的或者有合作关系的期刊，帮助读者顺利查找所需的文献资料，提高检索效率。

第三，相关文献检索。通过网站阅读文章的同时，还可以同时链接检索并获得在该刊上发表的相关文章或者相关数据库中收录的与该篇文献相关的所有论文、收录的该文献作者撰写的所有文章等。

（三）提供期刊链接

读者可以从论文参考文献的书目记录快速链接文献摘要或者文献全文。网络版的参考文献可链接到权威数据库的数据记录或文献摘要，也可以链接到权威数据库或直接链接到出版社上网的所有期刊网站上的文献摘要或全文。还可以通过网站链接到国际上的学术组织、数据库等，这样使用户在阅读浏览期刊文献的同时，可以通过链接获得更广泛的相关资料信息。

（四）提供文献推送服务

为用户提供特色服务是网络期刊的一个服务项目，期刊通过电子邮件把最新目录定期发送给用户，通过文件传输服务，将最新的用户所需要的文件传送给指定用户。用户以主题词表达自己预定的课题，系统按用户的要求检索每期网上刊发的文献资料，通过电子邮件发送给用户。用户可以只订阅自己所需要的部分，而不必订阅整个期刊。同时，如果合作期刊刊发了相关文章，系统会通过电子邮件告知用户。按需推送，是期刊为用户提供文献服务的新方式。

（五）提供引文链接

引文是文献之间相互引证关系的重要途径，也是期刊及其全文数据库的重要组成部分。引证关系是文献内容之间相互关系的反映，是文献索引的重要途径。期刊全文上网后，将论文文献用其引证关系链接起来，直接实现基于引文检索的全文查找，在浏览论文文献时从其参考文献目录中可以查找该论文参考文献的来源，用户可在文献中直接点击该文献的某一篇参考文献即可查找到该参考文献的全文，并且可以沿着文献引证关系的路径，一直向前追溯。这对了解前人的研究工作和成果非常有效，也可直接给出引用某文献的所有文献的题录列表，查询该引用文献的全文。这是了解相关研究工作的背景和进展的基本途径，它为借鉴和渗透相关学科领域的思想和成果提供了最便捷的手段。

（六）提供阅读评论服务

期刊网站提供阅读评论服务。读者阅读文献后可以直接发表自己的评论，或者跟帖，及时地反馈读者的见解，这是期刊网站设立后提供的一项特殊服务项目。网站将反馈的意见及时刊登在该论文后面，为读者提供了更加完善和全面的信息，使得用户在阅读论文的同时还能获得其他读者对文献的评价观点或提供的资料信息。

（七）提供统计分析服务

期刊网站为用户提供统计分析服务。网络期刊的服务平台可以为文献提供浏览人数、点击率、引用率、下载频次、影响因子等方面的评价指标，可以进行论文统计、引文分析和科研评价功能等文献计量分析评价。

（八）其他增值服务

期刊网站在通过文献服务的基础上，逐步扩展其服务内容。网站既向用户提供文献检索服务，还可以开发信息资源，开展社会化的信息服务，对信息进行重新编辑加工，从自身的特色和区位优势出发，针对不同用户群体开发出不同形式、不同层次的信息栏目，重组相关资源，整合社会专业研究成果，输出增值的信息产品，为相关人群与团体提供咨询。还可以组织开展继续教育、学术会议、网上讨论、文献评论等活动。如在阅读全文文献的同时，还可以通过点击将论文全文用电子函件发送给朋友；有些学会期刊重视学会的教育职能的发挥，网站上专门设立了继续教育栏目，为读者及网络用户提供服务。此外，学会期刊及国际权威期刊的网站上也提供相关的学术活动信息，设立"会议"栏目。用户可通过选择会议召开地区和会议召开的月份来检索学术会议消息。

四、利用微信公众号等移动传播方式，充分实现与新媒体深度融合

在数字化与网络出版的基础上，学术期刊进一步与新媒体融合，特别是利用手机新媒体可移动、便捷、互动和即时阅读等功能，在出版形态、传播方式和服务手段等方面进一步增强学术期刊的社会作用，提高学术影响力。这是在新媒体时代高校学术期刊媒介融合的新形式、新途径。很多学术期刊开通了微信公众号，利用微信公众号提供的信息平台，传播学术期刊的内容，发布论文审稿信息和出版进程，并与读者、作者直接互动，对于服务用户、提高学术期刊知名度和影响力，宣传学术期刊和扩大论文的社会影响产生了巨大的促进作用。但是，我们也发现，很多学术期刊并没有充分发掘微信公众号的作用，特别是在互动方面、订阅方面，还需要进一步提高微信公众号的功能。本节对微信公众号的研究和实践进行总结，并在此基础上，分析微信公众号的功能，提出充分发挥微信公众号功能的对策。

（一）学术期刊手机微信公众号研究进展

在学术期刊数字出版和媒介融合中，利用手机移动信息传播的功能，发挥微信在学术期刊内容传播方面的作用，成为学术期刊界积极关注的理论和实践问题，相关研究取得了较大成果。

关于学术期刊微信公众号的研究论文，笔者通过中国知网（CNKI）进行搜索发现：截至 2019 年 1 月 30 日，在该数据库找到 223 条相关结果，去掉信息发布的情况后，有 198 篇相关论文是关于学术期刊微信公众号的研究。考虑到中国知网发布学术期刊内容的滞后性，学术界关于学术期刊公众号的研究论文应当在 200 篇以上。

分析在中国知网搜索到的有关论文，结合可以得到的未在中国知网发布的有关论文，笔者发现，对于学术期刊微信公众号的研究，主要集中在以下几个方面。

首先，学术期刊微信公众号的功能定位。微信公众号对于学术期刊的作用和功能是个理论认识问题。一些研究者对微信公众号的定位进行了研究。李均（2017）认为，微信公众号既要建立在纸质期刊的基础上，又不能局限于纸质期刊，而是与纸质期刊相辅相成，有创新突破，推动期刊与新媒体深度融合发展。他提出，微信公众号的功能定位应当与期刊本身的定位一致。他以《城市观察》为例，提出由于它的定位是"集聚全球城市研究智慧资源、构建城市科学发展公共智库"，因而也是"城市观察杂志"微信公众号的功能定位。在此基础上，构建三个微信平台：综合服务平台、新媒体传播平台和学术研究交流平台。通过这三个微信平台，实现纸质期刊在新媒体下的不能实现的一些功能，例如在线咨询和交流、意见反馈，以及通过文字、图片、动画等多媒体立体化传播。①

　　马勇、赵文义、孙守增（2014）通过调查发现学术期刊微信公众平台服务于用户期待之间有很大差距，提出了学术期刊不同类型功能选择的建议。他们认为微信公众平台的功能是：为读者定期推送信息，提供稿件查询、热点文章推荐、最新录用、各期目录和内容等多项服务；也提供内容导读功能，通过显示摘要满足用户对特定主题论文的浅阅读。最后，他们提出，要促进学术期刊微信公众平台功能的有效利用，需要从以下几个方面努力：①充分利用微信公众平台的各种功能；②提供具有针对性的服务；③重视微信公众平台的开发与宣传。②

　　陈晓峰、云昭洁、陈维捷（2016）在总结学术期刊微信平台研究现状基础上，分析了学术期刊微信公众平台的定位，以《科技进步与对策》微信公众平台为例，对学术期刊微信公众平台的用户需求、功能架构和运营实践进行了研究。他们认为，目前学术期刊微信公众平台功能定位主要有三个：①提供信息查询和下载服务；②提供互动交流服务；③拓展学术期刊传播方式。由于用户有三个方面的需求——获取学术信息、查询稿件状况和参与学术交流，因此，他们给《科技进步与对策》微信公众平台做出的定位是：①综合服务平台；②辅助传播平台；③学术研究共同体。③

　　其次，对学术期刊微信公众平台的建设与运营问题的研究。李海霞和朱宝林（2017）认为，虽然越来越多的学术期刊为了提升影响力、增强传播效果，建立了微信公众平台，但是，目前学术期刊微信公众平台还没有建立起现代化的运营模式。他们在分析学术期刊微信公众平台运营状况的基础上，

　　①　李均．社科学术期刊微信公众号的功能定位及运行策略探讨［J］．新媒体研究，2017（12）：88－89.

　　②　马勇，赵文义，孙守增．学术期刊对微信公众平台的功能选择分析［J］．科技与出版，2014（9）：77－81.

　　③　陈晓峰，云昭洁，陈维捷．学术期刊微信公众平台定位与发展趋势研究［J］．软件导刊，2016（1）：126－129.

提出要走创新之路，为微信公众平台运营提供新思路。① 谢镒逊（2017）认为，目前学术期刊的微信公众号运营存在诸多问题，主要是：定位不清晰，成为纸质期刊的附属品；内容同质化，出版形式单一；宣传推广不足，服务模式单一。他提出，应当依托学术期刊品牌，完成公众号认证；整合期刊资源，推进个性化、差异化、碎片化的微信内容；完善服务功能，增加与读者互动。②

李永莲（2017）研究发现，虽然很多学术期刊开通了微信公众号，并在期刊宣传、编辑、出版、服务和运营等方面进行了积极尝试，但是，学术期刊微信公众号的建设不容乐观，存在一系列缺陷。例如，微信开通率低，没有认证；辨识度不高，未能体现期刊品牌；服务模式单一，缺乏移动出版；和读者交流少等。为此，他提出几个对策：健全学术期刊微信公众号的功能；注重推送信息加工；丰富推送内容；加强宣传推广等。③

再次，对学术期刊微信公众平台传播特点和传播效果的研究。廖艳和魏秀菊（2016）发现，作为传播最新科研成果的特殊载体，学术期刊发展有着较强的新媒体融合趋势，越来越多的学术期刊社采用了微信公众平台新媒体形式。科技期刊能够通过微信平台的有效运行，成为科技期刊纸质期刊和已有网站的有益补充。她们利用《农业工程学报》微信公众平台的具体数据，分析了微信公众平台的传播特点，主要有以下几点。第一，微信公众平台的传播功能主要是借助微信用户的关注和转发来实现的。平台的关注者主要是学报的作者、读者和审稿专家。同时，平台只能由用户凭自己的喜好决定是否被关注，平台无法主动添加关注者。第二，发生过阅读的关注者存在图文页阅读、原文页阅读、分享转发、微信收藏等 4 种行为，其中，图文页阅读的次数出现不断增多的趋势，成为主要的阅读活动，但也是其他 3 种阅读行

① 李海霞，朱宝林. 学术期刊微信公众平台的运营之路［J］. 金陵科技学院学报：社会科学版，2017（9）：81 – 83.

② 谢镒逊. 学术期刊微信公众号的运营问题与改进策略［J］. 新媒体研究，2017（2）：63 – 64.

③ 李永莲. 移动互联网时代学术期刊微信公众号的运营［J］. 成都航空职业技术学院学报，2017（6）：72 – 75.

为的基础，可见图文页可以更好地引起关注。第三，从其他微信公众号的传播情况看，受到订阅者欢迎的消息被阅读次数较多。此外，与专业学科有机结合的内容，以及科研论文写作指导类消息，被转发和传播的次数多，能够产生较大的阅读量。①

赵文青、宗明刚、张向凤（2016）通过对 10 家教育类学术期刊微信公众平台发布内容的日均阅读量调查发现，目前学术期刊微信公众平台高质量原创比例较低，周期内发文数量与传播效果呈非线性关系，微信平台对于推送传统编辑形式学术论文传播效果甚微。为增强微信传播效果，学术期刊应坚持推送高质量学术论文，发布学术热点评论、分析学术经验，同时，增强与受众的互动，丰富编辑形式，拓展推广渠道。②

除了以上三个方面外，学术界还从学术期刊微信公众平台的版权保护③、微信平台的运营策略④、科技期刊微信公众号的选择策略⑤等角度进行了研究。这些研究从多个方面分析了学术期刊微信公众平台在学术期刊内容传播中的作用，既有理论分析，也有实证研究，为学术期刊微信公众号的发展提供了一定的理论指导和经验借鉴。但已往的研究也存在着许多不足，如理论分析不够深入，实践指导性弱，系统性不强，针对性弱等。还存在许多方面尚未进行研究，例如，如何提高微信公众平台编辑人员的素质和技能，如何保护微信公众号下作者的权利，如何提高微信公众平台的传播效果和影响力等。

（二）学术期刊建立微信公众平台对媒介融合的影响

随着微信产品的技术提高和应用推广，这种集通讯、社交、支付、搜

---

① 廖艳，魏秀菊. 学术期刊微信公众平台的出版特点及适宜应用形式分析［J］. 中国科技期刊研究，2016（5）：503－508.

② 赵文青，李明刚，张向凤. 学术期刊微信公众平台传播效果分析与运营对策——以教育类 CSSCI 学术期刊为例［J］. 出版科学，2016，27（3）：92－95.

③ 宋泽江. 微信公众平台学术期刊之版权保护［J］. 编辑之友，2017（12）：34－37.

④ 肖帅. 学术期刊微信公众号运营策略研究［J］. 中国出版，2016（2）：29－31.

⑤ 武晓耕，韩俊，樊云飞等. 科技期刊微信公众号的选择策略［J］. 编辑学报，2017（4）：384－386.

索、阅读等功能于一体的新媒体技术，为手机用户提供了一种全新的信息、社交、阅读等新型媒介形态，也为学术期刊实现深度媒介融合创造了新的途径。

高校学术期刊在发挥学术出版与传播、为科研创新提供保障的作用上，采取适合用户需求的方式和途径，成为了供给侧改革的重要方式。微信公众号这种适合手机移动媒体的传播方式与途径，为学术期刊改变传统的出版传播方式与形态创造了条件。借鉴李仰智（2017）的研究，我们将微信公众号的影响总结为以下几个方面。

第一，微信具有信息传播范围广、速度快的优势。当下，手机已经成为人们日常生活进行社会交往、通信、支付、搜寻信息资料、消费等几乎片刻不离的重要物品，也成为信息传播的新兴媒介。利用微信功能，在手机上阅读书报，通过搜索功能查询信息资料，并把这些功能与学术期刊的出版传播适当地结合起来，大大加强了学术期刊的传播力，以极快的速度传播学术期刊的内容，扩大其影响力。微信公众号可以在第一时间把学术期刊发表的学术成果以最新的形式推送给读者，随时随地将最新信息传达给关注者，因而实现了即时传播、快速传播和可以进行反馈的信息传播。这对于实现学术期刊与新兴媒介的融合而言，产生了立竿见影的效果。

第二，微信公众平台更容易加强与用户的互动交流。用户在加入学术期刊公众号以后，可以通过微信平台的互动功能，在最短的时间内以最直接的方式与编辑进行互动交流，从而获得相关信息。作者可以直接了解到学术论文在编辑部的进程，并与编辑沟通交流；读者可以通过微信平台搜寻阅读最新出版的论文，也可以阅读过刊论文，并在平台上留言和信息反馈。中国知网（CNKI）已经开通的微信公众号，读者使用手机扫二维码，即可进入阅读，这给读者提供了极大的方便。在互联网时代，学术期刊与互联网的融合途径在微信公众平台得到了具体的实现。学术期刊的内容不仅可以在电脑上查询、搜索和阅读，而且可以在手机上查询、搜索和阅读，极大地方便了用户。

第三，微信公众平台为读者提供订阅服务，方便了读者订阅。对于收费阅读的期刊，读者如果需要纸质期刊，在微信公众平台上只需要向微信公众号发送所要的刊号、查询库存后选择并付费，就能够很快地收到由期刊社直接寄出的期刊。微信公众平台提供支付服务功能，还与微信支付进行合作，提供常年订阅服务，提高了学术期刊的订阅效率。

第四，微信公众平台提供专家审稿服务。微信的交互性与渗透性决定了其沟通方式更加灵活方便，从而更容易请专家审稿和沟通。在送审阶段，编辑可以使用手机等移动终端将稿件送达审稿专家，审稿人也可以很容易地通过手机随时随地对稿件进行审阅处理，不受时间和地点的限制，因而，可以缩短审稿周期。这为学术期刊利用新媒体缩短出版周期创造了条件。①

（三）学术期刊微信公众号的类型选择与运营

1. 微信公众号的选择

微信公众平台是腾讯公司于 2012 年 8 月在微信基础上开发的功能模块，它向用户提供模块服务功能，用户可以申请注册微信公众号，向特定群体发送文字、图片、语音和视频等内容。微信公众号有自由度大、互动性强、功能齐全等特点。个人或企业在建立微信公众平台时，需要根据自身的需要对微信公众号进行选择。

目前，微信公众号分为服务号、订阅号和企业号，三者有不同的功能。对于运用主体为组织或者个人的，可以申请订阅号；运营主体为组织的，可以申请服务号。个人不能申请服务号。一般而言，学术期刊选择微信订阅号或者服务号。微信公众平台服务号的特点是每月允许群发 4 条信息，群发信息在聊天列表中显示，粉丝可以通过群发信息了解内容。微信公众平台订阅号可以为用户提供资讯信息服务，每天可以群发一条信息给粉丝，群发信息保存在订阅号文件夹中。

2. 学术期刊微信公众号的应用

由于微信公众平台具有新媒体的特性，可以为学术期刊增强传播力和影响力，受到很多学术期刊的青睐和重视。到目前为止，已经有至少50％左右

---

① 余朝晖. 微信公众平台在学术期刊中的传播模式研究［J］. 科技与出版，2015（6）：112－114.

的学术期刊开通了微信公众号，但还有大量的学术期刊没有建立微信公众平台。表 11－1 是有关学术期刊公众平台建立情况的调查资料。

表 11－1 部分研究者对于学术期刊微信公众号调查研究

序号	调研时间	调查总量（期刊类别）	开通个数	开通比率	调查研究者及时间
1	2013—2014 年	99 种（人文社科核心期刊）	20	20.2%	余朝晖（2015）
2	2015 年 4 月	50 种（中国科协精品科技期刊工程 50TOP）	——	35%	廖艳，魏秀菊（2016）
3	2014 年 3 月—8 月	——种（不限学术期刊学科类型）	90 以上	——	马勇，赵文义，孙守增（2014）
4	2016 年 5 月	303 种（高校学报）	63	20.8%	李海霞，朱宝林（2017）①
5	2014—2015 年	533 种（CSSCI 来源期刊）	164	30.77%	冀芳，王召露，张夏恒（2016）②

注："——"表示有关数据缺失。

综合已有的研究发现，学术期刊微信公众平台的应用存在以下问题。

第一，学术期刊微信公众号的使用还不普及，微信公众平台建设滞后。虽然很多学术期刊社认识到了微信公众号给学术传播带来的方便和益处，但是没有给予充分的重视。到目前为止，有 50% 以上的学术期刊没有建立微信公众平台，拥有微信公众号的学术期刊占总量的比例不到 50% 。究其原因：

---

① 李海霞，朱宝林．学术期刊微信公众平台的运营之路［J］．金陵科技学院学报：社会科学版，2017（3）：81－84.

② 冀芳，王召露，张夏恒．人文社科类学术期刊微信公众平台的发展：基于 533 种 CSSCI（2014—2015）来源期刊与 607 份问卷的调研数据［J］．科技与出版，2016（11）：75－81.

一是对于微信公众平台建设在媒介融合中的作用认识不清，没有认识到这个新媒体形态对学术期刊的深刻影响；二是缺乏对于微信公众号的了解，对其应用和运营存在模糊不清的观念；三是缺乏懂技术和有能力的编辑技术人员，特别是学术期刊社人员少，编辑力量弱，资金不充分，都给微信公众平台的建立带来一定的困难。

第二，学术期刊微信公众号的定位不清，更新少，版式单一，缺乏吸引力。由于对于微信公众号的定位有不同的认识，有的学术期刊申请的是服务号，有的学术期刊申请的是订阅号，也有的是二者同时申请开通。在微信公众平台上发布的内容，有的是只发布纸质期刊发表的论文和相关内容，也就是原创内容；有的以纸质内容为主，同时转载母刊以外的与学术期刊专业领域相关的信息和研究成果。

此外，微信公众号还发布期刊信息、行业信息和会议通知、会议活动等内容。微信公众号是一个可以发布多种信息的平台，但应当有一个明确的主题，围绕主题，可以发布一些与学术期刊有关的内容，以便丰富微信公众平台的内容。但是，有的学术期刊为了吸引关注，没有发布学术期刊的内容，而是大量转载母刊以外的内容，结果给受众带来信息负担，导致阅读量和用户关注度下降。①

研究发现，很多学术期刊公众号由于长期不更新内容，成了所谓的"僵尸号"，这说明缺乏人员维护和及时更新，造成微信公众号成为"死号"，因而缺乏用户关注。一些微信公众号还存在着内容呆板，页面缺乏灵活性等问题。赵文青、宗明刚、张向凤（2016）在研究中把微信公众号发布内容的编辑形式分为传统编辑形式和新媒体编辑形式，其中，前者是纸质期刊中的论文板式，后者是指版式新颖、活泼、生动的微信发布形式。他们研究发现，适当改变学术论文的编辑形式，使之适应新媒体环境下读者的阅读兴趣，是学术期刊微信公众平台的发展之道。

---

① 赵文青，宗明刚，张向凤. 学术期刊微信公众平台传播效果分析与运营对策 ［J］. 出版科学，2016（3）：92 – 95.

第三，学术期刊微信公众号还没有受到大多数受众的关注。尽管微信公众号具有较多的新媒体特征和一系列优点，也在一些学术期刊进行了使用，但是，由于并没有在学术期刊上普遍使用，也存在运营上的许多问题，因而这种应用在学术期刊的新媒体并没有得到受众的广泛关注。余朝晖（2015）研究认为，微信服务还存在很多缺陷，例如，微信服务宣传推广不足，信息呈现方式单一；与用户互动不足，难以使受众持久关注；内容缺乏个性，不符合大众审美趣味；同质化严重；文章篇幅过长；缺乏视频和语音的综合利用；微信营销活动发起较少等。这些都是用户关注较少和使用不足的原因。

第四，学术期刊微信公众号更新少，宣传推广不足，与读者互动少。微信公众号不仅要内容精美，还要不断地更新和推广。但是，很多学术期刊的微信公众号内容长期不更新，推送信息频率低，有的是一个月更新一次，有的几个月更新一次，这样的更新频率使得仅有的受众也失去了阅读兴趣。并且在微信公众号宣传推广上方式简单，途径单一，没有针对性和持续性。微信公众号有自己的宣传特点，学术期刊应该在一定程度上迎合其特点，以便吸引读者，获得读者关注。但是，一些学术期刊并不分析微信号宣传特点，一味地在微信公众号上刊登长篇论文，不是根据微信公众号用户的需要，而是只顾满足自己发布纸质期刊内容的要求，结果导致读者流失，用户减少。此外，微信公众号没有利用好微信公众平台与读者互动的服务功能，仅仅是发布信息，推送消息，丧失了与读者沟通互动的良机。①

（四）加强高校学术期刊与微信公众号融合的途径与措施

微信公众号的产生和发展是新媒体在互联网时代下的新发展，为人们的群体信息发布和交流信息进一步创造了便利，也为学术期刊传播提供了新的平台。这是一个集通信、社交平台与营销平台于一体的移动产品。它为高校学术期刊与新媒体融合发展提供了新的途径，成为学术期刊媒介融合的新方式、新平台。在媒介融合中，高校学术期刊应当对微信公众号提高认识和利用能力，

---

① 谢镒逊. 学术期刊微信公众号的运营问题与改进策略［J］. 新媒体研究，2017（2）：63－64.

使其为高校学术期刊拓展更多读者群体，进而提高学术期刊社会影响力的重要平台。高校学术期刊充分发挥微信公众号的作用，可以采取以下措施。

1. 以纸质期刊内容为中心，积极推送高质量的相关信息

微信公众号是一个信息发布平台和服务平台，其用途是与以作者和读者为主体的用户群进行信息交流，交流的主要内容应当是学术期刊的内容及与内容相关的信息，交流的方式是由学术期刊社在微信公众号上发布学术成果和学术活动，并且可以发布与学术成果相关的其他有价值的信息，提供一些学术交流方面的服务。通过微信公众号，学术期刊可以获得更多的用户的关注，增加学术期刊的社会影响，提高学术思想的传播力和影响力。关注学术期刊的用户，将微信公众号的内容转发到朋友圈，从而使学术期刊获得更大范围的传播。学术期刊微信公众平台要以其出版的学术论文为中心，在公众号上推送高质量的相关内容信息，为微信公众号传播学术期刊内容提供高质量的素材。由于微信公众号推送信息时具有次数限制，在推送学术期刊内容和相关信息时需要进行精心挑选信息，将最有价值、最值得推送的内容发布到微信公众号上，而不是不分轻重缓急地一起提供给读者等用户。

2. 根据关注者的需要，制作和推送高质量的信息

微信公众号面向的用户是作者和读者，他们是微信公众号的主要关注者，满足他们的学术研究活动需要是学术期刊微信公众号的主要任务。但是，如果微信公众平台推送的信息只有学术论文而且是那些长篇大论的学术论文，那么就可能因为微信公众号内容形式单一、缺乏趣味性，导致微信公众号的关注者失去耐心和兴趣，从而降低关注者对微信公众号的黏度。因此，在推送微信信息时，学术期刊社需要在发布学术论文信息时，一方面对要发布的学术论文进行精挑细选，适当裁剪加工，将最重要的思想与方法、最新的数据材料推送到微信公众号上；另一方面要"有意识地编辑一些能够引起关注者兴趣的话题，并通过与关注者的互动交流，提升话题热度，从而实现附加值的推送"①。

---

① 李迎智. 高校学术期刊微信公众号建设创新研究［J］. 传媒，2017（6）：39-41.

学术期刊微信公众号信息的受众具有特定性，高校学术期刊微信公众号推送信息前，公众号运营者需要研究推送对象的需要，找准关注者的阅读偏好以及阅读方式的特点，依据这些资料制作高质量的信息，提高信息推送的精准度，进行精准推送，满足微信公众号关注者的信息需求。在推送与学术论文相关的其他信息时，要注意针对性、相关性、知识性、趣味性，但不能推送那些不相关的内容，不能因为附加信息缺乏针对性、相关性，导致其附加值降低，进而降低学术期刊微信公众号的"优质内容"的品牌形象。"微信公众号不能只发布学术论文，还可以发布读者感兴趣的内容。"在推送内容上，切忌不加编辑，直接照搬印刷在期刊上或者网页上的"长篇大论"，要以期刊信息为主，杜绝不相关的内容，多刊发原创论文，少转发舶来品。①

3. 完善学术期刊微信公众号功能，提高微信公众号服务能力和水平

微信公众号具有三个主要功能系统：用户分众导航、信息推送和交流互动。从学术期刊目前的微信公众号的运营看，用户分流与导航功能发挥得较好，信息推送功能也发挥得较好，但在交流互动上一般做得不够。学术期刊公众号的系统平台上应设置一些功能键，以便用户选择点击使用。为了提高和完善微信公众号的服务功能，可以从三个方面对公众号系统进行设计和加强。

第一，对功能键进行两级设计，功能键一级菜单有：关于我们、采编系统、期刊在线，或者是关于我们、在线查询。二级菜单有：投稿指南、期刊简介、微论坛、联系我们；在线投稿、在线查稿、专家审稿、编辑办公；优先出版、当期目录、过刊浏览、论文检索。

第二，设计网上支付服务功能。微信公众号方便了用户网上操作活动，因而可以设计建立网上支付服务功能。网上支付是新媒体发展的一项重要功能。学术期刊可以根据有关规定和安全措施，建立自己的网上支付系统，以便实现微信公众号的各项服务功能。建立和开拓网上支付系统后，学术期刊微信公众号可以提供各种读者订阅的"商品"，满足读者订阅的需要，并实现学术期刊

---

① 李永莲. 移动互联网时代学术期刊微信公众号的运营［J］. 成都航空职业技术学院学报，2017（2）：72－75.

自身更多的利益诉求，不是将学术期刊打包廉价销售给大型学术期刊数据库，而是自己作为服务收费的直接联系人，获得更多的自主权。

第三，加强与读者互动功能。微信公众号的互动功能是指：自动答复功能、个性化信息推送功能、一对多和多对多的信息交流功能、论文评价和点赞功能等。自动答复功能用来自动答复读者或者作者等关注者的提问或者建议，使关注者的提问和建议得到及时答复。公众号被关注后会由系统自动弹出一条信息，询问关注者需要什么帮助，其中的提示有欢迎语、投稿指南、稿件查询、在线投稿、提问和建议等，引导读者等关注者使用微信号。个性化信息服务用来对读者进行一对一的服务，服务的项目包括问题答复、信息咨询、信息推送、写作指导等，从而改变了传统学术期刊只提供内容而没有互动的局限。通过一对一信息个性化服务，读者可以得到更加个性化的辅导和互动，增强关注者与学术期刊的联系密切度。一对一和多对多的信息交流主要是通过建立微信公众号微社区，建立起期刊对读者、读者对读者的信息交流平台，提高了学术期刊信息发布的影响宽度，方便读者进行交流切磋。论文评价与点赞功能主要用来为读者评价论文提供平台场所，这是反映论文质量的一个渠道，可能对论文质量评价方式产生影响，并为学术期刊挖掘学术研究人才提供依据。

4. 加强微信公众号的宣传，增加微信公众号的关注者

当前学术期刊微信公众号关注者并不多，影响了学术期刊媒介融合的进程。随着更多学术期刊使用微信公众号，将会有更多的关注者。可以采取三种途径增加微信公众号的关注者。第一，利用二维码关注微信公众号。在学术期刊官方网站网页上的明显位置贴出学术期刊微信公众号名称和二维码，或者在学术期刊上或者文章的合适位置放置二维码标志，鼓励读者或其他用户"扫一扫"，提醒读者使用二维码，或者通过投票功能吸引读者使用二维码。总之，可以利用一切有效的方式推广学术期刊微信公众号。第二，依托所在高校的网站网页，在高校官网上"贴出"学术期刊微信公众号及二维码。第三，由高校学术期刊组团发布微信公众号，或者由学术期刊管理机构统一发布微信公众号，特别是从管理层统一制订发布微信公众号的管理措施，这将进一步促进微信公众号的使用和运营。

主要参考文献

［1］弓慧敏．媒介融合视野中电视媒体的未来发展［J］．中国广播电视学刊，2010，230（5）：44.

［2］陈力丹，董晨宇．"媒合"背景下的媒介传播趋势与手段［J］．新闻传播，2010（8）：9－11.

［3］张乔吉．新媒体背景下的媒介融合走向［J］．新闻爱好者，2010（3）：8－9.

［4］王菲．媒介融合中广告形态的变化［J］．国际新闻界，2007（9）：17－21.

［5］代玉梅．媒介融合视域下出版业变革与发展．编辑之友，2011，181（9）：28－31.

［6］蔡雯．媒介融合发展与新闻资源开发［J］．今传媒，2006，179（11）：11.

［7］郑瑜．媒介融合：新媒体时代的发展观［J］．当代传播，2007，（3）．卷首.

［8］曹疆．走向融合的传统媒体与新媒体［J］．科学与管理，2012（2）：66－68.

［9］秦艳．新媒体崛起与传统媒体的经营策略［J］．经济研究导刊 2011，127（17）：287－290.

［10］黄传武．新媒体概论［M］．北京：中国传媒大学出版社，2013：205.

［11］钟丽君．传统出版与新媒体的嫁接方式［J］．出版发行研究，2011（8）：46－47.

［12］马新莉，张海珍．探讨新媒体时代的传统媒体发展之路［J］．价值工程，2011（2）：303.

［13］周建青．对"媒介融合"的质疑［J］．华南理工大学学报：社会科学版，2012（6）：70－74.

［14］崔保国．2006年：中国传媒产业发展报告［M］．北京：中国社会科学文献出版社，2006，62－81.

［15］王鸿涛．媒介融合现状与前景［J］．中国记者，2007（6）：72－73.

［16］周志平．媒介融合：媒体未来发展的新趋势［J］．新闻爱好者，2010（8）：54－55.

［17］黎泽潮，刘传雷．再谈媒介融合——基于媒介融合理论和现实的重新考量［J］．河南工业大学学报：社会科学版，2013，9（1）：83－85.

［18］普雁．论媒介融合的正负效应［J］．中国传媒科技，2012（7）：7－8.

［19］黄金，肖芃．解析媒介融合发展中的制约因素［J］．传媒观察，2010（2）：32－34.

［20］徐枫，郭沁．数字时代学术期刊的创新形式［J］．科技与出版，2015（7）：4－9.

［21］邹琳．浅谈媒介融合与我国期刊的发展［J］．社科纵横，2010，25（9）：65－66.

［22］梁赛平．媒体融合发展对科技期刊创新的影响与数字营销的应对措施［J］．编辑学报，2016，28（4）：320－323.

［23］吉海涛，郭雨梅，郭晓亮，张路．媒体融合背景下学术期刊发展新模式［J］．中国科技期刊研究，2015，26（1）：60.

［24］占莉娟．媒介融合背景下学术期刊的新媒体应用［J］．黄冈职业技术学院学报，2014，16（6）：65－68.

［25］董艳华．媒介融合与我国期刊的发展［J］．新闻爱好者，2009（10）：192－193.

［26］陈永华．学术期刊"媒体融合"路径思考［J］．传播与版权，2015，26（7）：140－142.

［27］梁玮，曹阮华．中国期刊数字化转型探究［J］．科技·经济·社会，2011，125（4）：154－159.

［28］梁海虹．试论数字化期刊对纸质期刊的影响［J］．宝鸡文理学院学报：社会科学版，2008，28（6）：126－128.

［29］张新玲，谢永生．国外顶级学术期刊《Nature》新媒体应用研究［J］．出版与科技，2017（4）：75－76.

［30］孟耀．新媒体与数字出版［M］．大连：东北财经大学出版社，2015：21－27，228－240.

［31］柴纯青．学术期刊实现媒体转型的逻辑［J］．传媒，2014（9）：24－25.

［32］孟建．媒介融合理论在中国电视界的实践［J］．广播电视大学学报（哲学社会科学版），2009，149（2）：73－76.

［33］徐沁．媒介融合论：信息化时代的存续之道［M］．北京：中国传媒大学出版社，2009：130－131.

［34］孙玉双，孔庆帅．中国媒介融合的现状与未来［J］．现代视听，2011（3）：22－26.

［35］黎泽潮，刘传雷．再谈媒介融合——基于媒介融合理论和现实的重新考量［J］．河南工业大学学报：社会科学版，2013，9（1）：83－85.

［36］张成良．多媒体融合：泛媒体时代的生存法则［J］．传媒，2006（7）：46－49.

［37］李希光．媒体的融合与跨媒体记者［N］．中华新闻报，2001－11－08.

［38］肖燕雄．论应当媒介融合的法制管理原则［J］．新闻界，2006（6）：78－79.

［39］张勤耕．媒介的融合与品牌延伸［J］．新闻前哨，2002（7）：7.

［40］朱夏炎．让报纸与网络共赢［J］．新闻战线，2006（3）：29-30.

［41］张澍．广播与网络的融合［N］．城市生活广播，2007-08-07.

［42］刘毅．媒介融合的传媒经济学理论阐释［J］．现代视听，2008（8）：26-29.

［43］栾庆明，陈一雷．国内媒介融合模式研究［J］．青年记者，2011（1）：69-70.

［44］邵培仁．关注未来媒介发展变化的大趋势［J］．当代传播，2014（2）：卷首语．

［45］田欣欣．数字媒体时代媒介融合现象研究［J］．中国出版，2012（16）：14-17.

［46］卞地诗．论日本新闻媒体在公共危机中的传播效能［J］．日本研究，2009（2）：92-96.

［47］申轶男，曹兵，李宁等．科技期刊数字化出版方式探索［J］．编辑学报（增刊），2013，25（1）：48-53.

［48］侯丽珊．数字出版如何为传统科技期刊服务［J］．编辑学报（增刊），2011，23（1）：23-25.

［49］许春辉．期刊数字化出版现在与发展趋势［J］．编辑学刊，2009（6）：25.

［50］杨桦．中国期刊数字化发展状况分析［A］．第五届全国核心期刊与期刊国际化、网络化研讨会论文集［C］．2007：46.

［51］陈月婷．科技期刊网络化内涵分析［J］．中国科技期刊研究，2005，16（5）：609-613.

［52］刘筠，夏光，冯桂欣．科技期刊网络化的一条捷径［J］．中国科技期刊研究，2004（2）：185-186.

［53］梁玮，曹陇华．中国期刊数字化转型探究［J］．科学·经济·社会，2011，125（4）：154-159.

［54］梁海虹．试论数字化期刊对纸质期刊的影响［J］．宝鸡文理学院学报：社会科学版，2008，28（6）：126 - 128.

［55］文蕴蕴．报刊与网络媒介融合中的经营发展对策研究［D］．北京：北京交通大学，2011：4 - 6.

［56］刘毅．媒介融合的传媒经济学理论阐释［J］．现代视听，2008（8）：26 - 29.

［57］董艳华．媒介融合与我国期刊的发展［J］．新闻爱好者，2009（10）：192 - 193.

［58］黄金，肖芃．解析媒介融合发展中的制约因素［J］．传媒观察，2010（2）.

［59］白奇峰．传统媒体的新媒体转型中的发展历程［J］．经济研究导刊，2013，196（14）：78 - 81.

［60］孙玉双，孔庆帅．中国媒介融合的现状与未来［J］．现代视听，2011（3）：22 - 26.

［61］刘芳．《读者》电纸书在深圳面市［N］．中国青年报，2010 - 05 - 18.

［62］李亚卓．学术期刊与新媒体融合的路径研究［J］．新媒体研究，2018（19）：80 - 81.

［63］张海生，吴朝平，蔡宗模，杨慷慨．学术期刊媒体融合发展的逻辑、模式与实践［J］．中国科技期刊研究，2018，29（9）：875 - 881.

［64］罗艺．论国外期刊的数字IQ［J］．今传媒，2011（11）：45 - 46.

［65］李艳．学术期刊媒体融合现状与融合发展模式［J］．科技与出版，2015（9）：65 - 69.

［66］谢暄，等．"融"时代下学术期刊媒体融合发展策略［J］．编辑学报，2017，29（3）：218 - 221.

［67］陈颖，陈玉霞．传统期刊的数字化转型路径［J］．四川师范大学学报：社会科学版，2012，29（5）：147 - 151.

［68］李悦，李平．产业经济学［M］．大连：东北财经大学出版社，

2002：50 – 51.

[69] 周峰，万熙. 网络时代杂志形态的转变与发展 [J]. 艺术与设计，2009 (10)：353 – 355.

[70] 王炜. 网络出版时代传统出版转型策略研究 [J]. 编辑之友，2010，159 (2)：37 – 39.

[71] 王锦贵，王京山. 网络出版探析 [J]. 中国出版，2001 (5)：37 – 39.

[72] 王志刚. 约翰威利父子出版公司数字出版发展研究 [J]. 编辑之友，2010 (08).

[73] 向飒. 基于 B/S/S 构架的学术期刊网络化信息管理平台的构建 [J]. 郑州大学学报：工学版，2009，30 (2)：116 – 119.

[74] 黄先蓉，刘菡. 传统出版业数字化转型的政策需求与制度、模式创新 [J]. 中国编辑，2011 (1)：13 – 18.

[75] 周峰，万熙. 网络时代杂志形态的转变与发展 [J]. 艺术与设计，2009 (10)：353 – 355.

[76] 陆达，黄丽洋. 中国知网学术期刊新型数字出版模式——打造创新成果注册、学术交流、知识共享、数据研究、协同研究的新范式 [EB/OL]. 中国新闻出版广电网，2016 – 12 – 29.

[77] 李均. 社科学术期刊微信公众号的功能定位及运行策略探讨 [J]. 新媒体研究，2017 (12)：88 – 89.

[78] 马勇，赵文义，孙守增. 学术期刊对微信公众平台的功能选择分析 [J]. 科技与出版，2014 (9)：77 – 81.

[79] 陈晓峰，云昭洁，陈维捷. 学术期刊微信公众平台定位与发展趋势研究 [J]. 软件导刊，2016 (1)：126 – 129.

[80] 李海霞，朱宝林. 学术期刊微信公众平台的运营之路 [J]. 金陵科技学院学报：社会科学版，2017 (9)：81 – 83.

[81] 谢镒逊. 学术期刊微信公众号的运营问题与改进策略 [J]. 新媒体研究，2017 (2)：63 – 64.

[82] 李永莲. 移动互联网时代学术期刊微信公众号的运营 [J]. 成都航空职业技术学院学报, 2017 (6): 72 - 75.

[83] 廖艳, 魏秀菊. 学术期刊微信公众平台的传播特点及适宜应用形式分析 [J]. 中国科技期刊研究, 2016 (5): 503 - 508.

[84] 赵文青, 李明刚, 张向凤. 学术期刊微信公众平台传播效果分析与运营对策——以教育类 CSSCI 学术期刊为例 [J]. 出版科学, 2016, 27 (3): 92 - 95.

[85] 宋泽江. 微信公众平台学术期刊之版权保护 [J]. 编辑之友, 2017 (12): 34 - 37.

[86] 肖帅. 学术期刊微信公众号的运营策略探究 [J]. 中国出版, 2016 (2): 29 - 31.

[87] 武晓耕, 韩俊, 樊云飞, 刘碧颖. 科技学术期刊微信公众号的选择策略分析 [J]. 编辑学报, 2017 (4): 384 - 386.

[88] 余朝晖. 微信公众平台在学术期刊中的传播模式研究 [J]. 科技与出版, 2015 (6): 112 - 11.

[89] 弓慧敏. 媒介融合视野中电视媒体的未来发展 [J]. 中国广播电视学刊, 2010, 230 (5): 44.

[90] 李海霞, 朱宝林. 学术期刊微信公众平台的运营之路 [J]. 金陵科技学院学报: 社会科学版, 2017 (3): 81 - 84.

[91] 冀芳, 王召露, 张夏恒. 人文社科类学术期刊微信公众平台的发展: 基于 533 种 CSSCI (2014—2015) 来源期刊与 607 份问卷的调研数据 [J]. 科技与出版, 2016 (11): 75 - 81.

[92] 李仰智. 高校学术期刊微信公众号建设创新研究 [J]. 传媒, 2017 (6): 39 - 41.

[93] 李永莲. 移动互联网时代学术期刊微信公众号的运营 [J]. 成都航空职业技术学院学报, 2017, 33 (2): 72 - 75.

后　记

　　自入职出版行业成为图书、期刊编辑以来，已是 20 余年。在出版行业当编辑，不如其他行业容易咸鱼翻身，功易成名易就，需要耐得寂寞，受得煎熬，需要乐于奉献，甘为人梯。然而，能够以己微薄绵力，奉献于他人，贡献于社会，推进文化事业发展、学术思想进步，也就自以为满足了。

　　长期从事学术期刊编辑出版工作，难免要对其发展不断思考。浸淫在学术期刊出版业，一方面为其今天的繁荣发展感到高兴，另一方面也为其在互联网发达的网络环境下遇到的困境和机遇而紧迫，更为其不能更好地服务社会需要而担忧。眼见其需要完善、需要进步，却无能为力。为此，在新兴媒体涌现和发展的新媒体时代，我一直跟踪、思考学术期刊的发展，希冀从理论与实践结合上推动学术期刊与新媒体融合发展。

　　自 2015 年在高校学术期刊媒介融合问题研究上获得东北财经大学校级课题研究支持后，2016 年在这个领域的研究，获得了全国高校文科学报研究会的重点课题支持，使我在这个问题上更进一步。更可喜的是，我于 2017 年在该问题的研究在申报教育部课题时，获得了教育部社会科学基金项目的审批，算是实现了新的发展。

　　2018 年初，我将这个问题的研究成果提交大连市政府学术资助委员会申请资助，于是获得了大连市人民政府资助出版。2018 年 10 月，我收到了光明日报出版社出版《光明社科文库》的征集书稿通知，在提交有关信息后，迅速得到回复，同意将作品列入该文库成为出版社资助出版的图书。

以上经历也验证了古人所云："精诚所至，金石为开"。付出不一定有回报，但不付出一定没有回报。古人所言颇有哲理！

作此言以记之。

感谢本书的编辑同仁，是你们让我有了收获的喜悦和继续前行的信心。

孟　耀

东北财经大学

2019 年 2 月 15 日